dtv

Es muss um 1700 gewesen sein: Kriege, Hunger und Krankheiten hatten Deutschland verwüstet und viele suchten ihr Glück woanders. So machte sich auch ein Geigenbauer aus dem Allgäu wie eine Reihe seiner Kollegen auf den Weg nach Italien. Sein Name ist nicht bekannt, aber eines seiner Instrumente, eine Violine süddeutscher Bauart, in Italien fertiggestellt. Sie gehört dem Historiker Philipp Blom, der auch ein leidenschaftlicher Musiker ist. Die Erforschung der Geschichte seiner Geige beginnt in Archiven, bei Instrumentenbauern und -händlern und führt entlang des Weges der Emigranten über die Alpen nach Süden. Blom schildert die Lebenswelt der Handwerker, Künstler und Kaufleute, den aufblühenden Handel mit exotischen Waren aus den neuen Kolonien, die Innovationen in Wissenschaft und Technik und flicht immer wieder Persönliches mit ein. Die Reise endet in Venedig, damals *das* Zentrum der Musik.

Philipp Blom, geboren 1970 in Hamburg, studierte Philosophie, Geschichte und Judaistik in Wien und Oxford. Er lebt als Historiker und Schriftsteller in Wien und schreibt außer seinen Büchern auch regelmäßig für amerikanische und europäische Zeitschriften und Zeitungen. Für seine Werke wurde er vielfach ausgezeichnet.

Philipp Blom

EINE ITALIENISCHE REISE

Auf den Spuren des Auswanderers,
der vor 300 Jahren meine Geige baute

dtv

Ausführliche Informationen über
unsere Autoren und Bücher
www.dtv.de

Von Philipp Blom sind u. a. bei dtv erschienen:

Der taumelnde Kontinent. Europa 1900–1914 (34678)
Die zerrissenen Jahre. Europa 1918–1938 (34878)
Böse Philosophen (34755)
Sammelwunder, Sammelwahn (28046)
Die Welt aus den Angeln (34940)
Was auf dem Spiel steht (34951)

Ungekürzte Ausgabe 2020
dtv Verlagsgesellschaft mbH & Co.KG, München
Lizenzausgabe mit Genehmigung des Hanser Verlags München

Umschlaggestaltung: dtv nach einem Entwurf von
Peter-Andreas Hassiepen unter Verwendung des Motivs
›Landschaft mit Wanderer‹ (1835)
von Eduard Schleich d. Ä./akg-images
Satz: Satz für Satz, Wangen im Allgäu
Druck und Bindung: CPI books GmbH, Leck
Gedruckt auf säurefreiem, chlorfrei gebleichtem Papier
Printed in Germany · ISBN 978-3-423-34970-3

»Biographie« hieß ein Buch über das Leben von irgendeinem Menschen. Nur wurde es für mich zu einer Art Suche, einem Nachspüren der Fährte, die jemand in der Vergangenheit hinterlassen hatte, ein Verfolgen seiner Fußspuren. Du wirst sie nie einholen; nein, du wirst sie nie ganz einholen. Aber vielleicht, wenn du Glück hast, kannst du über die Suche nach dieser nicht greifbaren Figur so schreiben, dass sie in der Gegenwart lebendig wird.

Richard Holmes, Footsteps, S. 27

Für Marcel

Inhalt

Dies ist die Geschichte einer Leidenschaft. Es ist die Suche nach einem Menschen, eine Reise in eine Welt, die drei Jahrhunderte zurückliegt. Es ist eine Erkundung auf den Spuren eines Mannes, dessen Leben und Sterben scheinbar spurlos von den Gezeiten der Ereignisse weggespült wurde. Nichts und niemand erinnert mehr an ihn – außer dem Instrument, das seine Hände gebaut haben und das heute in meinen Händen liegt.

Dieses Buch ist kein Roman. Ich habe nichts dazuerfunden, erlogen, erdichtet oder ausgeschmückt. Wo immer möglich habe ich mit historischen Dokumenten gearbeitet. Spekulation ist als solche ausgewiesen. Einige Unterhaltungen, die ich im Laufe der Recherchen geführt habe, werden hier nacherzählt, nach Notizen und aus dem Gedächtnis.

Und noch etwas: Die Geige, um die es geht, ist keine Stradivari, und ja: Es könnte alles ganz anders gewesen sein.

Aber eins nach dem anderen. Vorhang auf für eine bescheidene Arie, die Beschreibung des Objekts, das gleichzeitig Anfang und Ziel dieser Reise ist.

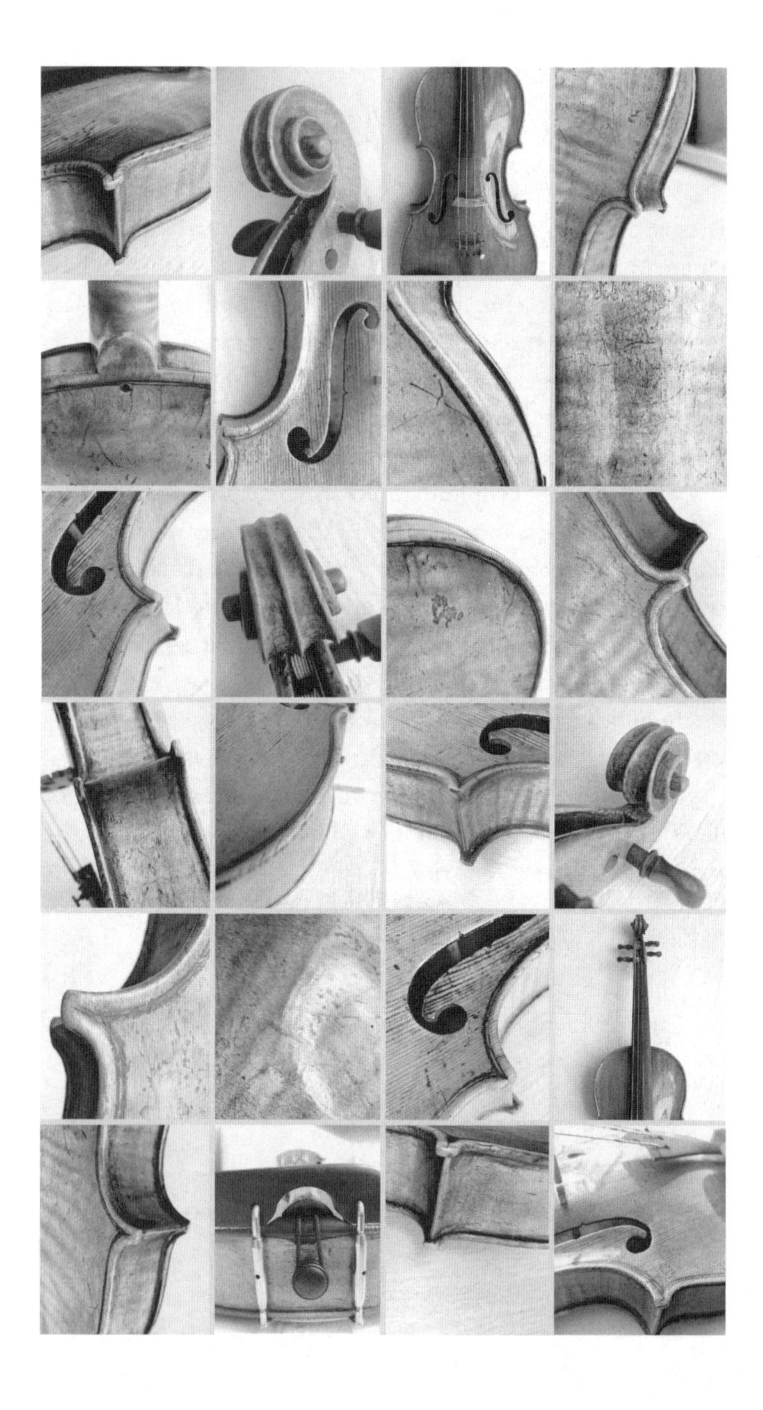

Eine Geige

Der Körper leuchtet in einer goldenen Bernsteinfarbe, die Decke ist aus dicht gemasertem Fichtenholz gearbeitet, der Umriss hat einen schönen Schwung, die f-Löcher rechts und links vom Steg, über den die Saiten laufen, sind sehr aufrecht, klar geschnitten und in ihrer Linienführung gut ausgewogen. Rücken und Zargen des Instruments bestehen aus schön geflammtem Ahorn, in dessen Reflexionen sich die hervorragende Qualität des Lacks zeigt. Dies ist das Werk von jemandem, der sein Fach beherrscht.

Die Proportionen des Korpus sind elegant und mit klarem Formbewusstsein ausgeführt, die flache, spannungsreiche Wölbung erinnert an Instrumente der Amati-Schule. Auffällig sind die stark geschnitzten, expressiven und fast eigensinnigen Ecken, die abstehen wie die Flügel eines Stehkragens. Die Schnecke, die den Abschluss des Instruments bildet, oben am Wirbelkasten, ist bemerkenswert klein, eng gewunden und schmal; fein geschnitzt, sehr ungewöhnlich. Schnecke und Korpus gehören zusammen, wie sich unter UV-Licht zeigt, ist der Lack noch größtenteils original.

Eine Ansicht des Inneren ergibt einerseits, dass das Instrument einen Stimmriss hatte, ein potenziell kritischer Schaden, der hier aber perfekt repariert wurde, von außen fast nicht zu erkennen ist. Die Innenansicht offenbart auch zwei Zettel, die schon vor sehr langer Zeit in das Instrument eingeklebt wurden. Direkt unter dem linken f-Loch, so platziert, dass das Tageslicht darauf fallen kann, findet sich der übliche gedruckte Geigenbauer-Zettel, in diesem Falle:

Carlo Giuseppe Testore in Contrada largii (? schwer lesbar)
in Milano al segno dell' Aquila, 1605

Die letzten beiden Ziffern sind handschriftlich eingetragen. Darüber klebt ein zweiter Zettel:

Reparirt
H. Voigt Geigenmacher
Wien, 1882

Derselbe H. Voigt hat sich auf dem Hals des Instruments auch mit einem kleinen Brandzeichen verewigt, wohl um zu zeigen, dass er es war, der dieses Instrument im Jahr 1882 modernisiert und ihm dabei auch, wie bei fast allen barocken Geigen geschehen, einen neuen, etwas längeren und vor allem etwas stärker zurückgeneigten Hals angeschäftet hat, wobei er den alten Wirbelkasten und die originale Schnecke sorgfältig an den neuen Hals anpasste. Es ist ein gutes Stück Arbeit, auch wenn im Zuge dieser Restauration wohl ein kleines Fragment an der Schulter des Instruments beschädigt und von Voigt ersetzt wurde.

Das Instrument wurde vor einigen Jahren von Grund auf restauriert und ist in hervorragendem Zustand.

I

EINE BEGEGNUNG

»Ach die?«, sagte MR beiläufig, »die ist ganz interessant. Sie wurde um 1700 in Italien gebaut, aber von einem Deutschen.«

Mit diesem Satz begann es, begann meine Reise, auch wenn ich das noch nicht wissen konnte. Jahrelang kam ich jetzt schon hierher, zu diesem unscheinbaren Haus, in dem so viele Fäden meines Lebens zusammenliefen, obwohl ich höchstens als Amateur zugelassen war in diesen heiligen Hallen, denn hier gingen die größten Musiker ein und aus.

Ich selbst hatte einmal Musiker werden wollen und hatte alles darangesetzt als junger Mann, musste aber schließlich einsehen, dass meine Begabung trotz aller Willenskraft und Anstrengung nicht ausreichte. Ich war Historiker geworden und Schriftsteller. Für meine ehemals große Liebe, die Geige, blieb mir immer zu wenig Zeit, wenn ich auch immer noch spielte, allein oder mit Freunden. In diesem Haus aber verkehrten die größten Virtuosen. Nein, ich war ein Amateur, ein Gast.

MRs Werkstatt befindet sich nicht in der Innenstadt, mit einem polierten Messingschild und adretten Empfangsdamen, wie es sich manche seiner Kollegen leisten. Sie liegt in einem anonymen Vorstadthaus verborgen, direkt neben einer Fabrik, in einem Viertel mit Billigläden, Handwerksbetrieben, bosnischen Cafés, türkischen Bäckereien, Thai-Massage-Salons und Discount-Supermärkten. Keine sehr feine Gegend. Und doch kommen die erstaunlichsten Musiker hierher, und doch gibt es in diesem Haus jemanden, der die größten Meisterwerke der Instrumentenbaukunst zu reparieren versteht, Stimmen aus vier Jahrhunderten, alle großen Namen, eine unsichtbare Gemeinde aus Lebenden und Toten. Das einzige Namensschild, das auf seine Existenz hinweist, ist das an der Klingel, neben der unscheinbaren, aber dick gepanzerten Haustür.

Ich hatte diesen Klingelknopf im Laufe der vergangenen Jahre oft gedrückt, nicht nur, um meine eigene Geige reparieren zu lassen (MR war nicht beeindruckt von meinem bescheidenen Instrument und bemerkte nur: »Wenn einer meiner Lehrlinge das so lackiert hätte, würde ich ihm sofort sagen, er soll den Lack wieder abnehmen und von vorne anfangen«), sondern auch immer wieder aus Neugier, weil ich mich für Instrumente interessierte, weil ich Werkstätten mochte. MR gab mir dann einen guten, bitteren Espresso aus einer chromglänzenden italienischen Maschine. Ab und zu nahm er auch eine seiner wunderbaren Geigen aus dem großen Safe, dem Allerheiligsten, nicht selten ein Instrument von einem legendären Geigenbauer. »Das Anspielzimmer ist gerade frei«, sagte er dann mit einem einladenden Zwinkern, »du kannst dir Zeit nehmen und sie ausprobieren.«

So hatte ich über die Jahre viele große Cremoneser und andere Meisterwerke in Händen gehalten. Nicht alle von ihnen klangen großartig, einige der Stradivaris und andere Instrumente dieser Kragenweite hatten einen erstaunlich durchschnittlichen Klang, vielleicht, weil ich nicht gut genug spielen konnte, vielleicht, weil Beschädigungen und viele und schlechte Restaurierungen sie ruiniert hatten, vielleicht aber auch, weil auch diese Instrumente nicht ausnahmslos großartig waren und man sie gelegentlich nicht nur von Jahrhunderten von Schmutz befreien musste, sondern auch von einer noch dickeren und hartnäckigeren Schicht aus Mythos, Markt und Messiaskult.

Was mich immer wieder faszinierte, war, dass es oft wirklich berühmte Instrumente waren, die sich besonders schwer spielen ließen, die erst einmal gebändigt werden mussten und deren Persönlichkeit man über Wochen und Monate verstehen und ergründen musste, um zu merken, wie viel mehr an Klängen und Resonanzen und Farben möglich wäre, wenn man das Instrument nur verstehen lernen könnte, denn es war einem in jeder Hinsicht voraus. Ein besserer Geiger würde die Tiefen und verschiedenen Facetten eines großen Instruments rascher entdecken, aber auch die größte Musikerin kann nicht finden, was nicht da ist.

Immer wieder nahm ich auch eines der Instrumente, die nicht im Safe lagerten, aus einem der massiven Eichenschränke, um sie mir anzusehen, den Stil zu vergleichen und etwas über ihre Geschichte zu erfahren. Geigen haben Gesichter wie Menschen; alle ähnlich und doch unterschiedlich, ausgewogen oder asymmetrisch, lang oder gedrungen, elegant oder unbeholfen, von unterschiedlicher Farbe, mit sprechenden Details, mit einer eigenen Mimik. Sie haben eine Geschichte, einen Ursprung, ein klingendes Leben.

Eine der Geigen in diesem Schrank schien mir besonders interessant, mit einem besonders sicher geschnittenen Umriss, einer reizvollen Wölbung und einer ungewöhnlich kleinen Schnecke – dem gewundenen obersten Teil des Instruments, da, wo die Saiten von den Wirbeln gehalten werden.

Es war viel los an diesem Tag, an dem ich diese Geige entdeckte, wie eigentlich immer, wenn ich hier war. MR war fast unablässig damit beschäftigt, mehrere Dinge simultan zu erledigen: ein Kundengespräch, ein Instrument begutachten, davor wenn möglich eine kleinere Reparatur oder Feineinstellung, Fragen der Mitarbeiter, ein Telefongespräch mit einem Kollegen auf der Jagd nach einem raren Instrument, eine Studentin bei der Instrumentenwahl beraten. MR reichte mir die Geige.

»Woher weißt du, dass der Handwerker aus Deutschland kam?«, fragte ich, neugierig geworden, bevor er wieder verschwand.

»Einfach so«, antwortete er. »Das sieht man. Solche Ecken, solche Einkehlungen am äußeren Rand, die Positionierung der f-Löcher: Das kann nur jemand gewesen sein, der in Süddeutschland gelernt hat, im Allgäu, um genau zu sein, sehr wahrscheinlich in Füssen. Da kamen besonders im 17. Jahrhundert sehr viele Geigenbauer her, aber eigentlich ist das noch weitgehend unerforscht. All das deutet darauf hin, dass er im Allgäu zumindest in die Lehre gegangen ist. Aber die Wölbung und die Form, die sind schon ganz italienisch. Der Lack auch übrigens. Das konnte man damals nur in Italien. Nördlich der Alpen hat man noch nicht so gebaut, nicht so gut, nicht mit einer solchen Amati nachempfundenen Wölbung, nicht mit einer so schönen Grundierung.«

Während MR sprach, las ich mithilfe einer Lampe den Zettel auf der Innenseite des Instruments, der sie als eine Arbeit des großen Mailänder Meisters Carlo Giuseppe Testore ausweist.

»Also keine Testore?«, fragte ich.

»Nein, natürlich nicht, dann wäre sie zehnmal so teuer, der Zettel ist selbstverständlich falsch. Sie sieht eigentlich recht mailändisch aus, aber Testore ist es auf keinen Fall. Es gibt da zum Beispiel ein kleines Problem mit dem Datum: 1605 ist fast 60 Jahre vor seiner Geburt. Da hat jemand nicht aufgepasst.«

»Und du weißt nichts weiter über denjenigen, der sie gemacht hat, oder wo sie gemacht wurde?«

»Leider nicht! Ich habe sie irgendwann einmal gekauft, sie war damals in sehr schlechtem Zustand, und ich dachte, sie sei etwas ganz Besonderes, ein bislang nicht identifiziertes italienisches Meisterinstrument – aber ich habe nichts weiter über sie herausbekommen, auch mithilfe einiger sehr guter Kollegen nicht. Sie stammt offensichtlich aus dem frühen 18. Jahrhundert und ist ebenso offensichtlich in Italien gebaut worden, aber mit einem starken Allgäuer Einfluss, was nicht ungewöhnlich ist für die damalige Zeit. Nimm sie mit nach Hause und spiele sie ein bisschen, sie braucht das, sie ist gerade erst restauriert worden. Ich muss weiter, aber ich werde dir noch einen Kasten organisieren. Keine Zeit für Kaffee, heute leider nicht, mein nächster Kunde ist schon verspätet.«

MR ist keiner von diesen Händlern in Nadelstreifen, die auftreten wie Anwälte oder Bankiers. Ich habe ihn überhaupt noch nie in einem Anzug gesehen. Er ist ein Besessener – sehr zu seiner eigenen Unzufriedenheit –, ein Perfektionist, ein Herr oder Untertan verschiedener Sammlungen, in den Augen vieler Musikerinnen ein Magier, dem sie unbedingt vertrauen. Er hatte nie ein großes Geschäft gewollt, aber dann war es so passiert, durch einige seltsame Wendungen des Schicksals, bis er plötzlich selbst und mit eigener Firma zu einer der maßgeblichen Adressen in der winzigen Welt des Instrumentenhandels geworden war. Als Jugendlicher spielte er bretonischen Folk in einer Band, so war er zur Musik gekommen. Dann hatte er sich in eine Geigenbauerin verliebt, eine Weichenstellung.

Nach meinem Besuch bei MR war ich auf dem Weg nach Hause, die unbekannte Geige in einem Kasten, den er mir geliehen hatte, unter dem Arm. Gleich nachdem ich angekommen war, probierte ich sie aus. Sie klang jämmerlich; dünn und kellerfeucht, schrill und hohl, als hätte der Klang sich tief in ihrem Inneren verschanzt. Ein so schönes Instrument – und es hatte seine Stimme verloren, wenn es denn jemals eine gehabt hatte. Ich spielte es weiter, aus Neugier und auch um MR einen Gefallen zu tun, ein eingespieltes, gut eingestelltes Instrument verkauft sich besser, spricht besser an unter den Händen von Interessierten.

Dann aber, nach einigen Tagen intensiven Spiels, machte sie langsam auf; neue Resonanzen erschienen, der Ton wurde wärmer und tragender, auf der untersten Saite entstanden dunkel gemaserte Klänge, warm und hauchend wie die Stimme einer Jazz-Sängerin, die kein einfaches Leben gehabt hat, eine Stimme, die Freude und Leiden gleichermaßen tief in sich aufgesogen hatte. Die Höhe war klar und warm wie poliertes Silber, dazwischen lag eine ganze Landschaft von Klangfarben, die sich langsam erschlossen, erst zufällig, dann immer kontrollierter.

Ich spielte jeden Tag und hörte zu, erstaunt über das, was sich unter meinen Händen öffnete und entwickelte. Es ist ein Phänomen, das kein Physiker erklären kann: Instrumente können ihre

Stimme verlieren. Wenn sie gerade repariert worden sind, wenn sie jahrelang nicht mehr gespielt wurden, dann klingt ihr Ton wie eingerostet, wie eingesperrt und muss erst wieder befreit werden. Aus irgendeinem Grunde bewirkt die Vibration beim Spielen, dass der Klang sich vertieft und verstärkt. In diesem Fall erfolgte die Befreiung rasch. Das kleine Instrument begann zu singen.

MR hatte es nicht eilig damit, die Geige von mir zurückzufordern. Ich bat ihn um Aufschub, er gab mir den Rat, ich solle mich ja nicht verlieben in dieses Instrument, obwohl es gut zu mir passe. Ich konnte nur staunen über meinen Freund und sein Geschick als Heiratsvermittler. Mit jedem Ton, den ich spielte, wuchs meine Liebe zu der Stimme, die das Instrument langsam fand. Liebe ist das richtige Wort, denn die Beziehung zu einem Instrument hat immer eine intime, sinnliche Seite. Allerdings auch eine finanzielle. MR kam mir entgegen, als ich mich nach Monaten dazu durchgerungen hatte, sie zu kaufen. Er wolle mich und die Geige zusammen sehen, sagte er und machte mir ein gutes Angebot. Er selbst hatte das Instrument außerdem lange genug gehabt, sagte er, und viel Zeit und Arbeit in es investiert. Trotzdem war seine Wette nicht aufgegangen: Die Geige war unbekannt geblieben, anonym, keinem großen Namen zuzuordnen.

*

Und so begann die Reise, die ihren Ursprung in einer Frage hatte, einer Berührung, einer Begegnung. Jedes Mal, wenn ich meine Geige zur Hand nahm – jeden Tag, wenn meine Arbeit und meine Reisen es erlaubten – fühlte ich, dass ich jemandem begegnete: einem Menschen, der vor zehn Generationen gelebt und etwas erschaffen hatte, das auch nach so langer Zeit noch immer seine Stimme erheben und die Menschen berühren konnte.

Die Hände des Spielers und des Erbauers trafen sich auf diesem kleinen Instrument, über die Jahrhunderte, über historische Revolutionen hinweg. Unsere Finger hatten denselben Lack berührt, dieselben sanft geschwungenen Formen, die er damals geschaffen hatte. Die Resonanzen, die ich heute hörte, hatte auch dieser Unbekannte einst gehört, er hatte das Holz so lange bearbeitet, bis er diesen Klang erreicht hatte, mit warmen, lebenden Händen. Das ist es, warum ich Historiker geworden war: Die Finger vergangener Leben griffen nach mir.

Wer war dieser Mensch, mit dem mich eine gemeinsame Praxis verband, eine Technik, vielleicht eine Leidenschaft, eine Reihe von Unbekannten? Hatte er Heimweh gehabt, wenn er tatsächlich ein Auswanderer war, den es aus dem Allgäu nach Italien verschlagen hatte? War er glücklich, was hatte er als Kind erlebt? Woran glaubte er? War er ein guter Liebhaber? Wurde er jeden Tag satt, und wovor hatte er Angst? Hat er jemals einen Gedanken daran verschwendet, wer sein Instrument einmal in Händen halten würde?

Ich wollte diesem Menschen begegnen, ihn kennenlernen, aber ich wusste nichts über ihn: keinen Namen, keinen Ort, ich hatte nicht den geringsten Anhaltspunkt. Der Zettel, der die Geige identifizierte, war falsch. Der Mann, der dieses Instrument so meisterhaft gebaut hatte, war im Abgrund der Geschichte verschwunden, ins historische Vergessen gefallen. Vielleicht hatte er der Nachwelt nichts weiter hinterlassen als dieses Stück Holz, das einzige Zeugnis seines Lebens.

Das, fühlte ich, war Grund genug, dieses Zeugnis als Schlüssel zu gebrauchen, um das Leben eines Unbekannten zu erschließen.

II

LAUTENSPÄNE

SCHLOS
S. SEBASTIAN
S. STEFAN
LECH FLUS

Das kleine Städtchen Füssen im Allgäu, das hatte MR mir gesagt, war mit großer Wahrscheinlichkeit der Herkunftsort des unbekannten Geigenbauers, nach dem zu suchen ich mich entschlossen hatte. Füssen liegt zwischen Kempten und Garmisch-Partenkirchen, direkt bei Schloss Neuschwanstein am Fuße der Alpen, 20 Kilometer nordöstlich der Zugspitze. Heute leben etwa 14 000 Menschen dort, vor 400 Jahren waren es um die 2000. Damals wie heute (das lässt sich der Rechtschreibung in den historischen Dokumenten entnehmen) war Füssen eine schwäbische Stadt, auch wenn sie von bayrischen Ländereien umgeben war.

In vielerlei Hinsicht ist Füssen typisch für eine Stadt ihrer Größe in der Region. Eine Tatsache aber macht sie vollkommen einzigartig: Über die Jahrhunderte sind Hunderte von Lauten- und Geigenbauern hier ausgebildet worden, sind von hier aus nach ganz Europa emigriert und haben von Paris bis Prag und von London bis Neapel den Bau und den Handel mit Lauten und später auch Geigen und anderen Streichinstrumenten über den ganzen Kontinent wesentlich mitbestimmt und zeitweise dominiert.

Seltsamerweise war diese einzigartige Position im musikalischen Europa der Armut geschuldet. Der Boden der Alpenregion ist an vielen Ort karg, das Gelände oft zu bergig, um größere Felder bewirtschaften zu können, und die Winter sind lang und hart, eine Gegend, die keine große Bevölkerung ernähren kann. Gerade für kleine Bauern war es daher schon immer schwierig, sich ausschließlich von der Landwirtschaft zu ernähren, weswegen die gesamte Alpenregion schon seit der Antike eine Auswanderungsregion gewesen ist. Viele Schweizer aus armen Alpentälern wurden Söldner (die päpstliche Schweizergarde erinnert noch daran), andere verdingten sich als Knechte, Dienstboten oder Handwerker, während viele Buben aus dem Tessin als lebende Schornsteinbesen durch die Kamine von italienischen Häusern klettern mussten, eine Form von Kindersklaverei, die viele nicht lang überlebten. Ihre Eltern aber hatten oft keine Wahl, als ihre Kinder wegzuschicken. Was der Hof erwirtschaftete, konnte unmöglich so viele Münder stopfen.

Im Vergleich mit diesen Orten hatte Füssen großes Glück. Es lag an der alten Via Claudia Augusta, der römischen Handelsroute über die Alpen, die Augsburg und Venedig verband und so letztendlich auch Teil des langen Landweges war, der von Peking über Samarkand, Bagdad und Konstantinopel bis nach Flandern und Nordeuropa führte. Gleichzeitig lag die Stadt am Lechfluss und war so ausgezeichnet situiert, um Holz aus den Alpen per Floß ins Flachland zu bringen. Die Fichten, Tannen, Lärchen, Eiben und anderen Hölzer aus höheren Lagen wurden besonders geschätzt, weil die Bäume in großer Höhe langsamer wuchsen und dichteres Holz produzierten, was besonders für hochwertige Möbel und Waffen von Interesse war.

Auch für den Instrumentenbau war dieses Holz wertvoll. Saiteninstrumente wie Lauten, Fiedeln und Violen, bei denen die Resonanzfähigkeit des Holzes wichtiger ist als seine statischen Eigenschaften, wurden vorrangig aus Nadelhölzern hergestellt, und die eng gewachsenen Bäume der Alpen waren perfekt geeignet dafür. Die Füssener Flößer, junge und kräftige Männer, verbrachten den warmen Teil des Jahres damit, in die Alpen hinaufzuwandern, Flöße via Füssen nach Augsburg zu steuern und dann zu Fuß den Heimweg anzutreten. Im Winter saßen sie am Herdfeuer und produzierten im Akkord Gerätschaften und Instrumententeile aus Holz, um ihr mageres Einkommen aufzubessern.

Die geographische Lage von Füssen bedeutete, dass die Handwerker dort Zugang zu einem besonders lukrativen Markt hatten. Im 15. und 16. Jahrhundert war Venedig eine der mächtigsten Städte in Europa – und eine der kultiviertesten. Der große Monteverdi arbeitete am Markusdom, und zahllose weniger berühmte Komponisten und Musiker schufen in der Stadt eine Atmosphäre und eine musikalische Dynamik, die vor allem während der Renaissance alles übertraf, was sich in Europa sonst abspielte.

Die musikalische Kultur Venedigs war zudem ein Abbild seiner internationalen Handelsverbindungen. Besonders die Kultur der moslemischen Welt erreichte mit den Händlern aus Konstantinopel und der Levante hier ihren ersten europäischen Hafen. So kamen nicht nur musikalische Formen, sondern auch Instrumente aus der islamischen Tradition nach Venedig. Das vielleicht wichtigste darunter war ein besonders vielseitiges Saiteninstrument, die Oud, die in Konstantinopel und im islamischen Spanien *al oud* genannt wurde und in Europa bald als *lute* (englisch), *liuta* (italienisch) oder als Laute bekannt werden sollte.

Lauten sind in ihrer Konstruktionsweise außergewöhnlich komplex. Sie haben im Wesentlichen die Form einer halbierten Birne und bestehen aus einem halbrunden Bauch, einer flachen Decke und einem langen Hals, über den je nach Art des Instruments unterschiedlich viele Saiten laufen. Die Spannung, Länge und Anzahl der Saiten, die Stimmlage und der Kontext, in dem die Laute gespielt werden soll, bestimmen die Größe des Instruments, wie stark der Bauch gewölbt ist, wie stabil die Konstruktion sein muss und wie die Einzelteile geformt sein müssen. Das erfordert nicht nur viel Erfahrung, sondern auch ein erhebliches geometrisches Wissen, um die Form und Beschaffenheit der einzelnen Teile richtig zu berechnen.

Wenn diese Kalkulation einmal gemacht ist, können die präzise berechneten Einzelteile auch in Heimarbeit hergestellt werden. Die »Lautenspäne«, die wie Orangenscheiben zugeschnittenen und über Hitze gebogenen Einzelteile, aus denen der Lautenbauch zusammengesetzt wird, sind relativ einfach anzufertigen. Genau darauf spezialisierten sich die Bauern und Flößer in Füssen, die über den Winter weder auf dem Fluss noch auf dem Land arbeiten konnten, aber trotzdem Geld verdienen mussten.

Die fertigen Lautenspäne wurden entweder von Werkstätten vor Ort zusammengebaut oder über die Alpen nach Venedig geschickt, wo Füssener Lautenbauer, die sich dort niedergelassen hatten, sie zu verkaufsbereiten Instrumenten montierten. Diese Methode war der Schlüssel zum Erfolg des Füssener Instrumentenbaus. Eine Laute ist ein voluminöses und zerbrechliches Instrument, das sehr viel Raum einnimmt und einen soliden Kasten braucht, um transportabel zu sein. Es wäre fast unmöglich gewesen, mehr als zwei oder drei dieser Instrumente gleichzeitig über die Alpen zu befördern, sei es auf dem eigenen Rücken oder auf dem eines Maulesels, nicht zuletzt, weil es noch keine sicheren und das ganze Jahr über befahrbaren Straßen durch das Gebirge gab.

Mit Lautenspänen war die Situation nun eine völlig andere. Die dünnen und flachen Späne ließen sich, genau wie auch die Decken und Hälse der Lauten, bequem und sicher flach packen und in großen Mengen transportieren. Die Füssener Heimwerker machten die Vorarbeiten für die venezianischen Instrumentenbauer, die aus dem gelieferten und halbfertigen Material Instrumente zusammensetzten.

Quellen zur Frühgeschichte des Lautenbaus in Füssen sind rar und fragmentarisch, und es ist noch nicht erforscht, wie genau eine kleine Stadt in den deutschen Voralpen das Wissen und die Expertise erlangen konnte, um eine derartige Schlüsselposition im venezianischen und bald auch im gesamten europäischen Instrumentenbau einzunehmen. Ein faszinierender Anhaltspunkt ist allerdings die Einbürgerung eines gewissen Jörg Wolff, der in den Quellen als »Lauter« bezeichnet wird und am 10. Oktober 1493 von der Stadt offiziell als Bürger aufgenommen wurde.

Zu diesem Zeitpunkt war Füssen schon seit einigen Generationen ein Zentrum für den Instrumentenbau gewesen. Schon früher im 15. Jahrhundert wurden Lautenmacher in der Stadt urkundlich erwähnt, und es gab bereits mehrere Werkstätten und durch die Handelsroute zwischen Augsburg und Venedig auch weitreichende Handelsverbindungen. Füssen war zur Zeit des Jörg Wolff schon etabliert als Instrumentenstadt und hatte trotz seiner ländlichen Position häufig Zugang zu höfischem Leben und damit auch zu höfischer Musik. Beim Konzil von Konstanz kamen 1417 nicht weniger als 1700 Musiker in die Nachbarschaft und mit ihnen auch die aktuellsten Instrumente. Der Dichter und Minnesänger Oswald von Wolkenstein hielt sich dort auf und war mit einer Frau aus dem nahen Schwangau verheiratet. Außerdem war das Benediktinerkloster St. Mang mit seiner Bibliothek und seinen vielen Gottesdiensten ein wichtiges Zentrum der Gelehrsamkeit und der Musik in der Region.

Die Einbürgerung von Jörg Wolff ist vielleicht ein Hinweis darauf, wie weit die Verbindungen der kleinen Stadt gereicht haben könnten. Die spanische Übersetzung von Wolf ist Lopez, und das Datum seiner Einbürgerung, 1493, legt zumindest die Möglichkeit nahe, dass Jörg Wolff ursprünglich Jorge Lopez gewesen sein könnte, ein spanisch-jüdischer Musiker und Lautenbauer, der ein Jahr nach der spanischen Reconquista auf der Flucht ins Alpenvorland kam, weil die Juden und Moslems Spaniens zwangsgetauft, vertrieben oder ermordet wurden, weil er sich einen anderen Ort zum Leben und Arbeiten suchen musste, und weil Füssen offensichtlich schon damals als Ort der Lautenbauer einen gewissen Bekanntheitsgrad erreicht hatte, was übrigens auch der Fall wäre, wenn Jörg Wolff nicht aus Spanien stammte.

Die Idee, dass mit Jörg Wolff ein Stück mediterrane Expertise nach Füssen kam, lässt sich nicht beweisen, aber sie ist tragfähig. Eine bekannte spanisch-jüdische Musikerfamilie namens Olmaliach oder Almaliach (wohl eine Version von El-Malech) nannte sich nach ihrer erzwungenen Konversion Lopez. In den folgenden Jahrzehnten verließen mehrere Mitglieder dieses Musikerclans Spanien, um anderswo in Europa ein besseres Leben zu suchen. Musiker dieses Namens finden sich kurz darauf in Antwerpen, in London und auch in Venedig, wo 1542 ein Ambrosio Lupo als Violist [sic] und *sonadore de lironj* an der *Scuola Grande di San Marco* verpflichtet wurde.

Wenn Jörg Wolff tatsächlich aus einer berühmten spanischen Musikerfamilie stammte, die sich von der iberischen Halbinsel aus ins Exil geflüchtet hatte, dann brachte er wohl ein musikalisches Niveau und als »Lauter« auch Konstruktionstechniken mit, die in Füssen bis dahin kaum üblich gewesen sein dürften. Mit ihren maurischen, christlichen und jüdischen Einflüssen war die musikalische Kultur von Al-Andalus ungeheuer vielfältig und verfeinert, und die wenigen Instrumente, die aus dieser Periode erhalten sind, zeugen von einer raffinierten Handwerkskunst. Diese könnte der neue Bürger aus seiner alten Heimat nach Füssen mitgebracht haben.

Ob der Lautenmacher Jörg Wolff ursprünglich ein spanischer Jude war oder nicht, das christliche Europa des ausgehenden Mittelalters verdankte besonders seine höfische Musik den vielen Begegnungen mit dem Orient, gerade während der Kreuzzüge, aber auch durch den Handel zwischen Konstantinopel und Venedig und anderen Hafenstädten im Mittelmeer. Die Handwerker im kleinen Füssen kamen an ihrer Werkbank mit fernen Welten in Berührung. Sie verarbeiteten exotische Hölzer und Elfenbein, sie handelten mit Kunden in anderen Ländern, kamen in Kontakt zu Hofmusikern und weitgereisten Herren.

Es war wohl weniger dieser Hauch von Weltläufigkeit als die schöne und praktische Lage, die den römisch-deutschen Kaiser Maximilian I. (1459–1519) dazu bewog, oft und gelegentlich auch mehrere Monate lang in Füssen zu residieren. Auch mit ihm kamen Musiker, Musikliebhaber und Handwerker in den Ort, der um diese Zeit seine größte Blüte erlebte. Welche Bedeutung die kleine Stadt durch diese Bedingungen für den europäischen Instrumentenbau entwickelte, zeigt sich besonders an dem Netzwerk, das sich rasch von Füssen aus über den Kontinent zu spannen begann.

Diese Geschichte von einer Art frühem Kapitalismus wäre nichts ohne ihren legendären Entrepreneur, den Lautenmacher Caspar Tieffenbrucker (1514–1571), der lange der bekannteste Exilant und Netzwerker im Namen des Lautengeschäfts war. Er machte seine Lehre in Füssen und in Norditalien, zog aber Mitte des 16. Jahrhunderts nach Lyon, von wo aus er Instrumente, deren Teile er wahrscheinlich noch immer aus Füssen bezog, in ganz Europa verkaufte.

Tieffenbrucker dürfte auch einer der ersten Instrumentenbauer gewesen sein, der kleine Violen herstellte, Instrumente, die der heutigen Violine sehr ähnlich sind. Zwar sind keine originalen Instrumente von ihm erhalten, aber auf einem Porträt, das offensichtlich auch zu Werbezwecken angefertigt und als Druck herausgegeben wurde, ist ganz vorn im Bild ein Instrument zu sehen, das aussieht wie eine moderne Geige. Das Gemälde entstand 1548 – also mehr als ein Jahrzehnt, bevor der Cremoneser Meister Andrea Amati, der heute als Vater der modernen Geige gilt, die erste noch erhaltene moderne Geige schuf, die heute im Metropolitan Museum of Art zu bewundern ist. Dass Tieffenbrucker Amati tatsächlich zuvorgekommen ist, bleibt jedoch eine Vermutung, aber die größten Erfindungen der Menschheit erscheinen oft plötzlich und an verschiedenen Stellen gleichzeitig, wie Pilze, wenn Zeitpunkt und Witterung es erlauben.

Während die Familie Tieffenbrucker versuchte, den Handel mit Füssener Instrumenten von Lyon und bald auch von anderen europäischen Städten aus zu kontrollieren, bekam sie bald Konkurrenz aus der alten Heimat. Mang (eigentlich Magnus) Sellas verließ Füssen und ging als Lautenmacher nach Prag, vier weitere Männer der Familie zogen als Händler und Instrumentenbauer nach Venedig, andere nach Innsbruck und Linz.

Das Netzwerk der Füssener war bald weit gespannt. Ein Gerichtsfall von 1569 zeigt, welche Implikationen das haben konnte. In der Verhandlung ging es um gefälschte Münzen aus Italien, die von Schmugglern im Raum Füssen in Umlauf gebracht worden waren. Da die Reichweite der Füssener Justiz sich nicht bis jenseits der Alpen erstreckte, um die Falschmünzer selbst zu belangen, waren die Angeklagten die Schmuggler selbst, die in den Gerichtsakten als Lautenträger bezeichnet wurden, also als Männer, die Lautenteile von Füssen nach Venedig brachten, wo sie offenbar mit Falschgeld bezahlt worden waren – ohne es zu wissen, wie sie beteuerten. Allerdings hatten sie pfundweise Münzen bei sich, als sie nach Füssen zurückkehrten, was ihre Glaubwürdigkeit erheblich untergrub.

Lautenträger war schon gegen 1570 ein bekannter Beruf im Füssener Raum, und das Gewerbe florierte. Um 1600 hatte Füssen mit seinen circa 2000 Einwohnern 18 bei der Innung gemeldete Lauten- und Geigenbauer. Zum Vergleich: Nürnberg hatte 40 000 Bürgerinnen und Bürger, aber nur fünf Geigenbauer, die Handelsmetropole Augsburg hatte nur drei.

Für die frühen Unternehmer des europäischen Instrumentenbaus bot der Arbeitsprozess von Heimarbeit bis zum Zusammensetzen in der eigenen Werkstatt große Verdienstmöglichkeiten, und besonders der in Füssen geborene venezianische Instrumentenhändler Matteo Sellas, ein Cousin von Mang Sellas in Prag, sollte in Venedig als reicher Mann sterben. Die einfachen Leute aber wurden für diese Arbeit mit einem Hungerlohn bezahlt.

Gerade in unsicheren Zeiten, als durch die sogenannte Kleine Eiszeit die Ernten schlechter waren als normal und Epidemien und Kriege immer wieder in das Leben einbrachen, bot der Instrumentenbau aber auch einen Ausweg aus der ländlichen Armut. Als Instrumentenbauer konnte ein Junge auf ein relativ stabiles Einkommen hoffen, aber die Wahrscheinlichkeit war hoch, dass er wegziehen musste, um sein Glück in irgendeiner großen Stadt zu versuchen. Wie überall sonst kontrollierte auch in Füssen eine Innung nicht nur den Preis und die Qualität der Instrumente, sondern auch die Anzahl der zugelassenen Werkstätten. Ein Junge, der als Lehrling bei einem Lauten- oder Geigenbauer anfing, musste sich an den Gedanken gewöhnen, eines Tages in die Welt zu müssen.

Viele der Füssener Instrumentenbauer, die ihre Heimat verlassen mussten, taten dies schon als Kinder. Die meisten von ihnen wählten den Weg über die Alpen, nach Italien, wohin auch der Großteil der halbfertigen Instrumente verkauft wurde und wohin sie bereits Verbindungen hatten. Füssener Namen erscheinen in den Registern der Innungen bis hinunter nach Neapel und Sizilien, und Instrumentenbauer aus dem Allgäu und dem angrenzenden Tirol sind in fast allen norditalienischen Städten nachweisbar, besonders aber in Rom und Venedig, wo Kirchen, Theater, offizielle Anlässe und private Feiern, Aristokraten und Touristen immer nach Musik verlangten. Schon 1480 verzeichneten römische Zollbücher die kistenweise Lieferung von Lautenholz und sogar von fertigen Lauten aus dem Allgäu.

Mit den Handwerkern verbreitete sich auch ihre Methode, Instrumente zu konstruieren, ihre Ästhetik, ihre Formensprache, die am neuen Lebensort der Auswanderer oft auf lokale Traditionen und Schönheitsideale traf, sodass sich verschiedene Mischformen entwickelten. Händler und Instrumentenbauer aus Füssen wurden tatsächlich zu einem einzigartig dominanten Einfluss im musikalischen Europa.

Die Fertigung der Instrumente hatte allerdings schon im 16. Jahrhundert wenig mit der romantischen Idee des authentischen und einsamen Handwerkers zu tun. Der Füssener Lautenbauer Laux Maler, der 1552 in Bologna starb, hinterließ laut Testament 1100 fertige Lauten sowie 127 noch nicht vollendete, Hunderte von noch unbearbeiteten Lautendecken und ein ganzes Lager voller Späne für den Korpus und voller anderer Instrumententeile und Saiten, die von Spezialisten aus Schafsdärmen hergestellt worden waren. Ein Handwerker allein hätte für diese Instrumente wohl mehr als 50 Jahre gebraucht. Im Testament von Moisè und Magno Tieffenbrucker in Venedig erschienen 1581 sogar »335 fertige Lauten und 8 Gitarren, 150 Lautenkorpora und 60 unfertige Instrumente ... 15 200 Eibenspäne, 2000 Decken, 300 Stege, 600 Hälse, 160 Wirbel«. Näher konnte man im vorindustriellen Zeitalter der Produktion auf industriellem Niveau nicht kommen.

*

Füssen war eine wohlhabende, selbstbewusste und hervorragend vernetzte Stadt, als 1618 der Dreißigjährige Krieg begann. In den ersten Kriegsjahren fanden die Kämpfe in anderen Gebieten statt und verschonten die Stadt weitgehend, auch wenn die für sie so wichtigen Handelsverbindungen schon bald unter der zunehmenden Unsicherheit der Straßen und den marodierenden Soldaten litten. Trotzdem ging es der Stadt gut. Sie war nicht von strategischer Bedeutung, und die Einwohner konnten mit einiger Berechtigung hoffen, dass die Kampfhandlungen sie nicht direkt betreffen würden.

So trieben die Instrumentenbauer auch in diesen ersten Kriegsjahren einen schwunghaften Handel. Die Mautstation Donaustauf, die alle Güter kontrollierte, die über die Donau verschifft wurden, notierte immer wieder Ladungen mit Lauten, Geigen und halbfertigen Instrumenten auf dem Weg nach Augsburg und von da aus in Richtung Flandern oder nach Wien.

Ein kostbares historisches Dokument vermittelt einen Eindruck davon, was die Füssener in diesen Jahren bewegte. Der Färbermeister Hanns Faigele schrieb während der Kriegsjahre eine private Stadtchronik, eine Mischung aus Dokumentation und persönlichem Tagebuch. Seine Eintragungen beginnen im Jahr 1618 und zeigen gleich, dass diese Welt auch in Friedenszeiten von Angst und Gewalt geprägt war. Am 19. Januar »hat man allhier Hexe mit dem Schwerte gerichtet und verbrannt«, wie Faigele ungerührt zu Protokoll gibt. Einige Monate später schreibt er über die Kapriolen der Natur mit einem typischen Frühjahrstag während der Kleinen Eiszeit, die besonders während des 17. Jahrhunderts das europäische Wetter prägte:

> Am Markustag [25. April 1618] schneite es den ganzen Tag, und es herrschte eine so große Kälte, die den gefallenen Schnee hart gefrieren ließ; es war so kalt, dass mir noch am darauffolgenden Freitag das Wasser in den Tüchern am Netz in der Mange gefror.

Die nächsten Jahre gingen ruhig dahin. 1625 wurde ein Hanns Dieffenbruger, sehr wahrscheinlich ein entferntes Mitglied der Instrumentenmacher-Familie in Lyon und Venedig, wegen Diebstahls enthauptet, im Jahr darauf erlebte die Stadt noch einmal einen Höhepunkt:

> Am St. Andreastag ist Herzog Leopoldus allhie herkommen. Ziemlich starkh mit seinem Gemachell die war schwanger, und ist von unserm gnädigen Fürstbischof so damal allhie war, selbs empfangen worden mit sammt der bewerten Burgerschaft, und ist ihr Durchleicht mit sammt Ihrem Volk allhie in der Stat ein gelossieret worden in den firnembsten Heusern, und ist 1 Tag und Nacht hier blieben, darnach weiter in das Schwabenlandt zogen.

Faigele beschreibt eine Welt, die allem Anschein nach in sich ruhte und florierte. Der Handel mit Musikinstrumenten entwickelte sich tatsächlich weiter. Im Jahr 1623 gab es 27 Lauten- und Geigenbau-Werkstätten in Füssen. Trotzdem neigten sich die guten Zeiten auch hier dem Ende zu. Die unsicheren Straßen und die immer unsicherer erscheinende Zukunft trafen den Instrumentenhandel wie auch den Holzhandel. Die ersten Menschen verließen ihre Häuser und Höfe in und um Füssen im Jahr 1624, um anderswo ein besseres Leben zu finden. Die, die Spuren hinterließen, gingen nach Wismar, nach Ulm und nach Mantua, andere verschwanden, ohne dass man ihre Wege heute nachverfolgen kann.

Langsam, aber sicher kam der Krieg näher und brach in den Füssener Alltag ein. Soldaten aus den verschiedensten Ländern und Gegenden marschierten durch das Land, hungrige und verlauste Flüchtlinge zogen in Kolonnen des Elends auf der Suche nach Nahrung und Unterschlupf durch die Gegend. Ganze Regionen wurden leergekauft oder geplündert, und die umherwandernden Menschen waren die idealen Überträger von ansteckenden Krankheiten.

Schon 1627 kam die erste Pestepidemie nach Füssen und kostete einige Einwohner das Leben. Drei Jahre später wütete sie dann mit voller Wucht. Faigele schreibt: »Am 12. November hat allhie die Bestilenz anfachen Regieren; die nahm ihren Anfang bei Hanns Heimen, Balbierer. – Am 9. December haben die von

Reutten im Gericht Ehrenberg die Statt Füssen banisirt der bösen Sucht halber.«

Etwa die Hälfte der Füssener Bevölkerung wurde von der Seuche in den Tod gerissen. Faigele nennt die verdächtig runde Zahl von 1600 Toten in einem Jahr, die wahrscheinlich übertrieben ist, aber die Wirkung auf die Stadt war verheerend. Nach dem Krieg sollen noch immer 94 der 266 Häuser und Wohnungen in der Stadt unbewohnt gewesen sein, 56 von ihnen baufällig. Faigele notiert über diese schreckliche Zeit: »Diess verflossen Jar send allhie gestorben und vergraben worden Jung und Alt bei 1600 an der Pestilenz und sonst. Gott sey in gnedig und barmherzig und uns allen.«

Mit dem Zusammenbruch der Stadt kollabierte auch der Instrumentenbau. Es ist wahrscheinlich, dass auch viele der Lautenbauer durch die Seuche umkamen. Hinzu kam: Die Pest hatte flächendeckend den gesamten Alpenraum heimgesucht, nachdem deutsche Soldaten sie von Norden aus nach Italien eingeschleppt hatten, wo sie eine geschätzte Million Menschen das Leben kostete. Überall fehlte es an Menschen, an Sicherheit, an Geld. Die Füssener hatten ihre Instrumente immer für den Export gebaut, aber die Nachfrage brach nun ein, bis kaum noch ein Meister von seinem Handwerk leben konnte. Mehrere von ihnen begannen nebenher als Kornmeister, Waagmeister, Postmeister oder in anderen Berufen zu arbeiten.

In der zweiten Kriegshälfte blieb Süddeutschland auch vom Blutvergießen nicht mehr verschont. Die Schweden nahmen Füssen ein, woraufhin Faigele fast verwundert bemerkt:

> Gleichwoll ist nit so ein grosser Schaden geschehen in der Statt am Sturmen, dann in einer Stund ist die Statt vom schwedischen gewonnen worden; auch ist nit viel Volkh blieben auf beiden Saiten, allein viel Volkh vom thyrollschen ist bei dem schwedischen gefangen worden, da sy nit viel werth zum Wehren, nur zum Stehlen waren.

Nach den Schweden aber kamen die Franzosen, die anders mit der Bevölkerung umgingen: »Die haben die Leut dermassen dribellirt und plaget und geschlagen, dass zum erbarmen war. Man hat ihnen miessen essen und drinken geben, man nehm's wo man wöll. Auch war das Weibsbild nit sicher vor ihnen; es war halt ausserdermassen ein Elend.« Auf die Franzosen folgte Herzog Leopold von Tirol und belagerte Füssen mit 12 000 Mann, dann, im Juli, belagerte der Fürst von Weimar »sammbt seinem Bruder Ernst« die Stadt mit 6000 Soldaten, die Besatzer wurden niedergemetzelt, und es begann wieder ein »blindern und Rauben ... dass es ein Erbarmen war«.

Ein anderer Tagebuchschreiber, Pfarrer Matthäus Schalk, war Zeuge des schwedischen Angriffs auf Füssen:

> Am 23. Juni frühmorgens rückten die Schwedischen mit Reiterei und Fußvolk an die Stadt heran. 25 Pfund schwere Kugeln schossen sie in die Stadt. Von diesen schlug eine durch den Kuglerturm und fiel erst vor dem Rathaus nieder. Ein Widerstand der Tiroler mit der geringen Besatzung von 300 Mann war aussichtslos. Die Tiroler Truppen machten sich rottenweise in die Berge auf, raubten dabei fliehende Bürgersleute aus. Den Schulmeister Paulus Paudrexl zogen sie bis aufs Hemd aus und mir dem Tagebuchschreiber Pfarrer Schalkh stahlen sie 100 Gulden.

Wie so oft im Krieg war das Überleben letztendlich eine finanzielle Frage. Die Füssener mussten 5000 Gulden Lösegeld zahlen, um die Stadt vor der Brandschatzung zu bewahren. Der Kaufmann Joseph Freiberger erhoffte sich von den neuen, protestantischen Herren bessere Bedingungen, bekam eine Audienz beim schwedischen König Gustav Adolph und kehrte als Bürgermeister in seine Stadt zurück. Er verlor keine Zeit, seine neu erlangte Macht zu nutzen, um mit einigen alten Rivalen abzurechnen. Allerdings hatte er nicht bedacht, wie schnell sich das Kriegsglück wenden kann. Schon am 17. Juli wurde Füssen von kaisertreuen, katholischen Tiroler Truppen wieder eingenommen. Der Tagebuchschreiber berichtet, was dann passierte: »Sie strangulierten einen tirolischen Deserteur, ein Welscher war die erste Zierd an dem Galgen vor dem Rathaus.«

Auch dem selbsternannten Bürgermeister Joseph Freiberger ging es wenig besser. Er floh, wurde gefasst und in Ketten zurückgebracht und von einem Gericht in Imst des Hochverrats für schuldig befunden. Am 9. Dezember wurde er als Hochverräter enthauptet. Unter den belastenden Zeugenaussagen war auch die des Lautenbauers Jonas Heringer: »Jonas Häringer Lauttenmacher daselbst sagt. Er habe gleich anfangs der Belagerung mit Weib und Khindt von Faulenbach weichen müssen.«

Immer wieder wurde Füssen im Verlauf des Krieges angegriffen, eingenommen, erpresst oder beschossen. Einmal gelang es den Bürgern, einen Angriff von 400 hungrigen kroatischen Dragonern abzuwehren und dabei 40 Angreifer zu töten, aber die mörderische Unsicherheit ging weiter. Faigeles Aufzeichnungen klingen immer verzweifelter angesichts des maßlosen und grundlosen Tötens:

> Am St. Martini Abent ist das Graf Schlik'sche Regiment fast lauter Reiterei allhie ankommen, auch in und ausserhalb der Statt die Leut übel geplagt und thribolirt, den Bauern Vieh und Ross genommen, das Korn ausgedroschen und weg genomben, auch was sy gefunden haben weggenommben, die Leut übel geschlagen, heiss Wasser eingossen, gewaitlet, gehenkt und gebrennt, viel gar erschossen, die Weibsbild geschendt, dass halt ein Elent ist zu sagen und zu schreiben, und war doch alls des Kaysers Volkh!

Als der Dreißigjährige Krieg 1648 endete, war Füssen, wie viele andere Städte auch, erschöpft, verarmt, teilweise zerstört, entvölkert und massiv traumatisiert. Irgendwann innerhalb der nächsten drei Jahrzehnte würde hier ein Junge zur Welt kommen, der wie schon mehrere Generationen vor ihm das Geigenbauerhandwerk lernen und sich auf den Weg nach Italien machen würde, um sich dort ein neues Leben aufzubauen. Wie auch immer seine Kindheit verlaufen ist und ob seine Eltern arm waren oder nicht – er muss im langen Schatten dunkler Jahrzehnte aufgewachsen sein.

III

DEN HAAG

Das eigene Instrument ist für jede Musikerin und jeden Musiker der intimste Partner, eine Erweiterung des Körpers, in der alle Möglichkeiten des Ausdrucks liegen. Manchmal singt es scheinbar mühelos, manchmal überrascht es mit einer neuen Resonanz, einer Klangfarbe, die vorher nicht da zu sein schien; an anderen Tagen verweigert es jeden Dialog, ist nicht zum Singen zu bewegen, lässt die Finger rutschen und stolpern, macht die Bogenhand ungenau und hart.

Die Beziehung zum eigenen Instrument kann so intensiv sein wie die zu einem Menschen oder zu einem Tier, der oder das einen zentralen Ort im eigenen Leben oder auch Arbeiten einnimmt: einem Partner am Trapez, einem Rennpferd, einem alten Fahrrad auf einsamer Straße. Man ist abhängig von seinen Möglichkeiten und seinen Launen, aber wenn die Resonanzen stimmen, wenn Gesten und Intentionen miteinander verschmelzen, dann verschwindet die Grenze zwischen Fleisch und Holz. Dann entsteht so etwas wie Glück.

Für mich war der Kampf mit den eigenen Grenzen etwas, das ich von früh auf kannte. Nicht nur hatte ich selbst Unterricht gehabt, meine beiden Eltern waren Musiker, und später unterrichtete meine Mutter an der Musikakademie in Detmold, in Nordrhein-Westfalen, umgeben von Menschen, die als Lehrer und Solisten und Studenten täglich mit ihren eigenen Begrenzungen kämpften.

Detmold ist nicht das, was man eine aufregende Metropole nennen würde, aber die Musikakademie hatte und hat einen guten Namen. Musiker mit internationaler Reputation unterrichteten dort (wenn sie auch selten da waren), und obwohl ich dort nicht studierte, fühlte ich mich zu dieser Welt hingezogen, einem Milieu, in dem Hunderte von begabten jungen Menschen ihre Tage damit verbrachten, in winzigen Räumen zu üben, Unterricht zu nehmen, einsam zu sein, zu üben, Freundschaften zu balancieren, zu üben.

Und dann die Professoren; viele von ihnen erstaunliche Musiker, ein Gutteil von ihnen gewesene Wunderkinder und Genies mit einer brillanten Zukunft, die doch nie wirklich so gekommen war wie vorausgesagt. Jetzt unterrichteten sie jahrein, jahraus all die Stücke, für die sie einmal berühmt gewesen waren, als sie noch jung waren, volles Haar hatten und eine gute Figur, während sie jetzt herumliefen wie Fleisch gewordene enttäuschte Hoffnungen. Eine Musikhochschule ist ein seltsames Biotop.

In dieses Biotop fiel ich als Jugendlicher hinein, in einen Teich voller unwahrscheinlicher Kreaturen, komplizierter Individuen, großer Begabungen, großer Ambitionen und größerer Enttäuschungen. Die Menschen hier, die in vielerlei Hinsicht so komisch waren, so eitel, egoistisch, ohne soziales Gefühl, so schüchtern oder so versoffen oder so unglücklich – wenn sie ihr Instrument zur Hand nahmen, sich an ihr Klavier setzten, vor einem Orchester oder auf einer Bühne standen, dann verwandelten sie sich. Sie wurden schön. Sie schufen etwas, was andere Menschen berühren konnte, sie hatten so viel von ihrem Leben investiert, um diese ungeheuren und bis ins Groteske spezialisierten Fähigkeiten zu entwickeln und zu kultivieren, dass sie nach dieser Erfahrung scheinbar schwerelos werden und andere Menschen in denselben Zustand versetzen konnten. Mit ihrem Instrument in der Hand konnten sie die Zeit aufheben und ein Publikum aus lauter Fremden in eine gemeinsam empfundene Ekstase ausbrechen lassen.

Als junger Mann, mit 16, 17, wollte ich unbedingt Teil werden von dieser Welt. Ich wollte Geiger sein, ich übte und übte, meine Helden waren nicht Rockstars, sondern große Virtuosen, meine Freunde waren Musikstudenten. Niemand hatte mir große Hoffnungen darauf gemacht, dass meine bescheidene Begabung für eine professionelle Karriere ausreichen würde, aber ich ignorierte die taktvollen Ratschläge und übte weiter, um mich auf eine Aufnahmeprüfung vorzubereiten, arbeitete an Fingerübungen, Skalen und Arpeggios, Virtuosenstücken und Solokonzerten. Natürlich behielten die Freunde der Familie, die selbst Professoren an der Akademie waren und schon Hunderte wie mich hatten scheitern sehen, recht. Ich war um Jahre zu spät dran, mein technisches Niveau war nicht hoch genug, und irgendwann begriff ich selbst, dass es nie für eine Karriere reichen würde.

Wenn man etwas lange und leidenschaftlich genug betreibt, gibt man dem Leben und dem Zufall die Gelegenheit, Geschenke zu machen, zu geben oder zu nehmen. So zumindest schien es mir, als ich 17-jährig in eine Geigenbauerwerkstatt in Den Haag mitgenommen wurde, von einem neuen Freund. Es war eine dieser Freundschaften, wie junge Menschen sie haben, eine Verbindung, die eine Zeit lang sehr intensiv ist und dann irgendwie versickert, versandet, nirgendwohin führt. Mein Freund war ein Geigenbauer, zehn Jahre älter als ich. Wir hatten einander kennengelernt, weil er an einer jungen Cellistin interessiert war, die ihn kaum zu bemerken schien und ihn vielleicht auch eifersüchtig machen wollte, indem sie einen Flirt mit mir anfing, der ich damals noch in der Schule war. Die Aufmerksamkeit dieser Studentin verwirrte und faszinierte mich, auch wenn der Flirt nie über bedeutungsschwangere Blicke hinausging.

Obwohl wir also an derselben, faszinierenden Cellistin interessiert waren, sind wir nicht zu Rivalen geworden. Dafür war der Altersunterschied vielleicht zu groß, vielleicht war ich auch weniger an der Freundin selbst interessiert als an ihrer Welt und dem, was sie repräsentierte, die Freiheit der Studenten, die mir als Schüler unermesslich vorkam. Wie dem auch sei, die fragliche Cellistin erwählte sich irgendwann einen anderen und verlor damit auch das Interesse an mir.

Der Freund hingegen blieb mir. Ich habe keine Ahnung mehr,

wie alles damals wirklich abgelaufen ist, aber irgendwann trafen wir uns in Den Haag. Mein Freund hatte dort einen Bekannten, der in einer Werkstatt arbeitete, und so besuchten wir gemeinsam einen Geigenbauer in der Mitte der Stadt und wurden direkt in den ersten Stock gebeten.

Ein Arbeitsplatz, von großen Fenstern beleuchtet. Drei oder vier Leute saßen hier nebeneinander, jeder auf etwas anderes konzentriert. Ein Draht war von einem Ende des Raums zum anderen gespannt, daran hingen die Geigen, an denen gerade gearbeitet wurde. Wir begannen, Instrumente herunterzunehmen und in Augenschein zu nehmen. Mein Freund erklärte mir, woran man erkennen konnte, um was für ein Instrument es sich jeweils handelte, die vielen unscheinbaren Details, die Teil einer fachmännischen Beurteilung sind.

Es hatte mich immer fasziniert, dass man Objekte lesen kann wie ein Buch. In meinen Händen hielt ich eine Geige mit fast strohgelbem Lack, einer schönen, hohen Wölbung und mit einer kleinen Unregelmäßigkeit in den f-Löchern, wie bei einem Gesicht, bei dem die Augen nicht ganz auf gleicher Höhe sind. Ich zeigte sie dem Meister, der gerade über eine andere Arbeit gebeugt war. Ich fragte ihn, was das sei.

»Das?«, fragte er, mit einem kurzen Blick über die Schulter, »schwer zu sagen, irgendwas aus dem 18. Jahrhundert.«

»Und was wäre sie wert?«, fragte ich.

»Die?«, antwortete der Meister, »so um die 7000 Gulden.«

Er machte weiter mit seiner Arbeit. Ich wollte mich gerade abwenden und die Geige zurück an ihren Platz hängen, als der Meister mich plötzlich ansah, mich um die Geige bat und einen seiner Gesellen fragte, ob dies nicht die Geige sei, die er vor einigen Tagen repariert habe. Der Geselle antwortete, ja, das sei die Geige.

Der Meister, ein Mann um die 60, der früher einmal selbst am Konservatorium gewesen war, nahm das Instrument, suchte sich einen Bogen aus und begann zu spielen.

Drei Töne stiegen in der Werkstatt auf, ein A-Dur-Akkord, dann neigte sich die Linie der Melodie wieder zurück dahin, wo sie hergekommen war, schien in einem resignierten Triller zu enden, schöpfte wieder Mut, nahm noch einmal Schwung auf, endete in einer kleinen Wendung und sank dann ganz auf die warme Mitte des Spektrums: der Anfang von Mozarts viertem Violinkonzert.

Ich war wie verzaubert von diesem Klang, von der Intensität, mit der dieser Mann vor mir diese Töne spielte, und im gesamten Raum war es still geworden, die anderen Arbeiter hatten ihr Werkzeug sinken lassen und hörten zu. Jetzt setzte er die Geige ab und wandte sich mir zu.

»Junger Mann«, sagte er, »ich habe mich geirrt. Dies ist nicht die Geige, die ich meinte. Dies ist eine wesentlich bessere Geige, und sie ist wesentlich mehr wert, als ich gesagt habe. Aber ein Handwerkerwort ist ein Handwerkerwort. Für Sie kostet diese Geige heute 7000 Gulden.«

Hier kommt eine kleine Ironie des Schicksals ins Spiel. Ich hatte erst wenige Wochen zuvor eine kleine Erbschaft gemacht – eine andere, lange und traurige Geschichte. 7000 Mark hatte ich geerbt. Ohne einen Moment zu zögern, schlug ich ein. Der Meister, der mich noch nie zuvor gesehen hatte, gab mir das Instrument mit, ohne auch nur meinen Pass sehen zu wollen. »Sie werden zahlen«, sagte er, »das weiß ich. Ich brauche nichts Weiteres von Ihnen.«

Drei aufsteigende Töne, das war der Anfang einer Liebesgeschichte, die erst 20 Jahre später enden würde. Aber damals wusste ich noch nichts davon. Ich war 17 und hatte plötzlich eine Geige, die besser klang als alles, was ich bis dahin kannte, ein Instrument, das ein Geheimnis in sich trug, das Geheimnis seiner eigenen Geschichte.

30 Jahre bevor ich MR kennenlernte und bei ihm das Instrument fand, das mich auf meine Reise zu seinen Ursprüngen aufbrechen ließ, hatte es schon einmal ein Instrument gegeben,

das auf scheinbar schicksalhafte Weise in mein Leben getreten war. Auf ihm sollte ich sechs Stunden täglich üben, um meinen Traum vom Leben als Musiker wahr zu machen, nur um herauszufinden, dass ich einfach nicht gut genug war, zu spät ernsthaft damit begonnen hatte, dass auch Geduld und Entschlossenheit nicht alle Träume wahr machen können.

IV

LEKTÜRE

»Und jetzt«, fragte MR vergnügt, »was willst du jetzt damit anstellen? Wird sie dir ihre intimsten Geheimnisse verraten, während du sie spielst?«

Mein Freund beobachtete das exzentrische Projekt, ein Buch über eine unbekannte Geige zu schreiben, eine Geige, die einmal seine gewesen war und die auch er trotz erheblicher Bemühungen nicht hatte identifizieren können, mit einer leicht amüsierten Skepsis, aber auch mit Interesse. Wir waren gemeinsam nach Füssen gefahren, waren bei den Geigenbauern gewesen, die dort heute ihre Werkstatt haben, und hatten das Museum besucht, das heute einen großen Teil seiner Ausstellung dem Geigenbau widmet.

Es war eine beeindruckende, freundschaftliche und atmosphärisch dichte Reise gewesen. Die kompakte Altstadt mit ihren selbstbewussten Fassaden aus der Gotik und der frühen Renaissance zeugte von vergangenem Wohlstand, die mächtige Stadtmauer umschloss die Häuser wie ein Sinnbild der dauernden Bedrohung und der ständigen Steuerlast, der die Bürger für die Verteidigung ihrer Stadt ausgesetzt waren.

Ein sehr gastfreundlicher Geigenbauer empfing uns in seiner Werkstatt, einem Ort, an dem schon seit 500 Jahren Instrumente gebaut wurden. Die Geige, die ich mitgebracht hatte, wurde inspiziert und analysiert, besprochen und bewundert, aber die Geigenbauer betonten, sie seien alles andere als Experten für historische Instrumente, sie würden selbst Instrumente bauen; ein Historiker wiederum, der sich besonders mit der Geschichte des Geigenbaus beschäftigte, sagte nur, er sei kein Experte für die Herkunft und den Stil der Instrumente selbst, nur für ihre soziale Geschichte. Antworten auf viele meiner Fragen waren hier nur schwer zu finden.

TR, ein kluger und bedächtiger Historiker, hatte lange über den Geigenbau in der Region geforscht. Er hatte auch die These aufgestellt, dass »Jörg Wolff« eigentlich Jorge Lopez gewesen sein könne, und beschrieben, wie es in den Archiven aussah, wie wenig des Aktenbestandes bereits erschlossen und ausgewertet war, gerade in Bezug auf informelle Netzwerke und handwerkliche Techniken, ökonomische und geographische Verflechtungen.

In den vergangenen beiden Jahrhunderten hatte sich die Aufmerksamkeit von Historikern und ihrem Publikum in der Geschichte des Instrumentenbaus, in Büchern und Filmen auf die großen Meister konzentriert, die in Cremona ihr Handwerk ausgeübt hatten. Andere Aspekte dieser Geschichte wurden völlig überschattet, bis es so aussah, als seien überhaupt nur in Cremona große Instrumente entstanden.

Tatsächlich war diese Entwicklung vielschichtiger und interessanter, als die etablierte Geschichte vermuten lässt. Mein Freund MR, mit dem ich gemeinsam nach Füssen gekommen war, bemerkte immer wieder, wie seltsam es sei, dass so wenig bekannt ist über dieses wichtige Kapitel in der Geschichte des europäischen Instrumentenbaus und der Entstehung der modernen Streichinstrumente. Er war fasziniert von der Idee, dass Füssen in seiner Bedeutung völlig unterschätzt wurde und dass hier ein neues historisches Verständnis gewonnen werden konnte, denn über die Anfangszeit der Geigen ist noch immer wenig bekannt.

Was die Identifizierung meiner Geige anging, war MR eher wenig optimistisch, schließlich hatte er selbst aufgegeben. »Kann schon sein, dass du noch was rausfindest«, sagte er. »Jeder macht mal Fehler, und vielleicht haben wir alle was übersehen. Aber irgendwann wird auch alles subjektiv. Wie bei einem Baby, und die Hälfte der Verwandtschaft sagt ›ganz der Vater‹ und die andere ›ganz die Mutter‹. Man kann darin sehen, was man will, am Ende sind wir alle Menschen.«

Meiner Suche war also kein aussichtsreicher Start vergönnt. Was sollte ich über dieses Instrument noch herausfinden, was MR noch nicht festgestellt hatte? Er hatte das Holz datieren lassen – erfolglos. Er hatte es anderen Experten gezeigt und sie um ihre Meinung gebeten – ohne Resultat. Was das Objekt aus sich heraus sagen konnte, hatte es schon gesagt. Dann bleibt nur Spekulation. Auf dem internationalen Instrumentenmarkt aber geht es um hohe Summen, da zählt nur Sicherheit – oder zumindest der Anschein davon. Von einer Zuschreibung kann sehr viel Geld abhängen, eine Geige mit einem großen Namen kann ihren Wert zehn- oder hundertfach steigern. International anerkannte Experten, die über die Autorität verfügen, Instrumente zu zertifizieren oder ihren Wert zu bestimmen, wachen eifersüchtig über ihre Reputation und ihren Platz in der Hierarchie. Niemand kann sich zu viel Widerspruch aus den Reihen der Kollegen leisten, Glaubwürdigkeit ist alles in diesem Geschäft.

Ich aber wollte kein Geld verdienen, indem ich meiner Geige einen berühmten Namen umhängte, um sie lukrativ zu verkaufen, sondern einen Menschen treffen, den Mann, der mein Instrument gebaut hatte. Und auf dieser Suche war und blieb mein bester Führer die Geige selbst. Jedes Detail konnte eine Facette eines Lebens beleuchten, das vielleicht sonst keine Spuren hinterlassen hatte. Jede Besonderheit, jede Beschädigung und jedes Zeichen eines persönlichen Stils konnte als Indiz gelesen werden, geschnitten in das Holz, das dieser Unbekannte vor mir in Händen gehalten und geformt hatte.

Schon seit längerer Zeit korrespondierte ich mit mehreren Sachverständigen in Europa und den USA über mein Instrument. Einige von ihnen wollte ich nun persönlich aufsuchen, um es ihnen direkt zu zeigen. Bevor ich mich jedoch auf den Weg machte, bat ich MR, mir die Geige noch einmal auszulesen, sie zu kommentieren und zu beschreiben. Geduldig wie er war, nahm er das Instrument in die Hand und begann, es in meiner Anwesenheit zu lesen:

»Es ist, wie gesagt, ein sehr interessantes Instrument, sehr gut gemacht, von einem Meister seines Fachs«, begann MR, die Geige in der Hand. »Sie ist entstanden zu einer Zeit, als sich in Norditalien die deutsche Schule von Stainer und der Cremoneser Einfluss von Amati trafen und vermischten. Alles deutet auf diese Periode hin: sowohl die hervorragende Qualität des Holzes als auch die Beschaffenheit des Lacks und die verschiedenen stilistischen Elemente, die sich hier treffen, weil gerade damals eigentlich ein neuer Geigentyp entstand. Sie erinnert im Modell an Stainer, lang gestellt und mit geraden f-Löchern, und sie hat auch sonst einiges, was auf einen deutschen, also auf einen Füssener oder vielleicht Tiroler Ursprung hinweist: diese starken, selbstbewussten und beinahe gekniffenen Ecken etwa, die etwas hochgezogenen Schultern und dann diese Schnecke, so filigran, dass sie fast etwas Gotisches an sich hat.

Aber dann ist da diese elegante, von sicherer Hand gemachte Wölbung, flach, nach dem italienischen Modell, das heißt stilistisch und auch akustisch ein Schritt voraus, denn diese Instrumente projizierten den Klang besser und klangen heller, und deswegen setzten sich diese Modelle durch, allerdings für zwei Generationen erst einmal nur südlich der Alpen. Da muss diese Geige also entstanden sein, wo gerade dieser Schritt stattfand, diese Vermischung der Einflüsse und Stile. Man sieht, wie dieser Meister eine neue stilistische Synthese gefunden hat.

Und dann ist da der Lack. Hervorragend grundiert und transparent, bernsteinfarben und fast ganz original erhalten. Das konnte man damals so nur in Italien und niemals besser als zu dieser Zeit. Gerade im deutschen Raum benutzte man damals oft Pigmente, durch die die Instrumente sehr stark nachgedunkelt sind, aber diese Tiefe und Farbe zeigt nach Italien. Natürlich könnte es sein, dass er damals nur in einigen italienischen Werkstätten einige Zeit verbracht hat und dann zurückgekehrt ist, aber die Reise über die Alpen war damals meistens endgültig.

Wo sie meiner Meinung nach herkommt? Wenn ich das wüsste, dann wüsste ich viel mehr, und du, lieber Freund, hättest sie dir wohl niemals leisten können. Ich kann schon verstehen, warum jemand einen Testore-Zettel hineingeklebt hat. Das mit dem Datum war nicht so geschickt, aber es gibt da deutliche Anklänge an Mailand, genug um einen für einen Moment lang glauben zu lassen, es könnte so sein. Bis man genau hinsieht und findet, dass diese Form so damals von niemandem dort gebaut wurde und dass sie auch einfach qualitativ besser ist als Testore, der ein schlampiger Handwerker war, wenn auch ein sehr guter. Nein, sie ist sehr schön und deutlich aus einem italienischen Umfeld, aber sie könnte überall entstanden sein, und ich kenne kein zweites Instrument, das genau diese Merkmale so vereinigt. Man müsste ein Vergleichsinstrument finden, das sicher zugeschrieben ist, bis dahin bleibt alles offen.

Aber wenn du mich fragst, was das für ein Mensch war, der diese Geige gebaut hat, rein von dem her, was man sehen kann, dann würde ich sagen, es war ein erfahrener Handwerker, sehr sicher in seinen Gesten, bis in die Details. Dies ist keine Anfängergeige, das ist jemand, der genau weiß, was er tut, jemand, der wahrscheinlich mittleren Alters ist und der sein Handwerk im deutschsprachigen Raum um Füssen herum gelernt, dann aber in Italien gearbeitet hat. Ob er dort auch glücklich geworden ist und wen er geheiratet hat, ob er religiös war und wie gut sein Italienisch war, sagt mir die Geige leider nicht. Aber ich würde sagen, so wie sie gebaut ist, wurde sie sozusagen mit Akzent gebaut – in sehr flüssigem Italienisch, aber mit einem kleinen süddeutschen Akzent.«

V

EINE STADT VOLLER GEISTER

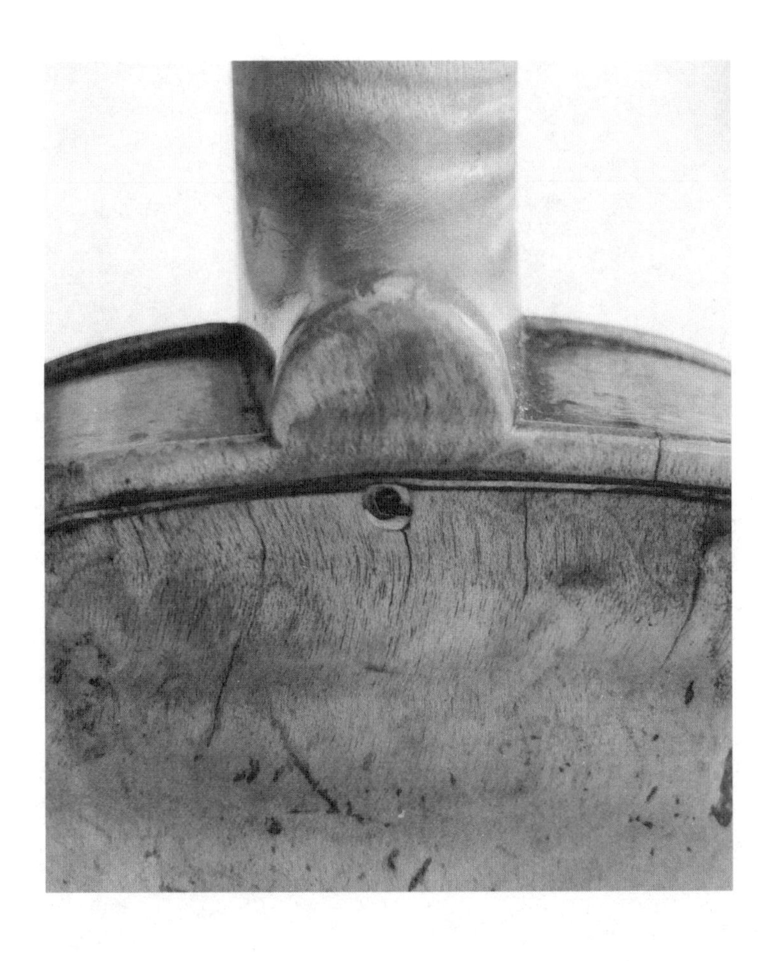

Wenn der Mensch, nach dem ich suchte, tatsächlich aus Füssen kam und irgendwann zwischen 1660 und 1700 nach Italien emigriert war, um dort zu arbeiten, dann wurde er in den Jahren und Jahrzehnten nach dem Krieg geboren, in einer versehrten Stadt, die nur noch ein Schatten ihrer ehemaligen Größe war, zur Hälfte von Geistern bewohnt.

Ich begann dem Kind, über das ich schrieb, einen Namen zu geben. Ich nannte ihn Hanns, einen der damals in Füssen gebräuchlichsten Namen. Wie überall auf dem Land gab es auch hier nur eine begrenzte Auswahl an Vornamen. Für Jungen waren es Hanns, Mang (nach Magnus, dem Schutzheiligen des Klosters), Matthias oder Matthäus, Thomas, Rudolf und Franz. Hanns ist ein guter Name, der auf nichts festlegt. Johannes. John Doe.

Die historische Distanz zu Hanns war zu groß, als dass man sich ohne Weiteres in ihn hineindenken konnte, in ein Kind, das in einer teilweise zerstörten, leer stehenden, überwucherten und doch im Wiederaufbau befindlichen Stadt aufwuchs. Mit nur noch 800 Menschen in der Stadt gab es nicht mehr genug Hände, um die notwendigen Arbeiten zu verrichten, wie auch Hanns Faigele 1635 bemerkt

> Von der Fruchtbarkeit dieses Jahres kann ich nichts anderes schreiben, denn es war eine recht gute fruchtbare Zeit, denn es gedieh alles wohl. Aber es gab wenige Leute, die es nützten und einbrachten. Viel Heu und Grummet mußte am Feld bleiben, viel Kraut in den Gärten verfaulen, weil die Leute gestorben waren.

Vielleicht war er der Sohn von Leuten in der Stadt, vielleicht wurde er auf einem der isolierten Höfe geboren, wo es kaum jemals genug zu essen gab, oder in einem der kleinen Dörfer der Umgebung, in Roßhaupten oder Breitenwang.

In Füssen ging es nach dem Krieg erst langsam wieder aufwärts. Der Handel lag fast brach, der Landwirtschaft fehlte es an Arbeitern, viele Menschen waren tot oder geflohen. Das Leben war ärmlich. Als der Geigenbauer Johann Georg Kleinhans 1716 im Alter von 35 Jahren starb, wurde ein Inventar seiner Habseligkeiten gemacht, um die Erbschaft zu regeln. Unter seinen persönlichen Gegenständen fanden sich:

> 2 Manns Röckh, der eine schlecht der andere mittelmesstig
> Ein rottes wüllen hmmeth von gemeinem Tuech
> Item ein par liderne Hosen
> Item ein alter rotter prustfleck (Weste)
> Item 3 guete flexene Hemmeter
> Item 2 dergleichen aber schlecht
> Item 2 würckhene noch guete Hemmeter
> Item 5 weiße Halstüecher, warvon zwey mit Spitz
> dann 3 paar gemeine Strümpf

Ein einziges Paar lederne Hosen, zwei anständige Flachshemden, drei Paar Strümpfe und zwei Handtücher mit Spitzen besetzt – Kleinhans war sicherlich kein wohlhabender Mann, aber er war offenbar ein respektierter Handwerker, und es ist anzunehmen, dass diese Aufzählung den Lebensstandard vieler Füssener zur damaligen Zeit widerspiegelt.

Tatsächlich hatte der Niedergang der Stadt nicht nur mit Pest und Krieg zu tun. Auch ohne einen Krieg wäre das Leben für Füssen schwieriger geworden. Der Zugang zu hochwertigem Holz und die Situation an der Handelsstraße nach Venedig hatten die Geschicke der Stadt über Jahrhunderte begünstigt, aber inzwischen waren die gesuchten Lärchen, Eiben und Fichten in den nahe gelegenen Gebieten beinahe abgeholzt, zumal sie infolge der Kleinen Eiszeit auch langsamer nachwuchsen. Der Holzhandel verlor an Schwung, das alpine Holz wurde teurer, und auch damals schon konnten Bauherren entscheiden, billigeres Holz aus Böhmen oder sogar aus Polen zu verbauen. Der Markt für Luxusgüter wie teure Musikinstrumente brach fast völlig ein. Was die Straße nach Venedig betraf, so nutzten immer mehr Händler Routen, die nicht durch Füssen führten.

Ein zweites Problem hatte seinen Ursprung weiter weg, viel weiter. Venedig, der wichtigste Abnehmer für Füssener Instrumente und ihre Bestandteile, war zu Wohlstand und Macht gekommen, weil es Europas Tor zum Osmanischen Reich und seinen immensen Schätzen und Handelsgütern geworden war. Gegen Ende des 16. Jahrhunderts aber begann die Situation sich zu ändern. Interne Krisen des Sultanats, teure und erfolglose Kriege, die Auswirkungen der Kleinen Eiszeit und dauernde Machtkämpfe führten zu einer Stagnation, die den einst unbezwingbaren Handelspartner schwach werden ließ.

Gleichzeitig hatten die europäischen Entdeckungsreisen inzwischen eine neue Weltkarte enthüllt – und neue Wege, sie zu navigieren. Europas Außenhandel begann sich auf andere Kontinente und andere, maritime Routen im Westen des Kontinents und mit direktem Zugang zum Ozean zu konzentrieren.

Der Dreieckshandel zwischen Europa, Westafrika und der Karibik, der Sklaven gegen Zucker, Kaffee und Tee eintauschte, der Handel mit Südostasien und der Schiffsverkehr über den Atlantik waren bald wesentlich wichtiger als Venedigs Nähe zu Konstantinopel. Der Atlantik löste das Mittelmeer als Kommunikations- und Transportregion der Welt ab. Die Zukunft gehörte London und Amsterdam, nicht einer Stadt an der Adria, und die Zukunft in Italien gehörte Livorno, dem neu ausgebauten Hafen an der Westküste, der Venedig als Anlaufstelle für Waren aus dem Westen obsolet machte.

Ein weiterer Grund für den Niedergang von Venedig war dieselbe Katastrophe, die 1630 so viele Füssener das Leben gekostet hatte. Die sogenannte Italienische Pest verbreitete sich in den Jahren von 1629 bis 1631 rapide in Norditalien. Verona verlor fast zwei Drittel seiner Einwohner, Mailand knapp die Hälfte, und auch Venedig wurde hart getroffen. 46 000 Venezianerinnen und Venezianer wurden in hastig ausgehobenen Massengräbern beigesetzt, ein Drittel der Bevölkerung.

Für die Handelsmetropole besiegelte dieser katastrophale Verlust an Menschen, Arbeitskraft, Expertise und Kaufkraft das Ende ihrer ehemaligen Macht. Venedig orientierte sich neu, weg vom Handel mit Luxusgütern aus dem und für den Orient. Das betraf das gesamte internationale Handelsnetzwerk, das über Jahrhunderte entstanden war – und auch ein so kleiner Knotenpunkt im Netzwerk wie Füssen bekam zu spüren, dass Handelsreisende aus Venedig mit weniger lukrativen Aufträgen kamen, dass weniger Träger gebraucht wurden, weniger Übernachtungen im Wirtshaus, dass man weniger Krüge Wein von den Tiroler Weingärten des Klosters an durstige Reisende verkaufte und dass weniger Zoll auf Waren gezahlt wurde.

Mit dem Markt veränderte sich auch die Beziehung zwischen den beiden Städten, oder genauer gesagt, die Waren veränderten sich. Venedig war ein wichtiges musikalisches Zentrum in Europa und war noch immer tonangebend in der Entwicklung von Oper und Instrumentalmusik. In der dynamischen Situation der miteinander konkurrierenden Virtuosen, Theater und Institutionen und der Reisenden aus ganz Europa, die in die Lagunenstadt kamen, um unterhalten zu werden, änderte sich auch der Musikgeschmack erheblich.

Lauten sind lyrische, polyphone Instrumente, die komplexe Strukturen sichtbar machen und Sänger wirksam unterstützen können – aber laut sind sie nicht. Ihr zarter Klang ist ideal für einen großen Wohnraum und zur Begleitung einer Gesangsstimme. In den Gewölben einer Kirche oder im Gemurmel eines Theaters aber können sie sich kaum durchsetzen.

Der neue, aufgeklärte Zeitgeist verlangte, dass Konzerte sich an die bürgerliche Gesellschaft richteten, und zwar in öffentlichen Theatern und Opernhäusern – eine Art räumlicher Gegenpol zu Krönungssälen und Kirchenschiffen. In solchen Räumen erwiesen sich die neuen Pianofortes und Streichorchester als ideale Basisbesetzung, die bei Bedarf durch Sänger und andere Instrumente erweitert und in ihrem Charakter verändert werden konnte.

Der Rest war eine Art musikalischer Darwinismus. Es gab alle möglichen Arten von Streichinstrumenten, zahllose Arten von Violen, von denen einige *da braccia,* auf Arm und Schulter liegend, und andere *da gamba,* zwischen den Beinen gehalten, gespielt wurden. Einige hatten sechs Saiten, andere hatten mehr oder weniger, in unterschiedlichen Intervallen gestimmt. Das bedeutete auch, dass weder Kompositionen noch Musiker sehr weit reisen konnten, denn schon eine Tagesreise weit weg konnte alles anders sein, sodass die Musiker umlernen mussten.

Geigen, Bratschen und Celli hatten den verschiedenen Violen gegenüber einen enormen evolutionären Vorteil: Sie hatten vier Saiten, immer in denselben Quintabständen gestimmt. Wer Bratsche spielte, konnte alle Bratschen auf Anhieb spielen, und Musik, die für diese Instrumente geschrieben wurde, konnte auch in einem anderen Land problemlos gelesen und reproduziert werden. Es war ein Erfolg durch Standardisierung. Dazu kam die einfache Tatsache, dass vier Saiten, die aus Schafsdarm gedreht waren und sich bei wechselnder Temperatur und Luftfeuchtigkeit in einem ungeheizten Saal mit Publikum unweigerlich verstimmten, weniger Arbeit beim Nachstimmen bereiten und weniger verstimmte Akkorde produzieren als acht, 16 oder mehr Saiten.

Für die Geigenbauer, die diesen Prozess miterlebten und dann auch mit enormer Energie und Kreativität mitgestalteten, also für die Generationen, die etwa zwischen 1680 und 1750 arbeiteten, war dies eine Zeit der großen Chancen. Überall waren die neuen Instrumente gefragt, auch wenn sie eigentlich nicht neu, sondern nur gerade modern geworden waren. Adelshöfe und bürgerliche Institutionen begannen einen musikalischen Wettbewerb, auf der einen Seite trompetende Triumphe, Messen, die für einen himmlischen Hofstaat geschrieben waren, und musikalische Dramen mit staatstragend heroischer Moral – auf der anderen Seite auch Moral und noch mehr Moral, edler Verzicht und heldenhafte Aufopferung, aber auch Quartette und Symphonien, Dorffeste und wandernde Musikanten, die auf Hochzeiten spielten.

Die Oper verhalf dem Streichorchester schließlich zum Durchbruch, und Venedig war nicht nur die Geburtsstadt der Oper, sondern auch ein Jahrhundert danach noch immer der wichtigste Aufführungsort. Keine Atmosphäre, kein Sound-Effekt, den diese Instrumente nicht schaffen konnten, von flatternden Herzen zu Stürmen auf hoher See, von Vogelgesang bis zu Dudelsack und Jagdhörnern. Sogar zu Mozarts Lebzeiten hatten viele Orchester noch Lautenisten, aber es war klar, dass die Zukunft den brillanteren, facettenreicheren und raumfüllenden Klängen von Celli, Bratschen und Geigen gehörte.

Die Füssener Handwerker scheinen einige Schwierigkeiten gehabt zu haben, sich diesen veränderten Erfordernissen anzupassen. Die Lauten, die hier gebaut worden waren, waren komplexe und raffinierte Meisterwerke, aufwändigst geschnitzt, mit exotischen Hölzern und anderen kostbaren Materialien eingelegt, von ungeheurer Eleganz. Die Geigen aus Füssener Produktion hatten nicht annähernd diese Qualität. Tatsächlich traf die Veränderung der Musikkultur die etablierte Heimindustrie in Füssen schwer.

Streichinstrumente sind vom Prinzip her einfacher, aus weniger Teilen gebaut und weniger zeitaufwändig in der Konstruktion als Lauten. Geigenbauer mussten sich nicht auf die Zulieferung von halbfertigen Teilen verlassen wie ihre Kollegen und Vorgänger im Falle der Lauten, aber auch sie produzierten arbeitsteilig. In vielen Werkstätten spezialisierten sich Handwerker auf einzelne Arbeitsschritte wie das Biegen der Zargen, das Schnitzen von Boden und Decke, das Schnitzen der Schnecken, das Schneiden der f-Löcher oder das Grundieren und Lackieren des Holzes. So konnte eine ganze Werkstatt an einem Instrument beteiligt sein, das dann doch den Namen des Meisters und Besitzers trug. Gleichzeitig aber blieb jetzt der gesamte Fertigungsprozess in einer Werkstatt, die ein Instrument vom Holzscheit bis zur letzten Politur fertigstellte.

Füssen als Zulieferer von halbfertigen Instrumententeilen wurde zusehends unwichtiger, und gleichzeitig fehlte es gerade zu dieser Zeit an einem oder zwei hervorragenden Meistern, die einen Stil prägen und eine Schule, eine neue Dynamik ins Leben rufen konnten. Das war kein Zufall. Viele Handwerker mit der entsprechenden Expertise waren gestorben, andere emigriert, und auch jetzt verließen die energischen und ehrgeizigen jungen Geigenbauer ihre Heimatstadt, die zu weit weg von den neuen Märkten lag und der es an handwerklichem Profil in der Herstellung von Instrumenten nach italienischer Art fehlte.

Eine ganze Riege von Füssener Geigenbauern aus dieser zwischen 1650 und 1680 geborenen Generation ging nach Italien und dominierte dort das Handwerk. Nach der katastrophalen Pestepidemie hatte sogar Cremona deutsche Handwerker als Gesellen genommen, so beispielsweise lernte der Tiroler Jacob Stainer (1617–1683) sehr wahrscheinlich bei dem großen Nicolò Amati. Stainer war einer der wenigen, die wieder in die Heimat zurückgingen. In Absam in Tirol schuf er Instrumente, die nördlich der Alpen fast alle anderen Geigenbauer beeinflussten. Unter den Füssenern, die in diesem Umfeld gelernt hatten, um dann nach Italien auszuwandern, waren einige der besten »italienischen« Meister des frühen 18. Jahrhunderts.

Instrumente, die nach dem Krieg in Füssen selbst hergestellt wurden, waren häufig sehr rustikal: roh, asymmetrisch und improvisiert, grob geschnitten, wie mit stumpfen Werkzeugen und müden Augen, Instrumente, die man im Wirtshaus spielt. Kein Wunder, dass eine Geige aus Füssen etwa den Gegenwert von 60 Brotlaiben kostete. Dies waren keine Luxusinstrumente, und Geigenbauer waren kleine Leute. Sie verdienten etwa so viel wie Maurer oder Hufschmiede.

Dieser handwerkliche Niedergang spiegelte den Zustand der Stadt selbst und ihre Handelsverbindungen wider. In einem Gebiet, das sich von dem verheerendsten Krieg der europäischen Geschichte erholte, war die Nachfrage nach hervorragenden Streichinstrumenten für Musik im italienischen Stil begrenzt. Also suchten sich die begabtesten unter den jüngeren Geigenbauern sehr bald nach ihrer Lehrzeit andere Wirkungsstätten, und so wurde Füssen seltsamerweise zum Produzenten hervorragender Geigenbauer, nicht aber hervorragender Geigen.

Wenn der Junge, den ich Hanns genannt habe, hier in Füssen in die Lehre gegeben wurde, dann wohl zu einem der fünf um 1675 noch verbliebenen Meister, von denen drei zu einer Familie gehörten: Hans, Christoph und Michael Fichtel, Mattheis Aicher und Lucas Socher. Auch dies war ein Zeichen für Füssens Verfall. Zwei Generationen vorher hatten hier noch mehr als 20 Werkstätten eine entsprechende Zahl von Meistern, Gesellen und Lehrlingen beschäftigt.

In einer Zeit, in der nur die wenigsten sogenannten kleinen Leute überhaupt lesen und schreiben konnten, führten nur wenige wie Hanns Faigele ein Tagebuch, verfassten persönliche Briefe oder hinterließen andere schriftliche Spuren über sich selbst als lebende, atmende, denkende Menschen. Die meisten von ihnen wurden durch die Geschichte, wenn es überhaupt eine Information über sie gibt, auf das reduziert, was auf einem Grabstein Platz hat: Name, Geburtsjahr, Todesjahr, Angehörige – und irgendein frommer Spruch oder ein seltsames, sprechendes Detail.

Wie lebten und was dachten Kinder im späten 17. Jahrhundert in Süddeutschland, und war das anders als 100 Jahre früher oder 100 Kilometer weit weg? Wurde Hanns auf eine Schule geschickt, oder hatten seine Eltern kein Geld dafür? Ging er auf die Klosterschule, wo die Schüler auch Instrumenten- und Gesangsunterricht bekamen? Kam er so schon als Kind mit der Kunstmusik seiner Zeit in Berührung, bei feierlichen Gottesdiensten etwa? Neben der Klosterschule hatte Füssen auch eine »Deutsche Schule«, die bürgerlich geprägt war.

War Füssen eine traumatisierte Stadt? Sehen wir mit zu modernen Augen auf die Geschichte, oder waren die Menschen damals tatsächlich traumatisiert und fanden nur andere Arten, damit umzugehen, als wir heute? Waren sie einfach zu arm und zu hungrig, um sich solchen Gefühlen hinzugeben? Alle Menschen im Umkreis von mehreren Tagesreisen hatten jemanden verloren, ganze Familien waren ausgelöscht worden.

Die kleine Stadt, in der Hanns aufwuchs, war eine Stadt voller Geister, voller Geschichten, voller Namen, bei deren Nennung man sich bekreuzigte, voller Bittgebete für die Opfer von Hunger und Gewalt, voller alter Verstrickungen und offener Rechnungen, und vielleicht voller Erinnerungen an eine bessere Vergangenheit.

Ein Aspekt, der jedes Kind der Stadt prägte, war die Gegenreformation, die nach dem Ende des Krieges noch einmal intensiviert wurde. Die katholische Kirche nutzte ihre blutig verteidigte Dominanz, indem sie sich selbst durch eine ganze Schar prächtiger Sakralbauten feierte, die meist die Landschaft um sich herum beherrschten, steinerne Symbole der absoluten Macht. Große Barockklöster wie Göttweig, Melk, St. Florian oder Heiligenkreuz sind in diesem Geist gebaut worden, um niemanden vergessen zu lassen, wer das Sagen hatte.

Auch die Äbte des Klosters St. Mang in Füssen wurden von dieser Welle der Machtdemonstration erfasst. 1696 gaben sie die Barockisierung und Erweiterung des Klosters in Auftrag. Schon ein Vierteljahrhundert zuvor hatte die Kirche in Füssen sich darum bemüht, den örtlichen Heiligen und Namenspatron aufzuwerten.

Sankt Magnus war ein nur schwer zu vermarktender Heiliger. Der Einsiedler und Missionar hatte im 8. Jahrhundert in der Gegend gelebt, hatte aber postum als Heiliger kaum Karriere gemacht. Er war Schutzpatron gegen natürliche Plagen wie Mäuse, Raupen, Engerlinge oder Läuse. Der einsame, schweigsame und ungewaschene Mönch aus dem Allgäu war das Gegenteil des eleganten Heiligen für die Damen in den großen und wohlhabenden Kirchen in Metropolen, und da er den wenigen und viel späteren schriftlichen Quellen zufolge eines natürlichen Todes gestorben war, eignete er sich nicht einmal für den Märtyrerkult.

Die örtlichen Vertreter der Kirche waren fest entschlossen, den Kult des zumindest populären Patrons der Stadt zu fördern, und wie es der Zufall wollte, tauchte just um diese Zeit, 1672, um genau zu sein, ein Wunderbericht auf. Jonas Heringer, ein Lauten- und Geigenmacher, der seine Werkstatt in Faulenbach hatte und zwischenzeitlich auch Torhüter am Lechtor gewesen war und der während des Krieges auch gegen den selbsternannten Bürgermeister ausgesagt hatte, erinnerte sich jetzt deutlich daran, dass er drei Jahrzehnte zuvor etwas Erstaunliches erlebt hatte, ein Wunder, von dem er Zeugnis ablegen wollte:

> […] dem H: Magno zu Ehren erzehlet auch Jonas Heringer […] ein alter Ehr- und glauwürdiger Mann, was gestalten Er ohngefehr vor 30. Jahren von Wanzen vill Jahr lang häuffig geplagt worden, ohneracht Er vil auf underschidliche Mittel gewendet, und ander lezthen was gebraucht, doch alles vergebens. Endtlich weicht Er sich und sein Haus St. Mangen und verlobt Ihme Jehrlich ein gewises Opfer. Von Selbiger zeit an bis auf gegenwerthige, ist Er ganz und gar erledigt worden.

Der heilige Magnus hatte einen Geigenbauer von seinen Wanzen befreit. Auch das war trotz der allgemein vorherrschenden hygienischen Verhältnisse vermutlich nicht das Wunder, das die Pilgerströme in das Städtchen locken würde, aber es war vielleicht ein Anfang. Weitere Wunderberichte blieben allerdings aus.

Während die Gegenreformation auch einen starken Einfluss auf die Erziehung und besonders auf die Schulen ausübte, hing das Schicksal eines Kindes wie Hanns, das zu einem Bauern oder einem Handwerker als Knecht oder Lehrling gegeben beziehungsweise verkauft wurde, ganz davon ab, was für einen Meister oder was für eine Bäuerin er antraf. Das entschied unter anderem darüber, ob er überhaupt eine Schule besuchen würde.

Der Alltag solcher oft acht- oder neunjährigen Kinder, die in Diensten waren, konnte aus langen Arbeitstagen bestehen, während derer sie unter Beschimpfungen und Tritten der Familie Feuerholz oder Wasser schleppten, Nachttöpfe ausleerten oder allein im Dunkeln das Vieh fütterten und selbst nur wenig und schlecht verpflegt wurden. Andere Kinder wurden in die Familien ihrer Meister aufgenommen, in die Schule geschickt und mit den eigenen gemeinsam erzogen, auch wenn sie tagsüber in der Werkstatt arbeiteten.

Für einen Jungen wie Hanns werden die Jahre der Lehre eine harte Vorbereitung gewesen sein. Ein junger Handwerker ohne Vermögen und einflussreiche Verwandte konnte sich eigentlich nur eine eigene Werkstatt leisten, wenn er in einen bereits bestehenden Betrieb einheiratete. Denen, die diese Möglichkeit nicht hatten, blieb nur die Emigration. Wenn Hanns tatsächlich nach Italien ging, so tat er das nicht unvorbereitet und auf eigene Faust, sondern so wie schon Generationen vor ihm: mit einer Partie von Lautenläufern oder anderen Händlern, in der Tasche einen Empfehlungsbrief an einen anderen Meister des großen Exilnetzwerks, einen Meister, der vielleicht sogar schriftlich darum gebeten hatte, man solle ihm einen neuen Lehrling aus der Heimat schicken.

Es ist schwer zu sagen, wie alt Hanns war, als er sich auf seine Reise über die Alpen und in eine neue Welt vorbereitete. Die meisten seiner Kollegen waren 13 oder 14, als sie diese Reise antraten. Der jüngste bekannte Emigrant, der Geigenbauer wurde, ein gewisser Piero Railich, war elf Jahre alt, Giorgio und Matteo Sellas, die in Venedig reich und berühmt werden sollten, waren zwölf, Zuanne Curci ebenfalls.

Jonas Heringer, dessen offensichtlich hervorragendes Gedächtnis ihn immer wieder zum Zeugen machte, hatte drei Lehrbuben, deren Namen überliefert sind. An den bloßen Hinweisen ihrer Geburts- und Sterbeorte zeigt sich, wie normal Migration während des Krieges und danach war. Andreas Bär, geboren 1650, starb 1722 in Wien; Andreas Ott erblickte 1630 in Lechbruck das Licht der von Pest und Krieg gezeichneten Welt und wurde 1667 in Prag begraben; der dritte ging nach Italien.

Ein großer Teil der Lehrlinge, die wegmussten, wurde über die Alpen geschickt. Wie eine solche Auswanderung tatsächlich ablief, zeigt sich im Fall von Gioanni [sic] Angerero, alias Hanns Angerer, laut italienischen Dokumenten geboren in *Fies in Allemagno* und als *fabbricante di chitarre* bezeichnet.

Angerer war 1627 in Füssen geboren und früh verwaist, hatte aber Verwandte, die es in Italien zu erheblichem Wohlstand gebracht hatten. Einer seiner Onkel wurde Leinwandhändler in Genua, ein anderer Kaufmann in Mailand. Hanns wurde ebenfalls über die Alpen geschickt und wurde schon im Alter von etwa zwölf Jahren Lehrling seines Vetters Sebastian Angerer, Geigenbauer in Turin. Von nun an hieß er Gioanni, in einer Schreibweise, die vielleicht der lokalen, weichen Aussprache geschuldet ist.

Am 7. Juli 1643 jedenfalls kaufte Sebastian Angerer sich selbst und den Mailänder Kaufmann zum Preise von einem seidenen Messgewand aus der Leibeigenschaft frei, denn viele Bauern waren auch in Süddeutschland damals noch Leibeigene. Angerers Werkstatt florierte, und am 2. April 1650 schrieb ihm sein Schwager, er habe gehört,

> dass du einen Buben begehrst, und wann ich solches nur zuvor weißt hette, hette ich dir deinen Bruder Benedict schiken können, anietzt aber lernet er das Bräuerhandwerk zu Schongau [...]. dass ich dir schon offtermahlen geschriben, dass du mir aber nit andtwordest.

Die frustrierende Stille scheint überwunden worden zu sein, denn Angerer bekam seinen Füssener Lehrling, Heinrich Casner, der später seine Werkstatt übernahm und als Enrico Cattenar selbst ein berühmter Geigenbauer wurde. Cattenar ist auch einer der wenigen Füssener Emigranten, von denen wir wissen, dass er mit seiner Heimatstadt in Kontakt blieb, denn er korrespondierte zumindest in Erbschaftsfragen mit dem Kloster St. Mang. Persönliche Briefe an seine Familie sind nicht überliefert.

Wer arm ist und fliehen muss, hat nicht immer den Luxus, Entscheidungen über seine Zukunft zu treffen, und so gingen die meisten Füssener Geigenbauer dorthin, wo sie gerade Arbeit finden konnten. Der 1640 in Füssen geborene Rudolph Höß lernte in Rom und arbeitete dann in Venedig und Bologna, bevor er den Weg über die Alpen noch einmal einschlug und danach in Wien, Graz und München lebte, wo er 1728 starb. Martin Heel emigrierte aus Weißensee bei Füssen nach Genua und kaufte sich danach aus der Leibeigenschaft frei. Johann Caspar Krenzner zog nach Salzburg, wo er 1743 die Tochter seines Meisters heiratete. David Tecchler, der um 1660 im Hochstift Augsburg geboren wurde, wanderte bis nach Rom, wo er zu einem der bedeutendsten Geigenbauer seiner Zeit aufstieg.

Der Junge Hanns bleibt ein Phantom, unsichtbar und ungreifbar, ein Kind aus einer Geisterstadt, das zur größten Reise seines Lebens aufbricht.

VI

TOTENTANZ

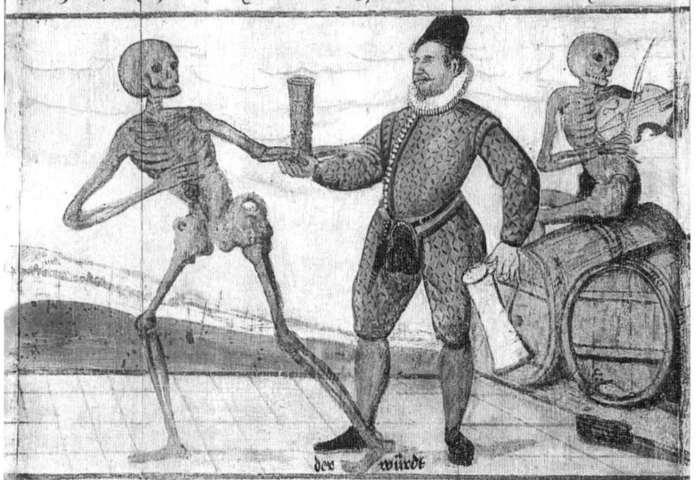
Künst hast abglernet Christo fein
Aüs wasser hast du gmacht offt wein.
An einer maß zweÿ kreützer gwin,
Ist gar züvil tantz behr muest hin.
der würdt
Jch het zwar offt vil seltzam gest,
Jetz kompt der todt und ist der lest
Mit dem ich mir abrechnen müeß,
Für zech gibt er mir todten büeß.

Er sitzt im Hintergrund, auf einem Fass. Er starrt mit seinen leeren Augen aus dem Bild heraus, und er spielt Geige. Eine Wirtshausszene, was zeigt, womit Geigen damals, also um 1600, assoziiert wurden.

Die leeren Augen des Musikanten werden von einem lippenlosen Grinsen untermalt, denn er ist ein Knochenmann. Er ist einer von denen, die plötzlich einen Lebenden bei der Hand nehmen und ihn zu einem letzten Tanz auffordern, eine Aufforderung, die niemand abschlagen kann. Hier wird gerade der Wirt von einem zweiten Skelett entführt. Der Tod hat sogar Sinn für Humor und spottet über sein Opfer: »Kunst hast abglernet Christo fein / Aus wasser hast du gmacht offt wein.« Er zerrt den Mann in seinem prächtigen roten Wams mit sich, während sein untoter Kumpan auf dem Fass sitzt und fiedelt. Das Instrument, das er hält, ist akkurat dargestellt, es gab ja ausreichend Anschauungsmaterial vor Ort.

Der junge Hanns mag dieses Bild gekannt haben, denn es war berühmt in seiner kleinen Stadt: der Füssener Totentanz, ein riesiges, narratives Bild, das Kino vor dem Kino, ein Erlebnis, das Schauder über den Rücken laufen ließ und dessen Figuren die Betrachter bis in die Träume verfolgen konnten, ein Tableau voll gefährlicher Einflüsterungen – der Frisson der Sünde, die Gleichheit im Grab, die Vergänglichkeit aller irdischen Herrlichkeit, aller Bemühungen, aller sozialen Unterschiede.

Zehn große Holztafeln mit jeweils zwei Szenen darauf, die von einem örtlichen Maler 1602 fertiggestellt wurden und die zeigen, wie der Tod vom Papst bis zum Maler selbst alle Menschen ins Grab reißt.

Dies ist wirklich eine Abfolge von Tänzen, fast wie eine barocke Suite. Die Skelette bewegen sich beschwingt, immer wieder

spielen sie auf, um ihrem unwiderstehlichen Angebot Nachdruck und Süße zu verleihen, ein *danse macabre*. Der Papst wird zu den nasalen Klängen einer Schalmei abgeführt, beim Fürsten ist es ein Dudelsack, wie ihn seine Untertanen spielen, die Fürstin bekommt die Botschaft per Fanfare ins Ohr: »Ich tantz euch vor Fraw Fürstin fein, Nur sprengt hernach der tantz ist mein.« Der Doktor wird mit der Trommel gerufen, der Wirt mit der Geige, der Junker mit der Trompete, der arme »Amptman« und der Spieler mit einer spöttisch trötenden Schalmei und der Maler zu den sanften Tönen einer Laute. Füssen, die Stadt der Instrumentenbauer, hatte ein angemessenes Monument bekommen: »Sagt ja sagt nein, getanzt muess sein«.

*

Ein gewisses Misstrauen gegen fahrendes Volk spricht aus dem Totentanz. Zu einer Hochzeit, zum Jahrmarkt, zu Kirch- und Gerichtstagen kamen sie, die Musikanten und Gaukler, Wahrsager und Taschendiebe, Kesselflicker und Quacksalber. Sie verdrehen den Leuten den Kopf mit ihren Tricks und ihrem billigen Kram, ihren Wundermitteln, Spiegeln und Spitzentaschentüchern. Sie lassen Dinge verschwinden und wieder auftauchen, halten die Leute zum Narren, obwohl sie es sind, die das Narrenkostüm tragen.

So einer ist der Tod in diesen Bilderzyklen, ein fahrender, unsteter Gesell, einer von woanders, einer von nirgendwo, der tanzt und aufspielt und lustig ist und immer grinst. Man kann diesem Volk nicht trauen. Es bringt Unheil, und wenn sie wieder weg sind, ohne dass jemand krank geworden ist oder verhext, dann fehlen doch Hühner aus dem Garten und aus den Taschen Münzen. Wehe dem, der nicht aufpasst. Sie sind gefährlich, gewissenlos, verschlagen. Der Rattenfänger von Hameln ist einer von ihnen und Till Eulenspiegel, sie führen ehrliche Seelen ins Verderben oder in den Wahnsinn, eine ihrer populärsten Melodien, die sich in immer verrückteren Variationen stetig wiederholt, heißt *La Folia* – die Narretei, der Wahn.

In Norditalien nannte man diese Leute *ciarlatani.* Sie kamen in ein Dorf und stellten alles auf den Kopf mit ihren sensationellen Künsten, sie spielten bei Hochzeiten auf, tranken mehr als die Gäste und stimmten doch eine Melodie nach der anderen an, bis auch der letzte Gast entweder gegangen oder umgefallen war. Geigen waren besonders beliebt bei diesen Kapellen: klein und handlich, einfach zu stimmen und gleichzeitig enorm vielseitig, denn man kann alles darauf spielen, jedes Geräusch nachahmen von einem Singvogel bis zu einem Dudelsack und von einer Stimme bis zu einem Jagdhorn oder einem ganzen Orchester.

Kein Wunder, dass der Tod, der fahrende Musikant, Geige spielt. Spielen ist Verführung, und Verführung will die Lust, die Vereinigung, die Überwältigung, die Eroberung, den Höhepunkt, *la petite mort*. Die Geige ist um 1600 ein Instrument für fahrende Musikanten und Scharlatane, für professionelle Ver-

führer und Volksverderber. Sagt ja sagt nein, getanzt muess sein.

Dieses unstete Wanderleben, das mitten im kriegsgezeichneten süddeutschen Raum besonders verdächtig war, weckte alte Ängste. Die fahrenden Gesellen, Gruppen von Flüchtlingen, Banden von Straßenräubern, Karawanen von Pilgern, von Kesselflickern, fliegenden Händlern und Bauernfängern lebten mehr oder weniger außerhalb des administrativen Staats, hatten keine Bleibe, zahlten keine Steuern. Auch in Friedenszeiten zogen sie durch die Landschaft: Verbannt oder auf der Straße geboren, vom eigenen Land vertrieben oder mit letzter Kraft selbst aufgebrochen – Europa war voller Menschen, die ein besseres Leben anderswo suchten.

Die Ängste der Bürger in ihren mauerbewehrten Städten und die der wehrlosen Bauern auf dem Land reichten jedoch viel weiter zurück. Das fahrende Volk mit seiner Musik und seinem rauschhaften Erscheinen entstammt einer Urangst, fest verwoben mit dem sesshaften Leben: der Furcht vor dem Außenseiter, dem Wanderer, dem Unbeherrschbaren und Anarchischen. Charmant, faszinierend, gefährlich sinnlich, ein haltloser Nomade, ein primitiver Barbar, ein Dieb und Frauenschänder. Hinter diesem Bild steht der Gott des Tanzes und der Ekstase, des Weins und der Erde, der mit seinem Gefolge durch die Lande zieht und Menschen in Raserei oder wahnsinnige Lust versetzt, der Gott, der von den Händen profaner Kreaturen getötet wurde und jedes Jahr wiederaufersteht: Dionysos, der Lärmer, der Unterirdische.

Es steckt eine uralte Furcht vor dem Unkontrollierbaren dahinter, vor dem dunklen Gott, der mit seinen Anhängern angewirbelt kommt in einem Sturm aus Trompeten und Zimbeln und metallischen Klängen und der die Ordnung der Dinge zerreißt, so wie seine Anhänger Tiere zerfetzen. Wein und Musik und Ekstase schwemmen jede Ordnung fort, und die Menschen bleiben zurück, nackt und schutzlos. Also wappnet man sich gegen diese Flut dessen, was sonst nicht zugelassen werden kann und was sich doch immer wieder unaufhaltsam Bahn bricht. An einem Ort, an einem Tag im Jahr ist es erlaubt, unter Beachtung besonderer Rituale, sonst würde es die Ordnung der Welt niederreißen.

So hat der Jahrmarkt seinen Ort, der Festtag. Die Störung der Ordnung wird Teil der Ordnung. Sie bekommt einen wichtigen Platz in der Fantasie, um sie im täglichen Leben besser zu kontrollieren, zu kanalisieren, in Gassenhauer, Hurengekreische, Sirenengesänge, Spottlieder, Tänze, so wirbelnd schnell, pulsierend, endlos beschleunigend, so ekstatisch, dass kein menschliches Herz sie überleben kann.

Der Füssener Totentanz, der *danse macabre* wirbelt einen uralten Pfad der kulturellen Erinnerung entlang, der Angst. Es ist die Angst vor der Zerstörung der etablierten Strukturen – und die Lust daran. Der Fiedel spielende Knochenmann mag eine fürchterlich abgemagerte Erinnerung an den ekstatischen Kult des Dionysos sein, aber der Totentanz spricht auch von der Angst vor dem, was wiederaufersteht, was die heilige und natürliche Ordnung nicht respektiert, die blanke Anarchie offener Gräber und tanzender Skelette, die anständige Menschen verführen, mit ihnen ins Grab zu steigen, als wäre es ein Brautbett für die Ewigkeit oder der ideale Ort für einen *one night stand*.

Dieser wirbelnde Sog in den Abgrund wurde auch im christlichen Europa immer wieder dramatisiert. Vielleicht folgt die bildliche Darstellung einem (mehrfach urkundlich belegten) Tanz der Toten, der während des 14. Jahrhunderts auf kirchlichen Festen von fahrenden Schauspieltruppen aufgeführt wurde. In Frankreich taucht er schon sehr früh unter dem Namen *danse macabre* auf, vielleicht ein Lehnwort aus dem Arabischen: *maqâbir*, von *qabr*, das Grab, also ein Tanz der Gräber und der Begrabenen. Noch ein Gruß aus dem zerstörten Al-Andalus und seiner Diaspora, die Füssen so vielleicht nicht nur seinen Totentanz schenkte, sondern auch den Lauter Jörg Wolff alias Jorge Lopez.

Das Bild des Totentanzes kann nicht nur horizontal – als Querschnitt durch die heutige Gesellschaft – gelesen werden, sondern auch vertikal, als Ahnenreihe von Menschen, die erst im letzten Moment gewahr werden, dass sie dort, wo sie hingehen, nichts mitnehmen können, und deren Vermächtnis intim und prägend ist.

Das ist der Totentanz der Generationen, die alle nach derselben Pfeife tanzen müssen. Eine nach der anderen wurden die Generationen weggerafft, keine konnte diese Aufforderung abschlagen. Und jede von ihnen gab etwas weiter: die Tanzschritte, Gesten und Kopfhaltung, Angst und Scham, Stolz und Zugehörigkeit, Hass auf dies und Toleranz gegenüber jenem.

Für Kinder wie Hanns war das ihr Erbe, die Identität, die sie in die Fremde mitnahmen. Sie hatten ein Gewerbe, und sie hatten ihre Erinnerung, die sie mit Menschen verband, die vielleicht längst gestorben waren, die nur in ihnen weiterlebten, während sie jeden Tag mit Menschen umgingen, die ein anderes Leben bevölkerten, ein Leben, das sie erlitten und genossen und in dem sie hart arbeiteten, das aber immer ein kleines bisschen unwirklich erschien, vorläufig und provisorisch.

Nach vielen Runden dieses Tanzes liegt die Arbeit seiner Hände nun für eine gewisse Zeit in meinen – eine Geige wie die in dem Totentanz: Ihre Melodie zieht sich durch verschiedene Szenen, durch Generationen und durch Jahrhunderte. Ich bin einer der Tänzer, ich weiß nicht, wie lange ich mit dem Pulk mittanzen kann, wann mir der Schwindel die Besinnung raubt, wann ich stolpere und falle, aber ich weiß, dass die Musik weiterspielen und dass einer der Musiker oder der Tänzer meine Geige auffangen und ihre Stimme sich in die der anderen mischen wird.

Dieser Tanz kann auch umgedreht werden. Du spielst und du spielst, aber am Ende wird er schon auf dich warten, wird dir das Instrument aus der Hand nehmen und dich breit grinsend zum Tanz auffordern. Solange du es aber noch in Händen hältst, kannst du spielen, denn solange du spielst, lebst du. So erging es den Orchestern in deutschen KZs, aber das Schicksal traf andere mit seinem grotesken Sinn für Humor.

Der britische Militärhistoriker Antony Beevor berichtet von einem jungen deutschen Offizier, der von einer russischen Einheit in Deutschland gefangen genommen wird. Die Russen haben eine alte Villa beschlagnahmt, und es stellt sich heraus, dass der Deutsche Klavier spielen kann. Der Kommandant sagt ihm, gut, solange du spielst, sollst du leben, aber du darfst nicht aufhören, wenn du aufhörst, erschießen sie dich. Die Soldaten beginnen zu feiern, und der Junge spielt und spielt, alles, woran er sich aus seiner gutbürgerlichen Jugend erinnern kann, er spielt weiter, bis seine Finger sich verkrampfen, bis er vor Erschöpfung fast vom Klavierhocker zu fallen droht, und endlich bricht er zusammen, er hört auf, er kann nicht mehr. Auf einen Befehl des Kommandanten wird er nach draußen gebracht und erschossen.

Solange du spielst, lebst du, solange du sie noch unterhalten kannst, solange sie tanzen, ist alles gut, also spielst du unermüdlich, massakrierst dich durch das Repertoire der leichten Tanzmusik, damit denen nicht fad wird.

Der Tod selbst hat ein weit gefächertes Repertoire. Er kann Militärmärsche spielen und Sirenengesänge, die Trommelwirbel einer Hinrichtung, Tanzmusik und himmlische Chöre, Wirtshausweisen, Gassenhauer, Hurenlieder, Violinkonzerte, Dance-Videos. Der Tanz seiner Wahl allerdings ist langsam und gemessen. Er kommt von seinem unsteten Lebenswandel, dem endlosen Streifen durch Straßen und Gassen. Er tanzt zu den langsam fallenden Rhythmen einer Passacaglia, deren Namen an die wandernden *ciarlatani* und Musikanten erinnert, die überall spielten und die trotz dieser stundenlangen Prozessionen ein kleines Repertoire hatten.

Die Passacaglia verdankt ihren Namen dieser Lebensweise und diesem Spiel – *passar la calle* – durch die Straßen gehen. Sie ist eine ruhig rollende Serie von Variationen über die Basslinie, die tiefsten Noten, deren Melodie mehr oder weniger deutlich und mehr oder weniger verändert immer wiederkehrt. Es ist wie eine Jazz-Improvisation: Über und um die Bassmelodie ranken sich Kommentare, Gegenstimmen, Reflexionen, virtuose Explosionen, gedankenverlorene Momente. Die Gezeiten des Stückes steigen und fallen – und irgendwann ist es zu Ende.

Für die Straßenmusiker war diese Form ideal, weil sie sich endlos verlängern ließ, weil Improvisation, Freiheit und Erfahrung es zuließen, gelassen und im ständigen Blickkontakt durch die Variationen zu tanzen, wie es auch die Knochenmänner auf den 20 Szenen in Füssen tun. Die Passacaglia ist die ideale Form des Totentanzes, mit ironischer Ernsthaftigkeit gespielt. Sie kommt dem Lebensgefühl einer Zeit nahe, in der technologischer und wissenschaftlicher Fortschritt noch langsam war und der Lauf der Dinge unabänderlich schien, ein ewiges Rollen von Schmerzen und kurzen Momenten des Glücks oder der Ekstase, von Hungersnöten und rauschenden Festen, Moden und Machthabern, Seuchen und Kriegen und Zeremonien und Hinrichtungen und Liebesnächten. Alles geht weiter, alles fließt, aber im Fluss zu sein bedeutet nicht, an den Fortschritt zu glauben, eher daran, dass nur die Hand Gottes zwischen dieser Welt und der totalen Entropie, dem völligen Chaos steht.

Der Füssener Totentanz bietet noch heute einen imposanten Anblick. Generationen von Bürgern haben davorgestanden, als Kind schon, nur halb verstehend und doch aufgeregt. Auch ich stand da, in der Kapelle, in der die Bilder eine ganze Wand ausfüllen, und ich hatte wieder dieses nagende Gefühl: Hier könnte auch Hanns gestanden haben. Hanns kannte dieses Bild mit Sicherheit, wenn er die Klosterschule besucht oder im Chor gesungen hat oder hier manchmal zur Kirche ging. Vielleicht hat er es aber auch gesehen, weil er als kleiner Junge einfach neugierig war und seine Freunde ihn eines Nachts bei Vollmond heimlich mitgenommen hatten, als Mutprobe, die ihn bis in seine Träume verfolgen sollte.

VII

NICHTS ALS ZERKLÜFTETER STEIN

Ich habe es über die Alpen geschafft und bin zurück in Frankreich. Ich hatte zuvor die Pyrenäen bis nach Spanien durchzogen und durchstiegen, sie sind nicht so hoch und so fürchterlich wie die Alpen; und was die Berge von Wales betrifft, so wie Eppint und Penwinmaur, über die man bei uns so Großes hört, sie sind Maulwurfshügel im Vergleich dazu, sie sind wie Pygmäen zu Riesen, Blasen zu Geschwüren, oder Pickel zu Warzen: Außerdem bringen unsere Berge in Wales Mensch und Vieh einen Nutzen, aber diese ungeheuren, monströsen Ausstülpungen der Natur zeigen nichts als zerklüfteten Stein: die Spitzen von einigen von ihnen sind das ganze Jahr über von Schnee gebleicht.

James Howell, Emergent Occasions

Über Jahrhunderte scheinen Künstler die Alpen gar nicht bemerkt zu haben. Bis in die späten 1700er Jahre hinein gibt es kaum Darstellungen. Reiseschriftsteller aber haben über sie geschrieben. Montaigne hatte sie überwunden, wie auch zahllose Gentlemen auf der Grand Tour. Dabei fällt ein Umstand auf, eine erstaunliche Abwesenheit: Während des 17. Jahrhunderts waren die Alpen noch nicht schön – zumindest, wenn man den Reiseberichten der Zeit glaubt. Die Felswände, Täler und Pässe, besonders aber die Berge selbst werden als schrecklich beschrieben, als furchterregend und als überwältigend, aber niemals schön. Erst die frühen Romantiker fanden das Sublime in der Natur.

Für ein Kind, das mit einer Gruppe Handelsreisender, Lautenträger und einigen Maultieren den Treck durch das Gebirge unternahm, standen wohl ganz andere Eindrücke und Vorstellungen im Vordergrund. Ein Großteil der Lehrlinge verließ Füssen, als sie zwischen elf und 14 Jahre alt waren. Angesichts der damaligen Ernährung und kargen Lebensumstände heißt das: vor der Pubertät. Es ist gut möglich, dass der Junge, den wir Hanns genannt haben, ebenfalls in diesem Alter auf die Reise geschickt wurde, um in Italien bei einem Füssener Meister zu arbeiten.

Zuerst aber musste er über die Alpen; eine gefährliche Unternehmung, bei der es immer wieder zu tödlichen Unfällen und Überfällen kam. Erst 100 Jahre später sollten hier Straßen gebaut werden, auf denen Kutschen fahren konnten. Bis dahin bestand die Passstraße aus wenig mehr als Pfaden, die oft auf schmalen Graten an Felswänden entlang oder mittels improvisierter Brücken über Abgründe führten. Ein einziger falscher Schritt konnte ins Bodenlose gehen, konnte Menschen und Lasttiere in den Abgrund reißen. Neben den Tücken der Straße aber lauerten noch andere Gefahren: Steinschlag und Wetterumbrüche, Schneestürme und Lawinen, bewaffnete Räuber, Bären und Wölfe, und zumindest in der Vorstellung der damaligen Menschen auch Drachen, von denen immer wieder berichtet wurde, und verschiedene Geister, Hexen und Dämonen, von denen die traditionellen Geschichten im Alpenraum erzählten.

Der Brite John Evelyn war ein relativ wohlhabender Mann, als er 1664 seine Reise durch Europa antrat. In seinen veröffentlichten Erinnerungen an seine Durchquerung der Westalpen bis nach Italien entsteht ein Eindruck davon, was dieses Gebirge für Reisende bedeuten konnte und wie bedrohlich es sogar für einen Mann war, der sich ein Pferd oder bei Bedarf ein Maultier leisten konnte, Herbergen mit einem prasselnden Kaminfeuer, genug zu essen und zu trinken, der bewaffnet und in der Gesellschaft erfahrener Freunde diese Anstrengung unternahm.

Die Landschaft, in die Evelyn mühsam aufstieg, beeindruckte ihn zutiefst:

> Am Morgen stiegen wir weiter auf durch seltsame, beängstigende und furchterregende Schluchten und Abgründe voller Fichten und nur von Bären, Wölfen und wilden Ziegen bewohnt, nirgendwo konnten wir mehr als einen Pistolenschuss weit vor uns sehen, denn der Horizont wurde unterbrochen von Felsen und Bergen, deren Spitzen von Schnee bedeckt waren und scheinbar den Himmel berührten und vielerorts die Wolken durchstießen.

Für einen englischen Gentleman, der besser mit den Londoner Salons vertraut war als mit der rauen Seite der Natur, war die Überquerung ein unvergessliches Erlebnis. Manchmal musste er auf steinigen Pfaden ganz auf die Trittsicherheit seines Maultieres vertrauen, dann wieder schob er sich steif vor Angst über eine Schlucht auf einer Brücke, die aus nichts als einigen riesigen Fichtenstämmen bestand.

> Auf diesen engen Pfaden mussten wir häufig absitzen, einmal im Schnee zitternd, dann wieder vom Widerhall der Sonnenstrahlen gegen die Klippen gebacken, während wir in tiefere Regionen abstiegen, wo wir manchmal auf einige elende Hütten treffen, die auf die zurückweichenden Felsen gebaut sind, sodass man meinen müsste, sie würden gleich hinunterrutschen.

Nicht nur die Natur selbst war monströs hier. Auch die Menschen, die diese karge und gefährliche Landschaft bewohnten, muteten seltsam an, fast wie Kreaturen aus einer Legende. Die Bewohner eines Tals, schrieb Evelyn, hatten gigantische Kröpfe »so groß wie ein Hundert-Pfund-Beutel Silber«, der herrschenden Meinung nach, weil sie so viel Schneewasser tranken, wenn auch der Londoner eine andere Erklärung dafür hatte. Ihre Hässlichkeit, meinte er,

> [...] ist ein Laster der Rasse und macht sie so hässlich, verschrumpelt und deformiert, indem es die Haut des Gesichts hinunterzieht, dass es nicht fürchterlicher sein könnte; dazu kommt die seltsam aufgepluderte Kleidung, Felle und diese barbarische Sprache, die eine Mischung ist aus Hochdeutsch, Französisch und Italienisch. Die Leute sind von großer Statur, sehr wild und rau, aber auch ehrlich und verlässlich.

Evelyns Reise liest sich sehr dramatisch. Einmal wurden er und seine Begleiter von bewaffneten Dörflern gefangen genommen und konnten sich nur gegen Lösegeld befreien, dann versank er fast im ewigen Schnee und eins der Pferde stürzte einen Abhang hinunter und musste gerettet werden aus »diesem Ozean aus Schnee, der nach Oktober unpassierbar wird«. Später kamen die Reisenden in ein Dorf, in dem fast jedes Haus den Kopf eines Bären, Wolfes oder Fuchses an seine Haustür genagelt hatte.

Zu solchen Eindrücken kam die archaische Wucht der Landschaft, die unveränderliche Wirklichkeit von Felsen und Schnee, immensen Schluchten und den dramatisch aufgetürmten, alles beherrschenden Gipfeln der Dolomiten, die uralt in den Himmel ragten. Erst nachdem diese letzte Prüfung überwunden war, erreichten die Reisenden sanftere Täler.

Der italienische Reisende Sebastiano Locatelli überquerte den Simplonpass 1666. In seinen Erinnerungen beschrieb er den Übergang zwischen den Hochalpen und dem Beginn der italienischen Ebene:

> Wie ich wünsche, dass ich Worte hätte, um die Schluchten zu beschreiben, die den armen Reisenden umgeben, das Brüllen des Wassers! Das Beängstigendste von allem war, vor uns immer größere Höhen zu sehen, die noch erstiegen werden mussten. Der Gipfel des Simplon war mit Wolken verhangen, die sich manchmal lüfteten, dann wieder miteinander rangen, heller wurden, ineinanderflossen und scheinbar gegeneinander und den Gipfel selbst in die Schlacht zogen [...] Aber unsere Füße traten auf Pfaden, die so hoch oben waren wie die funkelnde Milchstraße selbst, und wir fürchteten jeden Moment, dass wir für unseren Wagemut bestraft und in den Abgrund stürzen würden. Nachdem wir den engen und gewundenen Wegen blind gefolgt waren (die Augen vor lauter Angst zugekniffen), und auf unsere Maultiere vertrauend, die mit diesen Bergen vertraut waren, erreichten wir endlich einen Ort, an dem Frühlingsblumen blühten.

Die Erleichterung des Priesters kam zu früh. Der Abstieg in die italienische Ebene und nach Gondo war gefährlicher und beängstigender als alles, was davor gekommen war. »Immer weiter hinunter, immer zu Fuß, auf einer Seite von einer bodenlosen Schlucht begrenzt, auf der anderen von Bergen, die kurz davor zu sein schienen, auf uns niederzustürzen. Wir erwarteten nichts anderes als eine Katastrophe.«

Die Überquerung der Alpen war tatsächlich ein Übergang in eine andere Welt, aus den Reiseberichten klingt immer wieder heraus: Sie war wie eine Probe, die bestanden werden musste. Was Reisende in dieser bizarren und furchterregenden Landschaft erlebt hatten, wurde in spektakulären Büchern und Anekdoten von der Grand Tour immer weiter ausgeschmückt oder den Interessen der Zeit angepasst.

Für Sebastiano Locatelli waren die Probleme mit dem gefährlichen Abstieg jedoch noch nicht gelöst. In Gondo wurden er und seine Reisegefährten festgenommen, weil das Gesundheitszertifikat, das sie aus Frankreich mitgebracht hatten, nicht in Ordnung zu sein schien. Weder Bitten noch Geld konnten die Situation klären. Sie wurden in eine Hütte gesperrt, mit nichts als Wasser und Brot mit Knoblauch als Verpflegung und mit nichts als Kastanienblättern, um darauf zu schlafen, bis die Regierung in Mailand entschieden haben würde, ob die Gruppe nach Italien einreisen durfte. Seit der großen Pest von 1630 war erst eine Generation vergangen. Reisende waren potenzielle Infektionsträger.

Locatelli und seine Mitreisenden nahmen diese Unterbrechung leicht. Reisen waren immer mit unvorhergesehenen Schwierigkeiten verbunden. Da Locatelli Priester war, hielten sie eine gemeinsame Andacht in der kleinen Kirche, wo der örtliche Priester ihm gestand, er sei völlig inkompetent und nicht qualifiziert, aber es gäbe hier niemand anderen, um seine Stelle zu füllen, die er selbst gerne losgeworden wäre. Am Abend gelang es den Reisenden, sich mit billigem Wein zu versorgen, und sie betranken sich und sangen, bis sie einschliefen. Am nächsten Tag predigte er während der Messe über eine Stunde lang, aber die Gemeinde gab sich so unbeeindruckt, dass er resigniert feststellen musste, er hätte genauso gut vor Statuen und Leichen sprechen können.

Auch als der Kurier mit den nötigen Papieren schließlich zurückgekommen war, waren die Probleme nicht vorbei. Der Kurier reklamierte Geld für Kost und Logis in Mailand, der Wirt für das Unterstellen der Pferde. Glücklicherweise hatten sie genug dabei, um sich freizukaufen. Ein ärmerer Reisender hätte hier wieder große Schwierigkeiten gehabt. Sebastiano Locatelli wurde den Verdacht nicht los, dass dies alles ein abgekartetes Spiel war, um wohlhabend aussehende Reisende um eine gute Summe zu erleichtern.

Endlich befreit, hatten Locatelli und seine Freunde es eilig, weiterzukommen, um nicht Räubern in die Hände zu fallen oder anderen Gefahren zu begegnen. So rasch sie nur konnten setzten sie ihren Abstieg in die Ebene fort, obwohl die Sonne schon untergegangen war. »Wir ritten zwischen Felsvorsprüngen und Bergströmen, einmal kletternd, einmal absteigend, mit keinem anderen Licht als dem der Glühwürmchen und der Funken von den Hufen unserer Pferde«, notierte er. Über weite Strecken mussten sie die Tiere am Zügel führen. Um sich Mut zuzusprechen und um die Gruppe in der Dunkelheit zusammenzuhalten, rief einer von ihnen gelegentlich »Ave Maria«, und ein anderer antwortete »gratia plena«. Dann kamen sie zur letzten Brücke:

> Diese Brücken waren zwei Fuß weit [etwa 60 Zentimeter] und bestanden aus Holzstücken, die quer über zwei Fichtenstämme gelegt worden waren. Jeder von uns musste sie einzeln überqueren und sein Pferd am Zügel führen. Jedes Mal, wenn wir die Mitte erreichten, bog sich die Brücke unter unserem Gewicht, bis wir fast in die Tiefen des Toce stürzten, und wir schworen, so eine Reise nie wieder bei Nacht zu unternehmen. Schließlich war auch dieser letzte Abstieg vom Simplon vollendet, und wir kamen gesund und munter in

> eine angenehme Ebene, die im Licht des aufsteigenden Mondes gebadet war und deren lächelnde Weingärten das Ende des Gebirges verkündeten – und das Ende unserer Furcht.

Locatelli war Italiener und verfügte über Geld. Für viele der Auswanderer, die nach Italien kamen, um dort ein neues Leben zu suchen, war die Ebene zwar genauso schön und nach den Schrecken der Passage genauso tröstlich, aber die Versprechen dieser reichen Landschaft und ihrer bezaubernden und wohlhabenden Städte blieben unerreichbar.

Gegen Ende des 17. Jahrhunderts war Italien zersplittert und wurde großenteils von fremden Mächten regiert. Wirtschaftlich hatten die einzelnen Herrschaftsgebiete große Probleme, zumal sie immer wieder dazu herangezogen wurden, die Kriege ihrer spanischen, habsburgischen und später auch französischen Herren und der Päpste zu finanzieren. Menschen, die aus dem besonders ärmlichen Alpengebiet nach Italien kamen, um hier ihr Glück zu finden, hatten es gerade in dieser Periode besonders schwer.

Als Füssener dürfte Hanns Verbindungen gehabt haben, wahrscheinlich ein Empfehlungsschreiben. Es ging ihm damit wesentlich besser als seinen Altersgenossen aus anderen Alpengegenden, die ebenfalls auf der Reise nach Süden waren.

In der Fremde wurden viele dieser Kinder, ob sie nun weggelaufen oder von ihren Eltern weggegeben worden waren, zu Lehrlingen, Mägden und Knechten, Dienern und Köchinnen, aber auch zu Soldaten, Schornsteinfegern und Taschendieben, Straßenhuren und professionellen Bettlern. Während die Mädchen fast nur in den häuslichen Dienst treten konnten, um der Prostitution zu entgehen, in der Hoffnung, einen gutgestellten Mann zu finden, so standen den Jungen neben der Armee oder der Marine auch Handwerksberufe offen. Die Verbindung dafür wurde, wenn sie, wie Hanns, Glück hatten, meist schon im Heimatland gelegt, entlang eines weitverzweigten Netzwerkes von Kollegen, Händlern, Familienmitgliedern und Lieferketten.

Hanns wusste sehr wahrscheinlich den Namen des Meisters, bei dem er anfangen konnte, eines Mannes, der wahrscheinlich mit seiner eigenen Familie oder mit der seines alten Dienstherrn weitläufig verwandt oder verschwägert war. Er wusste wohl auch den Namen der Stadt, in die seine Begleiter ihn bringen würden, und er hatte sicher Geschichten über sie gehört. Angesichts der Tatsache, dass die meisten Geigenbauer, die in Italien Arbeit fanden, auch dortblieben und kaum einer von ihnen noch einmal nach Füssen zurückgekommen war, wird Hanns allerdings auch bewusst gewesen sein, dass er seine Familie, seine Stadt und die Landschaft, in der er aufgewachsen war, vielleicht nie wiedersehen würde.

Ein unbekannter Dichter, der diese Reise mehrere Generationen vor Hanns unternommen hatte, schrieb im 16. Jahrhundert über den Schmerz, den er darüber empfand, sich von Tirol aus auf den Weg machen zu müssen: »Innsbruck, ich muß dich lassen, ich fahr dahin mein Straßen, in fremde Land dahin. Mein Freud ist mir genommen, die ich nit weiß bekommen, wo ich im Elend bin.«

VIII

MAILAND

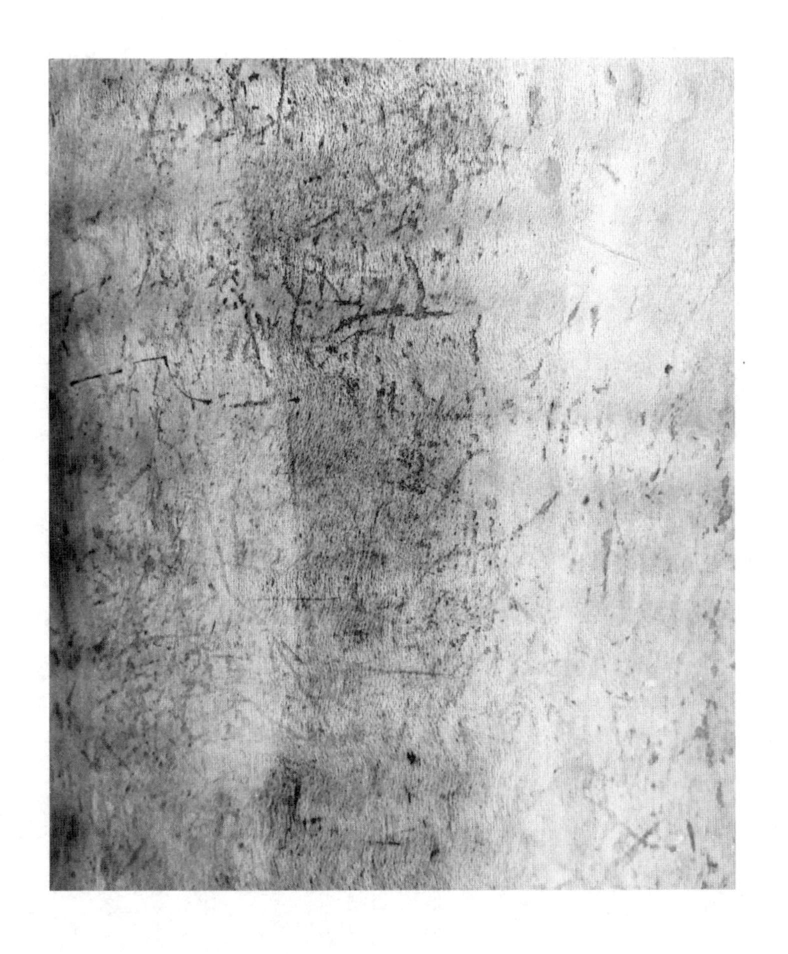

Ein junger Mann mit kurzgeschorenen Haaren kam uns im Hof entgegen. Er hatte eine gewisse Scheu an sich, die ihn sympathisch machte. Er sprach kaum ein Wort und führte uns eine kurze Treppe hinunter ins Souterrain: zur Werkstatt von CC, seinem Vater.

Ich kannte den Geigenbauer und Historiker bislang nur aus einer kurzen Korrespondenz und ein oder zwei Telefongesprächen. CC war einer von mehreren internationalen Experten, denen ich Fotos meiner Geige geschickt hatte, in der Hoffnung, von einem von ihnen einen nützlichen Hinweis zu bekommen. CC hatte freundlich und interessiert geantwortet, aber gesagt, dass er die Geige sehen müsse, um Näheres darüber zu sagen, und so war ich nach Mailand gereist, meinen Geigenkasten auf dem Rücken.

Über lange Jahrhunderte war Mailand gleichbedeutend mit Macht und Eleganz, und es hatte hier eine wichtige Schule von Geigenbauern gegeben. Carlo Giuseppe Testore, dessen um zwei Generationen falsch datierter Zettel in meiner Geige klebte, war einer von ihnen gewesen, und CC galt als der beste Kenner des Mailänder Geigenbaus. Das Taxi hatte mich hinaus aus dem eleganten Zentrum in eine Gegend mit breiten Straßen und müden, staubigen Fassaden aus dem 19. Jahrhundert gebracht, einen Teil der Stadt, der weniger an Italien erinnerte als an das Habsburgerreich, zu dem die Stadt einmal gehört hatte.

CCs Werkstatt war nicht leicht zu finden gewesen, und als ich endlich vor dem richtigen Gebäude gestanden hatte, war dessen großes Holztor ein Hinweis darauf gewesen, dass die Gegend schon bessere Tage gesehen hatte. Ein kleines Friseurgeschäft war da, die Fassade von Graffitis beschmiert. Eine Filiale von *Hello Chicken* im Nebenhaus war grell erleuchtet und leer.

CC hatte dieselbe behutsame, fast scheue Art, die mir im Hof schon an seinem Sohn aufgefallen war. Sein Sohn arbeitete bei ihm, als Lehrling. Er hatte die Aufnahmeprüfung an der Geigenbauschule gemacht, ohne es seinem Vater zu sagen. Erst danach hatte er ihn eingeweiht. Jetzt arbeiteten sie zusammen mit einem Gesellen, einem Spanier, in einem großen Werkstattraum, von dem noch zwei weitere Zimmer abgingen.

Der Raum, in den CC mich führte, war bestückt mit mehreren Werkbänken und einem zentralen Tisch. Überall lagen, standen und hingen Planken für neue Bauvorhaben, halbfertige neue Instrumente oder Teile von alten, reparaturbedürftigen, an den Wänden hing Werkzeug, und in mehreren Regalen standen Bücher, viele Bücher, die Handbibliothek eines Gelehrten. Es war die Art von Raum, in dem es schwierig zu sagen ist, in welchem Jahrzehnt man sich gerade befindet, oder welchem Jahrhundert. Nur der Computer an einem Tisch, die hellen Tageslichtlampen, ein herumliegendes Handy und einige Verpackungen verankerten die Szene in der Gegenwart.

CC wirkte mit seinem kurzen, grauen Bart und seiner Lesebrille mehr wie ein Universitätsprofessor als ein Geigenbauer. Tatsächlich verbrachte er einen Gutteil seiner Zeit in Archiven und Bibliotheken. Er baute Instrumente, war ein international gefragter Restaurator – und einer der besten Experten für Leben und Werk von Antonio Stradivari und für die Exponenten der Mailänder Schule, die einige große Stars hervorgebracht hat. Wenn es einen Menschen gab, der alle Zweifel ausräumen konnte, ob mein Instrument aus Mailand stammte oder nicht, dann er.

Allerdings hatte es gerade in Mailand kaum Geigenbauer aus dem Allgäu und Tirol gegeben. Nur neun Namen von Füssener Lauten- oder Geigenbauern in Mailand sind über die Jahrhunderte belegt, aber keiner von ihnen arbeitete dort zur richtigen Zeit, und es sind keine Instrumente von ihnen bekannt. Wenn diese Geige aus Mailand käme, wäre der deutsche Einfluss also schwer zu erklären, bemerkte CC, als er begann, sich die Geige genau anzusehen. Mit ruhiger und geübter Effizienz betrachtete er sie aus verschiedenen Winkeln zum Licht, sah mit einem Spiegel ins Innere, betrachtete Details unter der Lupe.

»Ein wunderschönes Instrument«, sagte er endlich in sorgfältig formuliertem Englisch. Er war einer jener Menschen, die abwarten, bis sich ein Satz in einer Fremdsprache perfekt geformt hat, bevor sie ihn aussprechen.

»Eine gute Arbeit vom Anfang des 18. Jahrhunderts«, fuhr CC fort. »Sie will eine Milaneserin sein, ist es aber nicht. Nicht nur der Zettel ist falsch, natürlich, eine gute Fälschung, außer dem Datum, aber das passierte manchmal, denn die meisten dieser gefälschten Zettel wurden im frühen 19. Jahrhundert in alte Geigen geklebt, als es plötzlich einen regen europäischen Markt für italienische Meisterinstrumente gab und sich einige Leute schon damals spezialisierten, gute Fälschungen in Umlauf zu bringen. Damals aber wusste man noch wenig oder nichts über die tatsächlichen Lebensumstände und Lebensdaten der alten Geigenbauer. Einige von ihnen existierten überhaupt nur durch spätere Zuschreibungen und hatten nie gelebt, andere Instrumente wurden falsch zugeschrieben und immer wieder neu attribuiert. Damals also wusste man nur, dass Testore ein alter Meister war, verloren im Nebel der Vergangenheit, und jede Jahreszahl, die weit genug zurücklag, schien plausibel.

Das Instrument selbst könnte einen ja auch auf diesen Gedanken bringen, vielleicht wurde es sogar an den mailändischen Stil angepasst, vielleicht hat jemand die f-Löcher erweitert, hier, in dieser Kurve, damit es mehr aussieht wie eine Testore, denn das ist ja gar nicht so abwegig. Aber gleichzeitig ist es ganz unmöglich, nicht mit diesen süddeutschen Elementen, denn in Mailand waren nicht viele Deutsche, und auch sonst kenne ich niemanden, der damals so gearbeitet hätte. Ich würde also sagen, dass sie nicht aus Mailand kommt. Aus Italien ja, wahrscheinlich aus Norditalien, aber nicht aus Mailand.«

Während CC seine Untersuchung durchführte, wurde mir

deutlich, wie unterschiedlich Menschen sehen lernen. Der Blick eines Musikers, eines Historikers, eines Geigenbauers sieht und betont unterschiedliche Aspekte, interpretiert die gleichen Dinge anders. Einem Experten für historische Instrumente geht es darum, Beziehungen von Stil, Konstruktionsmethoden, Materialien und Verarbeitung herzustellen und es mit einem ganzen Repertoire von ähnlichen Elementen und Instrumenten in seiner Erinnerung zu vergleichen, ein Prozess, an dem seine Fingerspitzen und seine Nase ebenso beteiligt sind wie seine Augen. Die Ohren werden ausschließlich dazu eingesetzt, um beim Abklopfen auf mögliche dumpf klingende Risse oder klirrende offene Stellen zu schließen, an denen sich der Leim gelöst hat. Der Ton des Instruments ist gleichgültig.

Einmal hatte ich MR gefragt, warum der Klang eines Instruments weder den Wert noch die Zuschreibung eines Instruments beeinflusst. »Es gibt einfach keinen Stradivari-Ton, Guarneri-Ton und so weiter«, sagte er. »All das ist gut für die Medien und für schwärmerische Gemüter, aber es ist reiner Unsinn. Diese Instrumente sind großartig, aber wie sie wirklich klingen, hängt von so vielen verschiedenen Faktoren ab: ob und wie eingreifend und wie kompetent sie über die Jahrhunderte repariert oder restauriert wurden, ob der Lack original ist, ob jemand neue Einlagen gemacht oder Boden und Decke weiter ausgehobelt oder, im Gegenteil, verstärkt hat, wie hoch der Steg und wie er geschnitten ist, wie die Stimme eingestellt ist, was für ein Bassbalken drin ist, welche Saiten drauf sind, wie hoch die Luftfeuchtigkeit gerade ist, und wer sie spielt. Die Leute versuchen, das zu objektivieren mit allen möglichen wissenschaftlichen Methoden, Schwingungsmessungen und Spielautomaten, aber letztendlich ist die objektive Klangqualität eines Instruments gar nicht so interessant, denn es klingt ja erst durch das sehr subjektive Zusammentreffen mit einem Musiker, der auf seine Möglichkeiten und Anforderungen auf eine bestimmte, subtile und sehr persönliche Weise reagiert. Deswegen, nein, der Klang ist kein Kriterium. Ich sehe mir nur das Objekt an, seine Konstruktion, seinen Stil, seinen Erhaltungszustand. Danach urteile ich.«

»Aber warte«, sagte er dann, »die Geschichte ist noch nicht fertig. Der Klang ist nicht Teil der Expertise, aber natürlich höre ich mir meine Instrumente an, ich spiele sie sogar selber, wenn niemand zuhört, um mir einen Eindruck zu verschaffen, was ihre Möglichkeiten sind und für was für eine Art Musiker dieses Instrument geeignet sein könnte. Ich habe schon viele erfolgreiche Beziehungen gestiftet zwischen Musikern und Instrumenten.«

Während die Experten ein Instrument als Objekt betrachten, das nach bestimmten Kriterien und mit viel Erfahrung einer Schule oder sogar einem einzelnen Geigenbauer zugeordnet werden soll, ist mein eigener Zugang anders. Als Geiger fühle ich mein Instrument als Erweiterung meines Körpers und als Partner in einer lebenslangen Suche. Der Klang und das Gefühl sind dabei alles, Alter und Herkunft, Preis und Geschichte sind völlig unwesentlich. Lieber ein unbekanntes Instrument, das unter meinen Händen singt, als ein unerschwingliches eines großen Namens, das nicht unbedingt besser klingt und mich in ständige Paranoia versetzt, wenn ich es mit mir herumtrage, zu Hause lasse, mich immer fragen muss, ob es sicher ist.

Als Musikinstrument ist an einer Geige all das wichtig, was für einen Experten nicht zählt. Als historisches Objekt aber ist meine Geige doch vor allem auch ein Ding, in dem unzählige Fäden zusammenlaufen: Die Expertise und die Experimente von Jahrhunderten von Musik und Instrumentenbau stecken darin, die Transport- und Handelswege für die Hölzer und die Handwerker, die Gesellschaft, in der sie gebraucht und gespielt wurde, die Welt, aus der sie kommt.

Um dem Geheimnis näher zu kommen, das die Geige so sorgfältig bewahrte, versuchte ich also zu tun, was die Experten nicht tun: Wenn es Antworten gab, die ein auf das Objekt allein fixierter Experte nicht finden konnte, dann musste ich gerade den anderen Weg einschlagen – und vor allem rekonstruieren, aus welcher Welt das Instrument kam.

Meine Anfangsannahme war einfach: Wenn ein junger Mann (vielleicht noch ein Kind) nach einer Lehre im Deutsch sprechenden Teil der Alpenregion vom Allgäu bis nach Tirol nach Italien kam, um bei einem Meister zu arbeiten, dann wird er wahrscheinlich noch nicht Italienisch gesprochen haben. Er musste sich vermutlich auf das Exilantennetzwerk verlassen, das seinen Herkunftsort mit Italien verband. Er brauchte eine Werkstatt, in der Deutsch gesprochen wurde, zumindest bis er sich eingelebt und Italienisch gelernt hatte. Die erste Frage war also, wie viele Deutsch sprechende Meister um 1700 in Italien gearbeitet hatten. Mit einiger Wahrscheinlichkeit war mein rätselhafter Freund Hanns als Lehrling oder Geselle bei einem von ihnen gewesen.

Hier allerdings wurde es kompliziert. Historische Forschungen der letzten Jahrzehnte haben bewiesen, dass es in vielen italienischen Städten deutsche und besonders Füssener Geigenbauer gab, die untereinander kommunizierten, beieinander in die Familien einheirateten und die Lehrlinge, die sie sich aus Füssen schicken ließen, ausbildeten und austauschten. Das Problem ist, dass in den meisten Fällen nur knappe Erwähnungen überlebt haben, offizielle Dokumente, Registereinträge, Zeugenaussagen. Von vielen dieser Auswanderer sind weder persönliche Dokumente noch sicher zugeschriebene Instrumente überliefert. Sie sind schlicht Namen und Daten auf Papier, von ihrem Leben ist nichts geblieben als einige Tintenkleckse.

Die Archive werfen immer wieder Licht auf das Leben der einfachen Leute, immer wieder wird ein Individuum plötzlich ganz plastisch sichtbar in einer Beschreibung oder einer Aussage, in einem Gerichtsprozess oder einem Brief, aber das sind Zufallsfunde, verstreut unter zahllosen Regalkilometern oft kaum geordneter Akten in Archiven, die ihrerseits im Laufe der

Geschichte umgesiedelt, neu geordnet, abgebrannt, bombardiert oder bestohlen wurden. Nur viel, viel Zeit wird neues Material zutage fördern, von irgendwoher, aus reinem Glück, als Kollateralnutzen.

Trotz all dieser Hindernisse musste es möglich sein, die Herkunft des Instruments – und damit den Lebensort seines Erbauers – einzugrenzen. Handwerker in verschiedenen Städten und Regionen arbeiteten nach unterschiedlichen Verfahren, bauten Instrumente auf verschiedene Weise, hatten andere ästhetische Vorlieben, andere Modelle, andere Schablonen und Vorlagen. Natürlich gab es Vermischungen, wie im Falle der deutschen Geigenbauer in anderen Ländern, die ihre Methoden mitbrachten und sich dann den lokalen Stilen ein Stück weit anpassten, aber jeder Ort und jede Schule entwickelte ihr charakteristisches Bild, ihr Gesicht. Berühmte Meister schufen oft eine ganz eigene Form und wurden wiederum an unterschiedlichen Orten imitiert, kopiert, gefälscht und weiterentwickelt.

Es ist eine komplexe und faszinierende Suche voller falscher Fährten und zweifelhafter Stammbäume. Immer wieder werden Instrumente von Experten nach unterschiedlichen und innovativen Untersuchungen neu zugeschrieben und dabei häufig von ihrem Podest gestoßen, weil sich herausstellt, dass sie doch nicht von Stradivari oder Testore gebaut wurden, sondern von einem minderen oder sogar unbekannten Meister. Auch das Gegenteil kommt gelegentlich vor, dass eine bislang als unbekannt oder obskur geltende Geige als das Werk eines großen Namens identifiziert wird.

Ich hielt es nicht für wahrscheinlich, dass ein ganzer Pulk von hervorragenden Experten sich geirrt hatte und ich selbst als Laie und Amateur dieses Instrument im Handstreich als die Arbeit eines legendären (lies: unbezahlbaren) Meisters identifizieren würde. Diese Leute wussten schon, was sie taten. Aber ihre Perspektive war begrenzt dadurch, dass sie vor allem an einer sicheren und wertsteigernden Zuschreibung interessiert waren und nicht daran, was das Objekt ihnen sonst noch verraten könnte.

Offensichtlich sendete dieses Instrument keine eindeutigen Signale, die auf seine Herkunft schließen ließen. Es war stilistisch zu wenig pur, verband zu viele Einflüsse, war keinem Meister zweifelsfrei zuzuordnen.

Andersherum gesehen aber waren diese unterschiedlichen Einflüsse und Merkmale an sich interessant, weil sie Rückschlüsse auf ein Leben und eine Welt zuließen, individuelle Rückschlüsse. Auch wenn ich meinem Hanns vielleicht niemals einen tatsächlichen, urkundlich belegten Namen und die entsprechenden Daten würde zuordnen können, so erzählte dieses Objekt doch von ihm. Wenn ich mehr darüber lernen konnte, welche Einflüsse auf Hanns gewirkt hatten, dann konnte ich auch mehr darüber erfahren, wie er im Leben gestanden hatte.

Natürlich hatte ich keinen Zugang zu unendlich vielen Geigen, aber ich hatte Bücher und spezialisierte Datenbanken, und über mehrere Monate und viele lange Nächte studierte und verglich ich Tausende von Fotos von Instrumenten, Details, f-Löchern, Innenansichten, Umrissen, Schnecken und vielem mehr. Ich suchte nach allen Meistern, die zwischen 1690 und 1730 gearbeitet hatten, zuerst nach Füssener Auswanderern in Deutschland und Europa, dann besonders in Italien, dann nach italienischen Produzenten, die zur richtigen Zeit tätig waren, dann nach den wichtigsten Städten im Füssener Exilnetzwerk. Ich betrachtete und verwarf, kopierte und machte Gegenüberstellungen, bis mir die Augen tränten.

Dies war die Periode der unspektakulären, häufig monotonen Fahndungsarbeit, die in Krimis auf Sekunden zusammengeschnitten wird: nächtliche Büros, übermüdete Gesichter im Licht ihrer Bildschirme, Wände voller Fotos von Tatorten und Leichen, Pfeile mit Verbindungen, Pizzakartons, eine Kaffeetasse, früher auch ein voller Aschenbecher. Mehr ist über eine solche Arbeit nicht zu sagen, ohne wirklich ins Detail zu gehen.

IX

SEI SOLO

Die Arbeit mit historischen Dokumenten ist eine Jagd nach Fragmenten, die erst durch langwierige Rekonstruktionen als Teile eines Ganzen erkennbar werden. Meist haben diese Fragmente nicht überlebt, weil sie besonders viel erklären, sondern nur, weil es der Zufall so gewollt hat: Dauerhafte Materialien wie Metall oder Stein oder Pergament, Archive, die nie zerstört oder geplündert wurden, weggeworfene oder zweckentfremdete Gegenstände wie kostbare mittelalterliche Manuskripte, die jemand als Einband für viel jüngere Bücher verwendet hat – was übrig bleibt, hängt von vielen Umständen ab. Umso schwieriger ist es, eine verlässliche Aussage über die emotionalen Welten hinter diesen verrosteten und vergilbten Überbleibseln zu treffen.

Wie dachte und fühlte ein junger Auswanderer über sein Schicksal in einer Zeit, in der die meisten Menschen, die nicht durch Krieg, Hunger oder Seuchen zur Flucht gezwungen waren, sich selten mehr als zehn Kilometer von ihrem Geburtsort fortbewegten? Wie, wenn überhaupt, übersetzte er seine Gefühle in Gesten oder Worte? Und ist es möglich, nach so langer Zeit etwas darüber herauszufinden und ihm Konturen zu verleihen?

Wie lassen sich die Gefühle und Gedanken eines Menschen fassen, der keine Dokumente hinterlassen hat? Wie ist es dem jungen Hanns ergangen nach seiner Alpenüberquerung? Wie tief hat er den Verlust seiner Familie, seiner Sprache und seiner Landschaft empfunden? Hatte er Heimweh, und ist er es jemals losgeworden?

Es war sinnlos, mir von meiner Geige oder nicht existierenden Texten eine Antwort auf diese Fragen zu erwarten – aber die formalisierte Kunst des Barocks mit ihrem Kult der edlen und auch tragischen Gefühle eröffnet einen anderen Weg, auf dem sich zumindest zeigen lässt, wie Hanns' Zeitgenossen grundsätzlich mit solchen Emotionen umgingen, in welchem Kontext er selbst seine Gefühle erlebte, wie sie in der Kunst in Gesten verwandelt und so zu einer geteilten ästhetischen Sprache wurden.

In einer Zeit, in der Emotionen häufig mit Ritualen assoziiert waren und in einem Gerüst von strikten Regeln ausgedrückt wurden, erschließen sich diese Emotionen gelegentlich in einer abstrahierten Form, durch Kunstwerke. Eine der faszinierendsten und erstaunlichsten psychologischen, emotionalen und spirituellen Entdeckungsreisen dieser Periode ist in einer Sprache verfasst, die Hanns vertraut war, und es ist aufgrund der Lebensdaten und seines Berufs zumindest möglich, dass er es kannte: ein Zyklus von Musikstücken für Geige allein, verfasst von einem Zeitgenossen, einem Musiker, der sich ebenfalls gezwungen sah, seine Heimatstadt zu verlassen, um eine Anstellung zu finden: Johann Sebastian Bach.

Auch Bach war zuerst ein musikalischer Handwerker, wenn auch seine Familie etwas bessergestellt war als ein Allgäuer Bauernhaushalt und wenn er auch während seiner Kindheit wohl kaum hungern musste, denn sein Vater war Stadtpfeifer. Dann aber war der Junge früh verwaist, war zu einem älteren Bruder gezogen und hatte sich relativ spät entschlossen, Organist zu werden. Sein erstes Instrument war wahrscheinlich die Geige. Sein Bruder unterrichtete ihn während dieser Zeit in Orgel und Tonsatz, aber Bach hat nie in seinem Leben Komposition studiert oder formellen Unterricht genommen. Seine Kunst und seine Methode hatte er sich angeeignet, wie es Handwerker häufig taten: durch Kopieren und Imitieren und Weiterentwickeln und Üben.

Spezialisierte Arbeiter waren darauf angewiesen, dort hinzugehen, wo es Arbeit gab, denn der Markt für Geigenbauer oder Komponisten war notwendigerweise klein. Bachs künstlerische Handschrift entstand aus einer Mischung regionaler Traditionen, historischer Überlieferung und internationaler Einflüsse, die er sich über zirkulierende, oft handschriftlich kopierte Noten aneignete, und durch das Zuhören bei großen Improvisatoren. Der musikalische Geschmack änderte sich und wurde einmal von Paris und Versailles bestimmt, dann von London, dann Venedig. Die Stücke dieser Komponisten wurden in ganz Europa gelesen, studiert und aufgeführt.

Als junger Mann arbeitete Bach an einer Reihe von Stücken für Violine solo, in die er all sein Können legte. Er war fasziniert von der Idee, die technischen und vor allem die harmonischen und polyphonen Möglichkeiten der Tasten- und Streichinstrumente, die er selbst auch behrrschte, bis zum Letzten auszureizen und dabei Musik zu schreiben, die nicht nur unterhaltsam war, sondern den Musiker dazu antrieb, die Grenzen, die das Instrument ihm setzte, von vier Fingern auf vier Saiten, einzureißen.

Eine Begegnung hatte den Komponisten besonders dazu inspiriert, sein ganzes Können auf einem einzigen Instrument zu versuchen. Es gab bereits eine Tradition von Solostücken für Violine, meistens virtuose Feuerwerks-Konfektionen, die dazu dienten, die klanglichen Möglichkeiten der Geige zu demonstrieren, die im 17. Jahrhundert ihren Siegeszug durch Europa antrat und deswegen sozusagen erst noch vorgestellt werden musste. Diese Stücke waren oft musikalisch nicht besonders interessant und ganz auf die technischen Fähigkeiten eines bestimmten Spielers zugeschnitten. Einer dieser Solisten war Johann Georg Pisendel, der zwei Jahre jünger war als Bach, ein rastlos neugieriger Künstler, der 1716 eine Reise nach Venedig unternommen hatte, um von den dortigen Virtuosen zu lernen. Auf Kosten seines Dienstherrn verbrachte er ein Jahr in der Lagunenstadt, wo er unter anderem mit Antonio Vivaldi zusammenarbeitete.

In technischer Hinsicht waren die italienischen Virtuosen wie Vivaldi oder Giuseppe Tartini allen anderen Geigern Europas überlegen. Pisendel aber konnte mit ihnen mithalten, und Vivaldi widmete ihm sogar einige besonders virtuose Sonaten.

Nach Deutschland zurückgekehrt, wurde Pisendel Musikdirektor in Dresden und schrieb eine ganze Sammlung von virtuosen und eklektischen Violinstücken. Bach war damals als Konzertmeister (das heißt, als Geiger) in Weimar angestellt und traf seinen Kollegen Pisendel wieder, den er seit einem gemeinsamen Aufenthalt 1709 in Weimar kannte. Über Pisendel lernte Bach als immer hungriger Autodidakt die italienischen Techniken kennen, die sich besonders in Venedig immer weiter verfeinert hatten. Bach war fasziniert von dieser neuen Welt und begann, an eigenen Stücken für Violine solo zu arbeiten.

Während Bach an den sogenannten Sonaten und Partiten arbeitete, war er als Hofkapellmeister in Köthen angestellt, einem Städtchen mit 2000 Einwohnern. Als Hofmusiker eines protestantischen Fürsten waren seine Aufträge meistens mit säkularer Musik verbunden. Die Zeit der Kantaten, Passionen und der h-Moll-Messe, die ihn zum größten aller Kirchenmusiker machen sollten, kam erst später.

Die Sonaten und Partiten erschienen 1720. Das Manuskript von Bachs eigener Hand kündigt das Werk an wie folgt: »*Sei solo à Violino senza Basso accompagnato.*« Darunter das Datum der Reinschrift, 1720, und der Name des Komponisten.

Dieser Titel wirft einige Fragen auf. Zum einen ist da das Datum, das ungewöhnlich ist, denn gedruckte Noten wurden im Barock meistens nicht datiert. Musikliebhaber waren an neuen Stücken interessiert, es half also nicht, das Datum aufs Titelblatt zu schreiben. Die zweite Frage ist grammatikalischer Natur: Sollte es im Italienischen nicht *sei soli* heißen, im Plural, nämlich »sechs Soli« für Geige?

1720 war nicht nur das Datum der Fertigstellung der Sonaten und Partiten, es markierte auch und besonders einen tiefen Verlust für Bach: Er war mit seinem Dienstherrn nach Karlsbad gereist. Als er zurückkehrte, fand er seine geliebte Frau Maria Barbara frisch begraben. Sie war jäh an einer unbekannten Krankheit gestorben. Plötzlich wurden diese großen Stücke für ein einsames Instrument zur Hommage an eine geliebte Person, was auch der Titel andeutet: *Sei solo* ist nicht falsches Italienisch für »sechs Soli«, sondern völlig korrektes Italienisch für: »Du bist allein«.

Ich versuchte mich seit drei Jahrzehnten an diesen Stücken, die ihre Interpreten nicht nur vor große technische, sondern vor allem vor interpretatorische Herausforderungen stellen. Bach komponierte für die Violine so polyphon wie für die Orgel, das heißt, er ließ mehrere Stimmen neben- und durcheinander laufen, die eine Interpretin oder ein Interpret nicht nur zum Klingen bringen, sondern auch unterschiedlich gewichten und betonen muss. Die drei Sonaten enthalten jeweils eine Fuge, die passagenweise drei- oder sogar vierstimmig verläuft und sich immer wieder zu gewaltigen Höhepunkten aufschwingt, oft mit Gegenstimmen, die zur Geltung gebracht werden müssen, und mit harmonischen oder rhythmischen Verschachtelungen, die sich auf verschiedene Weise, mit unterschiedlichen Betonungen und wechselnden Tempi interpretieren lassen.

Jede von diesen Versionen bietet eine eigene Lesart, eine Reihe von Facetten, eine Erkundung von Bedeutungsebenen und rhythmischen und harmonischen Strukturen, jede von ihnen in sich faszinierend und doch keine so umfassend, dass sie allen Möglichkeiten gerecht werden könnte. So wie unterschiedliche Sprachen auch unterschiedliche Realitäten beschreiben können und Gefühle oder Wahrnehmungen und Zusammenhänge unterschiedlich artikulieren, so ist jede Interpretation von Bach nur ein Dialekt oder vielleicht eine Sprache, die sich der Fülle des Erfahrbaren mit einem bestimmten Vokabular und einer Grammatik zuwendet, die unweigerlich ihre eigenen Akzente setzen.

Gerade jetzt, während ich versuchte, das Leben von Bachs unbekanntem Zeitgenossen zu erkunden, entdeckte ich die erste Partita, die letzte der sechs, die ich unverständlicherweise selbst noch nie gespielt hatte. Diese vier Tänze mit ihren Doubles, die sie variieren und spiegeln, wurden zur Erfahrung eines ganz neuen Raums. Mehr noch: Sie versprachen, zu einer Art Befreiung zu werden. Seit ich denken konnte, hatte ich durch Musik gelebt und war ihr leidenschaftlich verfallen. Das Spielen aber war immer ein Moment der Beurteilung gewesen – das ist so, wenn man unter Profis aufwächst. Auch wenn sie nett sein wollen, ist doch deutlich, was sie meinen, und sie erwarten Perfektion, gewisse technische Standards. Oder nein: Ich selbst erwartete mir Perfektion. Niemand verlangte von mir, dass ich Musiker wurde – ich erwartete das, wollte das und brauchte es vielleicht.

Spielen bedeutete immer, beurteilt zu werden. Diese Tatsache steckte in den Erinnerungen, war Teil jedes Stückes geworden, das ich über die Jahre geübt hatte. Diese Partita aber war frei davon. Ich hatte sie neu entdeckt, unerforschtes Territorium, eine Landschaft, die ich selbst urbar machen konnte, eine Geschichte in acht Variationen über ein verborgenes Thema, angeführt von einer französischen Ouvertüre, in der ein ganzes Orchester mit wenigen Strichen skizziert wird und plötzlich wirklich spielt, über einen wiegenden, rustikalen Tanz und eine brillante Sequenz von kontrastierenden Läufen bis zu einer Meditation für Cembalo oder Laute und einem Stück, dessen verloren dahinfließende Schönheit seine Zuhörer verzaubert erstarren lässt, eine zentrale Meditation über den Verlust, bis zur überschwänglichen Wirtshausszene danach und zum majestätischen Gedankenfluss des letzten Satzes, der an die große Geste des ersten anknüpft und aus den unendlichen Möglichkeiten, Strukturen und Dissonanzen endlich eine stolze, stoische Ordnung schafft. Alles auf vier Saiten mit vier Fingern, auf Holz, Schafsdarm, Harz und Pferdehaar. Der Schafsdarm der Saiten ist heute durch Kunststoffe ersetzbar, aber das Prinzip bleibt. Ein solches Stück ist ein Wunder, es transzendiert die ärmlichen Materialien und gibt Gedanken und Gefühlen eine Stimme, die sonst nicht kommunizierbar wären.

Dieses Stück gehörte mir ganz allein. Ich spielte nicht, um

bei einem Publikum ein positives Urteil über meine Fähigkeiten zu erwirken, sondern erschloss Schritt für Schritt Neuland, wobei der Klang meines Instruments kaum mehr war als eine Gedankenstütze oder ein Kommentar zu der Partitur. Die technischen Schwierigkeiten waren beherrschbar, meine Geige half mir, wo sie konnte.

Es gibt kein größeres Privileg, keine herrlichere Aufgabe als die Arbeit an etwas, das größer ist als die eigenen Fähigkeiten, die eigene Einsicht und die eigenen Ambitionen, etwas, das dazu einlädt und auffordert, besser, tiefer, konzentrierter, selbstvergessener, kommunikativer, strukturierter, wesentlicher, einfacher zu spielen und zu handeln. Ich war als junger Mann mit meiner Geige gereist, mit dem Instrument, das ich in Den Haag entdeckt hatte. Überallhin hatte ich sie mitgenommen. Ich hatte sie in Zugabteilen gespielt und in alten Kirchen, in einem leeren, gekachelten Swimmingpool in Frankfurt und einer Garage in Wellington in Neuseeland – nie mit einem Publikum von mehr als einer Handvoll Menschen, die zufällig vorbeigekommen waren.

Bach hatte mich immer begleitet bei diesen Reisen, zumindest ein oder zwei Sätze aus den Sonaten und Partiten waren immer dabei, wenn ich spielte. Er hatte sich so tief hineingedacht in die Texturen und Gezeiten der Einsamkeit, dass mein eigenes Erleben des Alleinseins davon aufgefangen und in eine Form gebracht wurde, die das Gefühl selbst dynamisierte und in einen dramatischen Ablauf brachte. Ein Zyklus, den Bach mit dem ganzen Ehrgeiz seiner jungen Jahre geschrieben und dann in einer subtilen, kaum lesbaren Geste der tiefen Trauer seiner verstorbenen Frau gewidmet hatte, trug die Botschaft: »Du bist allein« – und überwand gleichzeitig die Einsamkeit, indem er sie zum Klingen brachte.

Zurück zur Einsamkeit eines Unbekannten, eines kleinen Mannes irgendwann um 1700. Ist Hanns allein gewesen in Italien? Im physischen Sinne wohl kaum. Anfang des 18. Jahrhunderts hatten besonders in den populären Vierteln der Städte wenige Menschen ein eigenes Zimmer, und gerade in einer Straße voller Handwerksbetriebe ist wohl kein Mensch lange für sich gewesen. Das Leben spielte sich vor, mit und zwischen anderen ab. Wie ein Kind oder Heranwachsender aber seine Auswanderung erlebt hat, ist nur auf Umwegen zu fassen. Er war allein, losgerissen aus seinem Elternhaus und irgendwohin gekommen, völlig abhängig von seinem neuen Meister und von seiner Fähigkeit, sich bald in dieser neuen Welt zurechtzufinden, die Sprache zu lernen, Freunde zu finden, eine Freundin vielleicht, ein Mädchen, das er auf der Straße sah und mit dem er kaum ein Wort wechselte, weil in einer kleinen Gemeinschaft jeder jeden und jede kannte, und weil anständige junge Frauen, die einen respektablen Bräutigam finden wollten, damals in Italien kaum allein auf die Straße gelassen wurden.

Auch und vielleicht besonders in einer Menschenmenge kann man einsam sein. Es gibt keine Briefe von Hanns, in denen er sein Leid klagt. Es gibt auch keine Korrespondenzen von Johann Sebastian Bach, in denen er einem Freund vom plötzlichen Tod seiner Frau und seiner Trauer berichtet. Dennoch hat diese tiefe Trauer die Jahrhunderte überdauert. Hat Hanns diese Musik gekannt, und hat er einen Widerklang der Einsamkeit gespürt? Es ist verlockend, sich das vorzustellen, aber tatsächlich werden Bachs Sonaten und Partiten und die Geige einander wohl erst im 19. Jahrhundert begegnet sein. Denn in Italien wurde im Jahrhundert davor den offiziellen Programmen und Berichten zufolge eigentlich nur italienische Musik aufgeführt, mit Ausnahme von reisenden Virtuosen und Komponisten wie Händel und einer Handvoll weiterer. Es ist also möglich, dass ein durchreisender Musiker in Hanns' Werkstatt Bach gespielt hat, aber auch wenn er selbst Geige spielte, wird Hanns selbst diese Stücke in Italien kaum gekannt haben. Das Dreieck zwischen Komponist, Instrument und Interpret schloss sich in diesem Fall wohl erst später.

Eine wichtige Möglichkeit, die eigenen Emotionen zu artikulieren und einen Kontext für sie zu finden, waren auch die Rituale der Kirche. Ethnische und religiöse Minderheiten in italienischen und anderen europäischen Städten tendierten dazu, bestimmte Stadtteile zu bewohnen, bestimmte Handwerke auszuüben und an Sonn- und Feiertagen in bestimmten Kirchen, Synagogen oder (am Balkan) Moscheen zusammenzukommen. Hanns war Teil einer ethnischen Minderheit, teilte aber seinen Glauben mit der Gesellschaft um ihn. Trotzdem gab es in fast allen Städten eine bestimmte Kirche, in der sich die deutschen Auswanderer versammelten, ein Zentrum für ihre Gemeinschaft. Hier waren die Rituale, die das Leben von Menschen wie Hanns durchzogen, durch das Zeremoniell und die Symbolik der Gegenreformation geprägt, der katholischen Reaktion auf die größere Volksnähe der Protestanten.

Im Zuge dieser Reformbewegung ging die katholische Kirche einen Schritt auf ihre Gläubigen zu. Sie intensivierte die theatralischen Aspekte des Rituals, auch in der Architektur und der Musik, und förderte den Märtyrerkult und die Verbreitung des Katechismus. Hanns lebte und betete zu einer Zeit, als die Kirche sich bemühte, attraktiver, beeindruckender und gleichzeitig psychologisch subtiler aufzutreten. Pilgerfahrten und Bußprozessionen wurden wieder populär gemacht, und die Beichte wurde nicht zuletzt als ein Mittel forciert, das emotionale und intellektuelle Leben der Gläubigen zu kontrollieren.

Die Kirche der Gegenreformation hatte unter kundiger Anleitung der Jesuiten gelernt, die Menschen bei ihren Emotionen zu packen und durch dramatische Darbietungen und klug inszenierte Prunkbauten an sich zu binden. Bei den Jesuiten wurde dabei auch die musikalische Umrahmung und Intensivierung der Eucharistie immer opulenter. Für Instrumentenbauer, die sich häufig als Orchestermusiker etwas dazuverdienten, war die Kirche nicht nur eine spirituelle Anlaufstelle, sondern direkt oder indirekt auch ein wichtiger Brotgeber.

Durch die gemeinsamen Rituale nahm man an Verlust und Trauer, aber auch der Freude der anderen Gemeindemitglieder Anteil, sodass Gefühle zum gemeinschaftlichen Besitz wurden. Für einen Einwanderer, der in seinem Arbeitsumfeld nur mit viel Glück jemanden fand, dem er sich anvertrauen konnte, bot die Gemeinde daher nicht nur Zugehörigkeit, sondern auch die Möglichkeit, die eigenen Gefühle in einem sinnerfüllten Kontext zu erleben.

Es grenzt an ein Wunder, auf wie viele verschiedene Weisen die immer gleichen Gefühle, die Menschen empfinden, die immer gleiche Angst und Verzweiflung, die immer gleiche Freude und das immer gleiche Begehren im Laufe der Geschichte Ausdruck gefunden haben. Einsamkeit ist nicht gleich Einsamkeit, und manchmal spricht nur noch ein Altarbild von der emotionalen Realität vergangener Zeiten, ein Musikstück oder ein Gedicht. Du siehst, wohin du siehst, nur Eitelkeit auf Erden.

Ich war gierig zu wissen, wie die Welt aus den Augen von Hanns aussah, einem Menschen, der vor zehn Generationen gelebt hatte, der mir wohl fremd wäre und mit dem ich abseits der Musik vielleicht wenig zu reden gehabt hätte. Trotzdem spürte ich eine Sehnsucht danach zu erfahren, wie das Leben sich für ihn anfühlte, wie es war, er zu sein, wie die Dinge aus seinem Körper heraus empfunden wirkten, wie er in der Welt stand, welche Färbung die Welt um ihn herum und in ihm annahm, wie sich Hunger anfühlte oder ein Orgasmus, wie die Straße für ihn nach einem Sommerregen roch, wie Farben aussahen, wie er den Klang eines Instruments wahrnahm und wie Angst ihn ergriff, wie sich das Werkzeug in seiner Hand anfühlte, während er das Holz bearbeitete.

Meine Forschung baute mir wacklige Brücken über den Abgrund der Vergangenheit. Manchmal, in einem Dokument, einem Detail, einer Formulierung, einer Geste, fühlte es sich so an, als wäre diese Distanz blitzartig überwunden worden, als wäre die andere Person längst vertraut, ein Moment des Erkennens.

X

LONDON

Der emotionale Horizont meines unbekannten Freundes eröffnete sich nur auf sehr indirekte Weise. Die Geige bewahrte ihr Geheimnis. Ich hatte inzwischen viele Nächte lang daran gearbeitet, sie zu identifizieren. Die Ergebnisse dieser geduldigen, um nicht zu sagen verbissenen Suche deuteten immer mehr in eine Richtung, nämlich zu einer bestimmten Werkstatt in Venedig, die als einzige die stilistischen Elemente, das Zeitfenster und die Füssener Herkunft von Hanns miteinander vereinen konnte. Es war eine Art Familienähnlichkeit, die zwischen seiner Geige und den Instrumenten aus dieser Werkstatt bestand, eine Konstellation, bei der man bei Menschen unmittelbar weiß, dass sie entweder Geschwister sind oder dass es sich um einen Doppelgänger handeln muss, das unheimlichste Resultat, das jede Idee von Individualität und Persönlichkeit in Frage stellt.

Bei Geigen ging ich nicht von der Möglichkeit eines geisterhaften Doppelgängers aus, im Gegenteil. Eine Geige hat ihr Gesicht aus einem bestimmten Grund: weil ihr Erbauer sein Handwerk irgendwo gelernt hat, weil er in einer bestimmten Stadt arbeitete, für einen bestimmten Markt, in einer bestimmten Tradition stand. Diese Familienähnlichkeit also konnte kein Zufall sein. Niemand baut zufällig und am falschen Ort ein Instrument, das perfekt in die Formensprache einer anderen Schule passt, und niemand fälscht das Werk eines unbekannten Meisters.

So also kam ich auf den Gedanken, dass meine Geige von allen möglichen Kandidaten noch am ehesten zu einem gewissen Matteo Goffriller (1659–1742) passte, der als Mathias Friller oder Gfriller in Tirol geboren worden und 1685 nach Venedig gekommen war, um die Tochter seines älteren, aus Füssen stammenden Kollegen Martin Kaiser zu heiraten und auch dessen Werkstatt zu übernehmen.

Goffriller war einer der ehrgeizigsten und erfolgreichsten Produzenten seiner Zeit. Seine Werkstatt beschäftigte mehrere Arbeiter und einen ständigen Strom von Gesellen und *garzoni*, oder Lehrlingen, und er hatte über seinen Schwiegervater und seine Frau eine direkte Verbindung nach Füssen. Auch andere Kollegen in Venedig, deren Namen in den Archiven der Innung genannt werden, kamen von dort, was angesichts der langen Handelsverbindungen zwischen den Städten nicht überraschend ist.

Vieles an Goffrillers Biographie passte zu meiner Geige, die seine Reise von der deutschen zur italienischen Schule sozusagen ästhetisch nachvollzog, weil sie Stilelemente beider Einflüsse in sich vereinte. Noch interessanter waren die Details: die Ausformung der Ecken, die Proportionen, die Platzierung der f-Löcher, der Lack. Auffallend viele Instrumente zeigten hier Ähnlichkeiten mit meinem.

Allerdings war es auch in Goffrillers Fall nicht einfach, Instrumente zu finden, die eindeutig aus derselben Hand stammten. Einerseits waren da die eigensinnigen Details, die sich in kein Schema einfügen wollten: die kleine Schnecke, die starr nach außen gerichteten Ecken. Andererseits sprach vieles dafür, dass das Instrument gerade aus dieser Werkstatt kam, und auch wenn ich nicht alle Elemente in einem einzigen anderen Instrument von Goffriller vereint fand, so fand ich sie doch einzeln und gewissermaßen auf mehrere Instrumente verteilt.

Es war, als gäbe es nicht ein einziges, in allen Aspekten verschwistertes Instrument, sondern als hätten alle Instrumente eine gewisse Familienähnlichkeit, aber immer nur in bestimmten Aspekten. Es war ein verwirrendes Bild, und ich machte mich wieder auf den Weg zum Flughafen, diesmal zu TI in London, den ich schon seit 20 Jahren kannte, aus einer Zeit, während der ich als Journalist und Übersetzer in London gearbeitet hatte und TI noch bei Sotheby's war, wohin ich immer wieder vor Auktionen gepilgert war, um alte Meisterinstrumente zu bestaunen und auch zu spielen – das erste Mal, dass ich eine Stradivari oder eine Guarneri del Gesù einfach in die Hand bekommen hatte.

TI hatte sich längst selbstständig gemacht und stand nun einem kleinen, spezialisierten Auktionshaus vor, das sich ausschließlich mit seltenen und wertvollen Streichinstrumenten beschäftigte. Er war als ein hervorragender Experte bekannt und hatte sich bereit erklärt, die nicht identifizierte Geige genauer unter die Lupe zu nehmen. Natürlich hatte ich ihm Fotos geschickt, und TI hatte auch gleich geantwortet und selbst zwei Fotos beigelegt: ein Gesamtbild und ein Bild der Schnecke einer Bratsche eines gewissen Antony Posch, eines Füsseners, der Anfang des 18. Jahrhunderts kaiserlicher Hoflautenmacher in Wien wurde, der aber wohl nie in Italien gewesen war. Hier sehe er eine deutliche Verbindung, schrieb TI, wenn diese Geige überhaupt identifizierbar sei, dann sei es wohl eine Posch.

Zu meinem Erstaunen hatte MR enthusiastisch auf diese Theorie reagiert. Obwohl er die Geige selbst für ein italienisches Instrument gehalten hatte, schien es ihm angesichts der wirklich sehr ähnlichen Fotos mehr als plausibel, dass diese Geige um 1700 in Wien gebaut worden war und die Stadt vielleicht nie verlassen hatte, eine Idee, mit der ich mich nur schwer anfreunden konnte, wenn ich auch bereit war, sie zu akzeptieren, wenn es denn Beweise dafür gab.

Erst als ich schon in London angekommen war, hörte ich, dass TI im Ausland unterwegs war und stattdessen sein Kollege mich beraten würde. So stand ich am nächsten Morgen vor der Tür des Auktionshauses und klingelte. Eine Empfangsdame öffnete mir und brachte mich in den Verkaufsraum. Sie ging wieder. Ich war allein.

Wie Reliquien einer unbekannten Religion hingen die Geigen dicht nebeneinander an drei Seiten des Raums. Ein Assistent hatte mir einen Espresso gebracht, der Kollege, PH, war noch unabkömmlich und bat um Geduld. Auf dem Tisch lagen aber zwei Bildbände, geöffnet auf den Seiten, die Instrumente von Antony Posch zeigten. Soso, dachte ich mir, TI hat ihn also gebrieft.

PH war zuvorkommend, professionell und höflich. Er hatte sich die Fotos angesehen, jetzt betrachtete er die Geige. Ja, Füssen, das sei klar, sagte er, und einen italienischen Einfluss gebe es auch, aber was ich von der Posch-Hypothese halten würde? »Nicht viel«, entgegnete ich und vermeinte, in den Augen meines Gegenübers einen Moment lang ein mitleidiges Lächeln zu sehen. Natürlich will er, dass es ein italienisches Instrument ist, sagte dieses Lächeln, das ist viel romantischer und viel mehr wert, aber wir alle müssen die Wirklichkeit akzeptieren, wie sie ist.

»Ich hatte mich gefragt, ob es nicht aus der Werkstatt von Goffriller kommen könnte«, bemerkte ich.

»Goffriller?« PH sah mich zweifelnd an. »Nein, nie im Leben, es tut mir leid, aber das ist keine Goffriller, wirklich nicht. Aber wir können einen Vergleich machen. Ich habe zufällig zwei Goffriller im Safe. Dann können wir im Detail vergleichen. Einen Moment bitte, ich bin gleich wieder da.«

Einen Moment später kam er mit zwei Instrumenten zurück, einer wunderschönen, in venezianischem Rot lackierten, rennwagengleichen Meistergeige und einer zweiten, die farblich ähnlich war, aber weniger ausdrucksvoll in der Form, etwas höher gewölbt. Sie hatte offensichtlich ein bewegtes Leben hinter sich, denn die Ecken waren teilweise abgestoßen und ersetzt, und auf der Decke zeigten sich mehrere sorgfältig restaurierte Risse.

»Die hier ist ein echtes Schnäppchen«, sagte PH. »Das Schicksal war nicht immer gut zu ihr. Aber sie ist eine echte Goffriller, und diese hier«, er wies auf die andere, schönere Geige, »die ist etwas wirklich Besonderes, eine besonders gut erhaltene und sehr typische Arbeit. Und jetzt, hier, im Vergleich, wird deutlich, dass eins nichts mit dem anderen zu tun hat. Ihr Instrument ist in seiner Form einfach anders, weniger expressiv, mehr der süddeutschen Schule verbunden als dieses hier, ganz zu schweigen vom venezianischen Rot, das die ganze Glorie der Goffriller ist, während dieses Instrument eher von Bernsteingelb bis zu dunkelbraunen Schattierungen geht. Deswegen denke ich immer noch an Posch.«

Ob ich dieses Urteil annehmen wollte oder nicht – endlich hatte ich eine Zuschreibung von berufener Stelle, auch wenn sie überhaupt nicht zu dem passte, wovon ich selbst ausgegangen war, und viele meiner eigenen Nachforschungen nebensächlich erscheinen ließ. Während ich den bekanntesten italienischen Geigenbauern auf die Finger gesehen hatte, war meine Geige vielleicht das Produkt eines Wiener Hoflautenmachers und hatte die 300 Jahre seiner Existenz in verschiedenen Wiener Wohnungen verbracht.

Auch MR unterstützte diese Ansicht. »Vielleicht hat sie die Stadt niemals verlassen?«, frage er rhetorisch bei einer Tasse Kaffee, als ich ihm von meinen Reisen berichtete. »Vielleicht war Posch ja auch ein paar Jahre in Italien, um dort zu arbeiten, bevor er sich in Wien niedergelassen hat? Wer kann das schon wissen? Wir wissen ja überhaupt fast nichts über diese Füssener Meister und ihr Leben. Es könnte also gut sein, dass du da eine schöne Geige von Antony Posch hast, ein frühes Instrument.« Er war sehr gut gelaunt, als er das sagte, bemerkte ich, fast so, als wäre er erleichtert. »Aber wenn du das wirklich wissen willst«, fuhr MR fort, »der weltbeste Posch-Experte ist hier, im Kunsthistorischen Museum, du musst ihm nur einen Besuch abstatten, sein Name ist RH. Hofrat Dr. RH.«

XI

DER SCHARLATAN

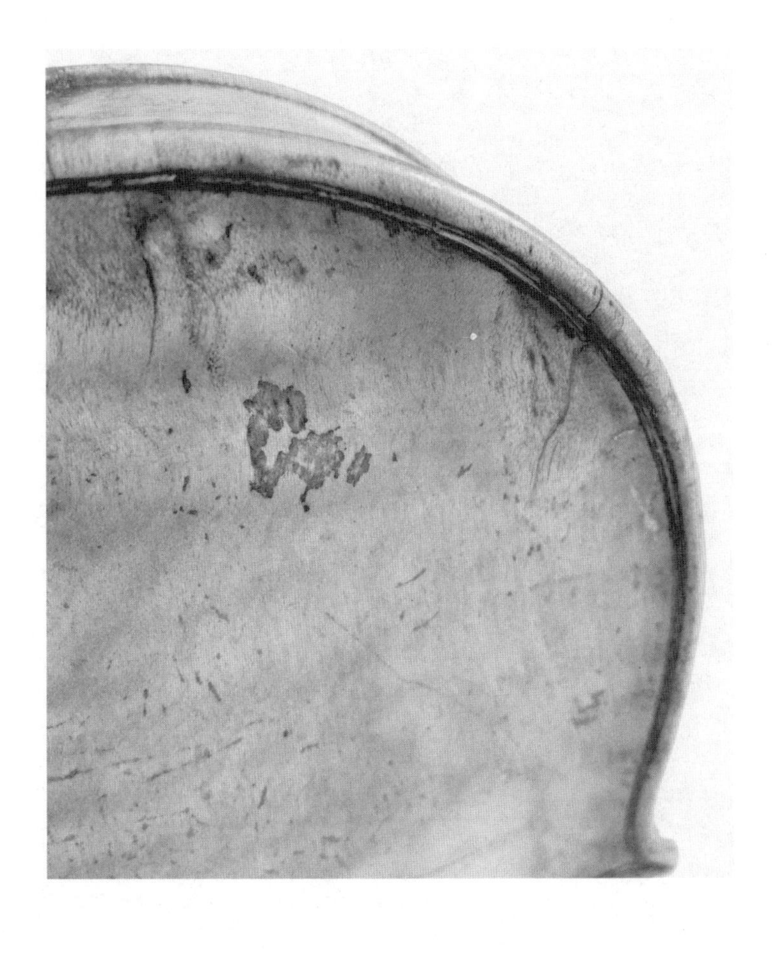

Auch in London hatte ich die Fragen um meine Geige nicht endgültig und vor allem nicht befriedigend beantworten können. Im Gegenteil: Mit jeder neuen Expertise bekam ich es mit mehr Fragen zu tun, mehr ungelösten Problemen, mehr Unsicherheiten. Nur eine wissenschaftliche Analyse würde imstande sein, zumindest einige dieser Kontroversen zum Verstummen zu bringen und einige grundlegende Fakten zu etablieren.

Die Untersuchungsmethode, die die besten Chancen bot, heißt Dendrochronologie, ein Wort, hinter dem sich im Prinzip das Zählen von Baumringen verbirgt, allerdings mithilfe von riesigen Datenbanken und gestützt von Algorithmen. Die grundlegende Idee ist verführerisch einfach: Bäume wachsen unterschiedlich, je nachdem ob es ein trockenes oder feuchtes, ein warmes oder kaltes Jahr war. In guten Jahren kommt mehr Holz dazu, in schwierigen weniger. So formen die Jahresringe ein Muster, das die Klimageschichte im Leben eines Baumes abbildet, etwa wie ein Barcode. Im Umkehrschluss lässt sich durch die Analyse der Baumringe nicht nur das Alter eines Stammes feststellen, sondern auch, in welchem Jahr der betreffende Baum gefällt wurde.

Wenn also die Klimageschichte einer Region Jahr für Jahr bekannt ist und wenn es genug Vergleichshölzer gibt, sollte das Muster aus weiten und engen Jahresringen eines beliebigen Stückes Holz klar identifizierbar sein. Der letzte Jahresring markiert dann das letzte bekannte Jahr, in dem der Baum noch gewachsen ist; rechnet man nun mit ein, dass bei der Verarbeitung in der Regel ein Stück des Holzes abgeschnitten wird, markiert dieser »letzte« Ring einen Zeitpunkt, der etwa fünf Jahre vor dem Moment liegt, in dem der Baum gefällt wurde. Wenn der letzte Jahresring auf 1700 datiert wird, dann muss der Baum also um 1705 gefällt und nach angemessener Lagerung verarbeitet worden sein.

Der immense Vorteil der Dendrochronologie ist, dass sie mit Fotos arbeitet und dem Instrument keine physischen Proben entnommen werden müssen. Heute braucht jedes seriöse Gutachten eine solche Bestätigung. Wenn die Geige einem Meister zugeschrieben wird, der nicht mehr lebte, als der Baum gefällt wurde, ist das ein relativ klares Zeichen, dass die Zuschreibung noch einmal zu überdenken sein dürfte.

MR hatte schon vor Jahren ein dendrochronologisches Gutachten der Geige anfertigen lassen, das aber ergebnislos geblieben war. Es gab einfach nicht genug Vergleichsmaterial, sagte der Gutachter, ein Niederländer. Ich versuchte es noch einmal, diesmal bei dem berühmten PR, einem weltweit führenden Dendrochronologen, der für einige der wichtigsten Händler, Auktionshäuser und Museen arbeitet.

Es dauerte endlose Wochen, bis PR mir sein Urteil schickte: unbekannt, unauffindbar, nicht ausreichend ähnlich, um irgendeinen Rückschluss zu erlauben. Nicht genug statistische Korrelation zu seiner Vergleichsdatenbank an Instrumentenhölzern, unbestimmbar. Ich rief ihn an. PR entpuppte sich als ein freundlicher und gesprächiger Zeitgenosse.

»Das passiert oft, dass sich ein Holz einfach nicht klar identifizieren lässt«, sagt er. »Jeder Baum ist zwar denselben klimatischen Bedingungen ausgesetzt, aber gleichzeitig wächst jeder Baum anders, je nach Helligkeit und Bodenbeschaffenheit, nach Höhe und umstehenden Bäumen, ob Tiere dran geknabbert haben, was für genetische Mutationen er trägt oder ob es Pilzbefall gegeben hat. Wir bemühen uns, aus verschiedenen Datenbanken ausreichend hohe statistische Korrelationen herauszufinden, die nach verschiedenen Faktoren gewertet und berechnet werden, und bei diesem Holz habe ich zwar Korrelationen gefunden, aber sie waren nicht stark genug, sie sind einfach statistisch nicht signifikant. Der Baum ist einfach komisch gewachsen. Das kann ganz leicht passieren: Der Baum daneben wird gefällt, und er bekommt plötzlich mehr Licht, oder er zieht sich einen Fungus zu und wächst langsamer, was für den Klang nicht immer schlecht ist, im Gegenteil.

Vielleicht aber hat der Geigenbauer damals auch einfach ganz anderes Holz genommen, etwas, was man sonst nicht nehmen würde. Vielleicht war er in Geldnot, oder er hat auf einer Baustelle ein Brett gefunden, das ihm gefiel. Ich habe schon Instrumente aus Türen und Schrankbrettern gebaut, die wunderbar klingen. Es geht nicht immer so einfach und geordnet. Es ist eine wunderschöne Geige, aber dendrochronologisch liefert sie keine Resultate.«

Ich frage ihn, ob er, der seit Jahrzehnten täglich alte Geigen sieht, eine Meinung dazu habe, wo sie herkomme.

»Wo sie herkommt? Das kann ich nicht sagen. Sie wirkt irgendwie venezianisch, ich würde da vielleicht an Deconet denken. Haben Sie sich das schon mal genauer angesehen?«

Nein, um ehrlich zu sein, hatte ich noch nicht an Deconet gedacht. Er hatte in der zweiten Hälfte des 18. Jahrhunderts in Venedig gearbeitet und war außerdem nicht Süddeutscher, sondern Franzose gewesen. Mehr noch: Michele Deconet stand im Zentrum einer großen wissenschaftlichen Kontroverse.

Deconet-Geigen sind heute gesuchte und hoch gehandelte Instrumente, und er wird als einer der letzten großen Exponenten der venezianischen Geigenbauschule angesehen. Umso erbitterter war die Diskussion, die ausbrach, nachdem ein italienischer Historiker mit ausgezeichnetem Überblick über die Archive in einer Publikation darauf hingewiesen hatte, dass es absolut keinen dokumentarischen Beweis dafür gebe, dass Deconet in seinem Leben auch nur eine einzige Geige gebaut habe. Die Debatte zog sich über Jahre hin, auch im Internet, wobei sie, wie in allen diesen Fällen, den Boden wissenschaftlicher Tatsachen irgendwann verließ. Wann immer Reputation und Geld im Spiel sind, wird gleich ganz anders debattiert.

Die Kontroverse begann, wie gesagt, als der besagte italienische Geigenexperte und Archivforscher, SP, in einem Artikel bemerkte, dass in den Dokumenten der venezianischen Innung, der auch die Geigenbauer angehörten, kein Hinweis auf einen Michele Deconet zu finden sei, oder auf eine Werkstatt in seinem Namen, oder darauf, dass er in einer anderen Werkstatt arbeitete. Er hatte nie Abgaben an die sonst so penible Innung gezahlt, und sein Name erschien nicht auf der Mitgliederliste, keine Aufzeichnung von Geigenbauern nennt ihn. Normalerweise durften nur Meister, die Innungsmitglieder waren und eine eigene Werkstatt unterhielten, auch Geigen verkaufen. Wer nicht das Geld und das Glück hatte, es bis zu einer solchen Werkstatt zu bringen, blieb sein Leben lang Geselle, Arbeiter für einen anderen.

Michele Deconet scheint dieses Schicksal irgendwie umgangen zu haben. Obwohl er weder eine Werkstatt noch einen Laden hatte, schien das Geschäft prächtig zu laufen. Tatsächlich gibt es einige sehr schöne Instrumente, die seinen Namen tragen, und es ist auch belegt, dass er selbst Instrumente mit seinem Zettel verkaufte. Aber SP argumentierte, dass er nicht selbst der Geigenbauer gewesen sein konnte und auch nie als Geigenbauer bezeichnet wurde, sondern dass er sich diese Instrumente bei einem oder sogar mehreren Handwerken anfertigen ließ, um sie dann unter eigenem Namen weiterzuverkaufen.

Angesichts seiner professionellen Tätigkeit ist es in keiner Weise respektlos, Deconet einen Scharlatan zu nennen, denn zeitgenössischen Dokumenten zufolge war er einer der *ciarlatani* – der fahrenden Musiker, Gaukler, Hellseher, Zähnezieher und Geschichtenerzähler, die während des Sommers in die umliegenden Dörfer und Städte zogen, um dort auf Hochzeiten oder bei Festen zu spielen und das Volk zu unterhalten, während sie während der langen Karnevalssaison in Venedig selbst Arbeit fanden. Sie lebten von einem großenteils provinziellen und gutgläubigen Publikum. Sie führten ihre Tricks vor, spielten ihre Stücke, zur Not auch bis der letzte Tänzer endlich betrunken in sich zusammengesackt war, und waren am nächsten Tag wieder verschwunden.

Deconet kam aus dem Elsass, und es gibt ein seltenes Zeugnis über ihn, ein frühes schriftliches Selbstporträt, das er 1743 verfasste:

> Michiel de Connet verließ im Alter von 14 Jahren sein Land um Soldat zu werden, lebte für etwa zwei Jahre in Paris und ging dann nach Venedig, wo er bis heute lebt, nicht ständig, weil er auch zu vielen Städten auf dem Festland gegangen ist um seine Arbeit zu machen, die eines Musikers [...]

Ein Mann, der schon als Halbwüchsiger zum Militär ging und den es dann als Musiker bis nach Venedig verschlug, hatte zweifellos mehr von der Welt gesehen als die meisten seiner Zeitgenossen, und er sah offensichtlich noch immer relativ viel davon. Als er heiraten wollte, gab ein Zeuge zu Protokoll: »Ich kenne sie seit etwa 14 Jahren, die Braut, weil ich mit ihrem verstorbenen Mann über Getreide verhandelt habe und den Bräutigam [...] weil er auf den Piazze seine Geige spielt und ich ihn in Mestre, Padova und Treviso gesehen habe.«

Als reisender Musiker, so argumentierte SP, war Deconet in einer idealen Position, um Instrumente mitzunehmen und in Städten zu verkaufen, die keine eigenen Instrumentenbauer hatten. Diese Instrumente konnte er von einem oder mehreren venezianischen Handwerkern beziehen, die so die strengen Regeln der Innung ihrer Stadt umgehen konnten, weil ihre Instrumente von Michele Deconet außerhalb Venedigs verkauft wurden – wenn auch mit dessen Zettel darin. Trotzdem fand er seine Freunde offenbar eher unter den fahrenden Leuten als unter den soliden Handwerkern in der Stadt. 1771 heiratete seine Tochter Teresa einen gewissen Gaspare Soranzo, den Sohn eines fahrenden Musikanten, der sich als Astrologe und Wahrsager beschrieb und der einen Großteil seiner Zeit auf der Straße zubrachte.

Es ist zumindest möglich, dass Deconet seine Geigenkunden so behandelte, wie sein Schwiegersohn seine ahnungslosen Klienten: dass er Geigen als seine eigenen ausgab, die nicht von ihm stammten. Denkbar ist jedoch auch, dass er vielleicht nur als jemand auftrat, der wusste, wo man gute Instrumente finden konnte, Instrumente, die dann seinen Namen trugen.

SPs Beobachtung wurde von Kollegen nicht gerade wohlwollend aufgenommen. Gegendarstellungen und Internet-Kontroversen entstanden um die Frage, ob Deconet tatsächlich ein wichtiger venezianischer Geigenbauer oder nur ein geschickter Betrüger gewesen sei, der noch heute Experten zum Narren hält und dessen Instrumente vielleicht sogar von verschiedenen anonymen Arbeitern stammten.

Die Diskutanten stellten Glaubwürdigkeit und Kompetenz des italienischen Privatgelehrten in Frage, er rechtfertigte sich wiederum und legte weitere Archivmaterialien vor; immer aggressivere Widerlegungen folgten, und irgendwann zog er sich einfach zurück – seitdem klafft das Thema offen und unbeantwortet, vielleicht unbeantwortbar. Wie immer in diesen Fällen ist es nicht unwesentlich, darauf hinzuweisen, welche Wertsteigerung eine sichere Zuschreibung bedeutet. Deconet, der Geigenbauer, kann sich am Markt für exklusive italienische Meistergeigen ausgezeichnet durchsetzen. Ob das auch für Deconet, den Scharlatan, der Fall wäre?

Meine Geige, das Werk eines Scharlatans? Tatsächlich ähnelt meine Geige in manchen Elementen denen des rätselhaften Signore Deconet, aber das wäre nicht weiter überraschend und wäre sogar zu erwarten, wenn das Instrument, das ich spiele, ebenfalls aus Venedig kommen würde. Deconets produktive Zeit allerdings lag in der zweiten Hälfte des 18. Jahrhunderts, also um Jahrzehnte zu spät. Ratlosigkeit schlich sich in meine Überlegungen ein. Vielleicht würde ich niemals mehr herausfinden können.

XII

EIN AKZENT

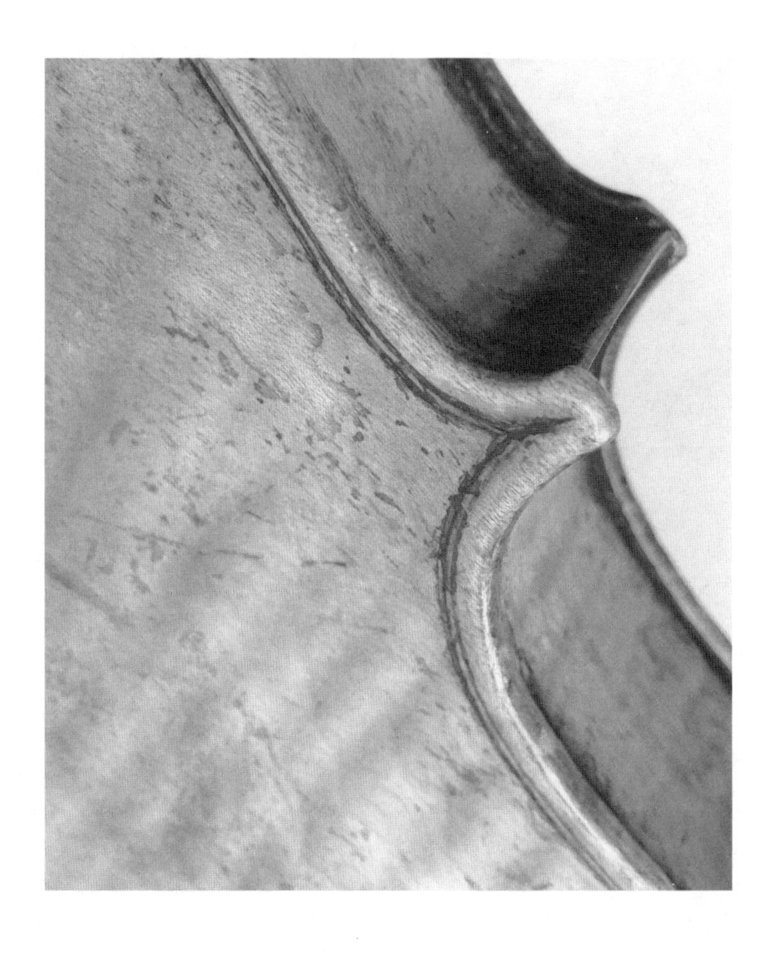

MRs Beobachtung, dass meine Geige »mit einem kleinen Akzent« gebaut worden war, traf bei mir auf einen besonders fruchtbaren persönlichen Resonanzboden. Das Leben mit Akzent war mir vertraut, aus meiner Familie schon. Später, als Erwachsener, hatte ich selbst in verschiedenen Ländern gelebt. Wo auch immer ich hinging, war ich derjenige, der einen Akzent hatte, eine kleine, aber hartnäckige Eigenart im Zungenschlag, die mich von den anderen, den normalen Leuten unterschied.

Wer mit Akzent spricht, gehört nie wirklich dazu, aber das hatte mir von Anfang an wenig ausgemacht, denn ich hatte es eigentlich nie anders gekannt. Ich war zwischen Menschen aufgewachsen, die einen Akzent hatten. Da war meine Großmutter, die ursprünglich aus Hamburg kam, aber schon seit Jahrzehnten in den Niederlanden lebte und inzwischen weder Holländisch noch Deutsch mehr richtig sprechen konnte, ein manchmal komisches, manchmal beängstigendes Gewirr von Worten und Redensarten, Schlagern aus der Vorkriegszeit und Phrasen aus dem Radio; da war meine Mutter, die noch immer holländische Ausdrücke im Deutschen verwendete und die immer jemand anders wurde, wenn sie wieder in den Niederlanden war, dem Land ihrer Kindheit und Jugend. Hier war sie jung und ausgelassen und fast wie ein Mädchen, während sie zu Hause, auf Deutsch, viel ernsthafter war, erwachsener. Hier arbeitete sie, und da waren ihre Kollegen an der Musikakademie, Musiker aus aller Herren Länder, die sich vor der globalen Dominanz des Englischen in verschiedenen Varianten von Deutsch, Französisch, Englisch, Russisch und Japanisch unterhielten und einander dementsprechend häufig missverstanden.

All diese Exilanten waren im kleinen Detmold angespült worden, weil sie dort eine Anstellung bekommen konnten und einen Professorentitel, die Rettung vor der unsicheren und nervenaufreibenden Existenz des freien Musikers. Ich hatte diese Atmosphäre geliebt, die Offenheit für komplizierte Identitäten und komplexe Familien, für persönliche Verzweiflung, für spontanes Feiern und lange Essen in gelöster Stimmung mit Wein, Anekdoten und zunehmend schlechten Witzen an einem riesigen Tisch in irgendeiner Pizzeria nach gelungenen Konzerten, die seltsamen Perspektiven und die ungewohnten Ausdrucksarten, vor allem aber die gemeinsame Konzentration auf etwas, auf Musik, auf Ausdruck, auf Technik und Kommunikation, das völlige Sich-Verlieren in einer Herausforderung, sodass die Sprachunterschiede vergessen sind, denn die gemeinsame Sprache ist eben in der Musik, die wie mathematische Formeln ein eigenes Idiom ist, gestützt von zahllosen Stunden des Übens.

Die Unterschiede, die Abgeschiedenheit und Einsamkeit der Exilanten löste sich auf, wenn sie gemeinsam spielten, gemeinsam tranken oder miteinander schliefen, denn es gab immer Geschichten, immer geheime Affären und gebrochene Herzen, meistens Frauenherzen, wie das meiner Patentante, einer Pianistin, die ihr Leben als Wiener Gräfin begonnen hatte und später in Detmold unterrichtete, nicht, weil sie eine große Pianistin oder von Anfang an eine leidenschaftliche Pädagogin war, sondern weil sie als höhere Tochter nichts anderes tun konnte als Klavier spielen, und nachdem sich ihr Vater durch Spekulation ruiniert hatte, musste sie ihren eigenen Lebensunterhalt bestreiten.

Sie war zu unabhängig, um als Ehefrau irgendeines Mannes auf eine eigene Karriere zu verzichten, heiratete einen Sänger und hatte ein Kind, ließ sich scheiden und hatte Glück, gleich bei der Gründung der Akademie eine Professur zu bekommen. N sprach mit einem wunderbaren Wiener *accent* und lebte auch damit. Alles an ihr war elegant, ironisch, eine *grande dame*; und gleichzeitig verbarg sich hinter dieser Fassade, die so rigide und so makellos war wie ihre immer gleiche Föhnfrisur, die Einsamkeit einer Frau, die ihr ganzes Leben hindurch Menschen, die ihr wichtig waren, verloren hatte, die ihre weltstädtische Heimat und ihre Zukunft eingebüßt hatte und jetzt irgendwo auf dem Land Musikunterricht gab.

Und da war B, meine Geigenlehrerin. Sie war die Verkörperung eines Lebens mit Akzent. Sie kam ursprünglich aus Wolverhampton in Großbritannien und war als Studentin nach Detmold gekommen und dann irgendwie hängen geblieben, inzwischen bei den zweiten Geigen des Lippischen Landestheaters. B galt als exzentrisch. Sie durchlief riesige Stimmungsschwankungen, und man wusste nie, ob man sie gelöst und witzig und voller Anekdoten antreffen würde oder wütend und enttäuscht und voller Hass gegen die Kollegen, denen die Musik, wie sie häufig sagte, egal zu sein schien. Sie lebte allein mit zwei Katzen, sie konnte in enorme Monologe ausbrechen, mit einer erstaunlichen, lang aufgestauten Wut auf den Konzertmeister, die Pultnachbarn und ganz besonders den Dirigenten: »Er dirigiert, als ob er *hasst* alle Musik!«, rief sie dann aus, mit großer Emphase und charakteristischem Satzbau, denn auch nach 30 Jahren in Deutschland sprach sie alles als Engländerin aus und beugte sich nur selten irgendwelchen sinnlosen grammatischen Regeln.

B redete wie jemand aus einer Fernsehkomödie, aber sie lebte für die Musik, für den Respekt vor der Arbeit am Detail, dem Wissen über Stile, der Leidenschaft, mit der jede Note gespielt werden musste. Sie war keine herausragende Geigerin, aber sie übertrug mir diese Leidenschaft. Sie ließ mich nicht nur Lagenwechsel und Bogenführung und anderen technischen Kram verstehen, sondern auch, dass Musik Einsamkeit überwinden kann, dass ihr entwurzeltes Leben und ihre Liebe zu ihrem Instrument zwei Seiten einer Medaille waren, für sie und für viele andere.

Als Junge, wenn ich bei der Familie in den Niederlanden zu Besuch gewesen war, hatte ich Angst davor gehabt, dass man mir anhören könnte, dass ich Deutscher war. Ich hatte rasch Holländisch gelernt und konnte mich so ausdrücken, dass andere Kinder, mit denen ich Fußball spielte oder die ich sonst traf, nicht sofort bemerkten, dass ich nicht von hier war. Ich wollte einer von ihnen sein, dazugehören, ohne großes Fragen, ohne Bemerkungen. Inzwischen hatte ich mich damit arrangiert, dass sogar mein Deutsch eine seltsame Assemblage aus verschiedenen Sprachen geworden war, mit Elementen, die irgendwo zwischen Hamburg und Wien entstanden waren, mit Umwegen über verschiedene Jahrhunderte und sprachliche Begegnungen mit verschiedenen Ländern. Ich lebte ein Leben mit Akzent. Auch deswegen war ich entschlossen, mehr herauszufinden über den Akzent meiner Geige, über das Leben desjenigen, der sie gebaut hatte.

Noch ein weiterer Akzent, eine gedankliche Verbindung erschien immer wieder vor meinem geistigen Auge, wenn ich versuchte, mir Hanns vorzustellen, eine Verknüpfung, die so stark war, dass der alte, seit Jahrhunderten verstorbene Handwerker die Gesichtszüge des Menschen annahm, an den ich immer wieder denken musste.

Direkt nach meinem Studium hatte ich in einem Londoner Verlag gearbeitet und dort das Glück gehabt, Lektor von WGS zu sein, dessen elegische Meisterwerke über das Exil und die Erinnerung ihn spät in seiner Karriere nicht nur berühmt werden ließen, sondern ihm einen direkten Weg ins literarische Pantheon des 20. Jahrhunderts ebneten. Mehrere Male arbeitete ich mit dem Autor zusammen an der Übersetzung seines Textes. Einmal verbrachte ich einen ganzen Tag über die Seiten gebeugt bei ihm zu Hause in Norfolk, wohin er schon als junger Mann ausgewandert war.

WGS stammte aus Wertach, 22 Kilometer Luftlinie von Füssen entfernt, einem Städtchen mit 2500 Einwohnern, etwa eine Tagesreise am Fuße der Alpen entlang im 18. Jahrhundert. Seine ruhige, behutsame und aufmerksame Art, seine tiefe Stimme, die immer klang, als würde er irgendetwas zutiefst bedauern, Haar und Schnurrbart grau meliert, der Haaransatz hoch über den dunklen, tiefgesetzten Augen – Hanns verschmolz in meiner Fantasie mit diesem Autor, der so viel über die Sinnlosigkeit von Verlust und Gewalt und über die Ausgewanderten geschrieben hatte, dass es fast schien, als würde sein Schicksal ihn parodieren, als er bei einem trivialen Autounfall durch einen Herzinfarkt ums Leben kam.

Natürlich weiß ich, dass der erfundene Hanns und der sehr reale WGS nichts oder doch viel zu wenig miteinander zu tun haben, um vom einen auf den anderen zu schließen, aber ich konnte mir WGS gut als Geigenbauer vorstellen. Er hatte die Geduld dafür, das Gefühl für Form und Notwendigkeit, die Liebe zum Detail, die sichere, geübte Geste, die Achtung vor dem, was vor ihm gekommen war, und das Bewusstsein, dass die alten Formen zerbrochen waren, dass andere Antworten gefunden werden mussten, um das Ziel zu erreichen, und dieses Ziel war der perfekte Klang, die Resonanz, die über alle Distanzen trug und Jahrhunderte umarmen konnte.

Man muss nur bis ins 17. Jahrhundert zurückgehen, und es ist ziemlich sicher, dass beide Männer auf irgendeine Weise miteinander verwandt gewesen sind, wenn nicht eine der beiden Familien erst durch den Krieg als Flüchtlinge in die Gegend verschlagen wurde oder im Rahmen einer »Repeuplierung«, also einer geplanten Ansiedlung von Migranten, wie sie weitsichtige Landesfürsten nach Epidemien oder Kriegen unternahmen, hierhergekommen waren. Wie dem auch sei, in meiner Vorstellung sind sie einander geistesverwandt. Sie hätten einander verstanden, auch wenn Hanns nichts von deutscher Nachkriegsliteratur wusste und WGS wenig über Geigen. Sie hätten einander erkannt.

Der Akzent der Geige drückt sich darin aus, dass dieses Instrument eigentlich Italienisch spricht und italienisch aussieht, dass aber in seiner Konstruktion und seiner Form kleine Elemente der deutschen Muttersprache zurückgeblieben sind, die sich mit dem neuen Idiom vermischen.

Ob Hanns auch so gelebt hat, mit Akzent? Hat er Italienisch mit einem schwäbischen oder Tiroler Zungenschlag gesprochen? Machten sich andere hinter seinem Rücken über ihn lustig? Gab es, wie bei so vielen Emigranten, unausrottbare Fehler, die sich den Rest seines Lebens hielten, Worte, die er immer verwechselte oder nach langen Jahren noch falsch aussprach? Mit wem sprach er Deutsch? Hatte er Familie da, wo er landete, und sprachen die anderen in seiner Werkstatt seine Muttersprache?

Hartnäckige Fehler in der Aussprache oder dem Gebrauch von Wörtern können einen Menschen zum Außenseiter stempeln – sie können allerdings auch eine Tarnung sein. Ich hatte das im Falle meiner alten Geigenlehrerin B erst sehr, sehr spät begriffen. Sie war in der englischen Provinz geboren, in eine Familie mit relativ viel Geld, aber wenig Kultur. Aus dieser Enge war sie geflohen, erst nach London, dann ins kleine Detmold, um bei einem bestimmten Lehrer Unterricht zu nehmen, einem ungarischen Virtuosen, der als großer Musiker bekannt war und sicherlich nie die Karriere gemacht hatte, die seinen großen Gaben entsprach, der aber ebenso dafür berüchtigt war, besonders von seinen Studentinnen zu erwarten, dass sie sich auf sehr unterschiedliche Weise bei ihm erkenntlich zeigten. B, das hatte sie immer wieder angedeutet, war nicht glücklich gewesen in ihrer Zeit bei ihm.

All das war lange her, aber B war noch immer in Detmold. Alle, die sie kannten, lachten oder lächelten über ihren Sprachgebrauch, ihren erstaunlichen Sinn für Humor, darüber, dass sie immer wieder sagte, sie sei »übergezogen«, wenn sie meinte, ihr Konto sei überzogen, was angesichts ihres winzigen Gehalts sehr oft der Fall war.

Diese Äußerlichkeiten fokussierten die Neugier der anderen auf ihre exzentrischen Redensarten und ihre seltsame Aussprache – und lenkten von ihrem eigentlichen Anderssein, von ihrem sehr diskret geführten persönlichen Leben ab. Was daneben viel weniger auffiel, war, dass die liebenswürdig ungewöhnliche Engländerin mit ihren beiden Katzen Tristan und Isolde und ihren Geschichten und ihrer fanatischen Liebe zur Musik eigentlich Frauen liebte, eine Leidenschaft, die sie zu Hause in Wolverhampton direkt nach dem Krieg wohl unmöglich ausleben konnte und die auch in der deutschen Provinz erhebliche Vorsicht erforderte.

Jetzt, wenn ich mir B vor Augen holte, bestand kein Zweifel mehr daran, zumal sie sich Jahre nach meinem Weggehen aus Detmold entschlossen hatte, mit einer Frau zusammenzuleben, einer Cembalistin, die sie in mehr als einer Hinsicht begleitete. Auch das aber wurde immer als eine Künstlerfreundschaft dargestellt, nicht als die tiefere Partnerschaft, die es wirklich war. Bs Hosen und kurz getragenen Haare, ihr offensichtliches Interesse an jüngeren, hübschen Frauen und die Gemütsschwankungen, die wohl ein Resultat von Trauer und Einsamkeit waren, hätten mich eher darauf bringen können, aber so viel war hinter der Fassade der Exzentrikerin verschwunden, dass ich mir diese Frage tatsächlich nie vorher gestellt hatte.

Die Fremde, die ihren Akzent nicht ablegen konnte, einen Akzent, den sie gleichzeitig als taktisches Ablenkungsmanöver nutzte, fand es vielleicht trotz ihrer prekären Situation einfacher, in der Fremde eine Fremde zu sein, als es zu Hause sein zu müssen. B war in Deutschland immer die Engländerin geblieben, hätte sich aber auch in die englische Gesellschaft nach so vielen Jahrzehnten wohl nicht mehr eingefunden und hätte ihr Leben lang über den vielleicht wichtigsten Aspekt ihres Lebens schweigen müssen.

Wie war es 300 Jahre zuvor einem jungen Mann wie Hanns gelungen, mit diesem Teil seines Lebens umzugehen? Wo konnte ein Einwanderer Liebe finden oder Befriedigung, eine Partnerschaft oder eine Familie? Hatte er eine Geliebte oder sogar (was gefährlich war) einen Liebhaber? Konnte er heiraten und eine Familie gründen, oder war er ein Leben lang angewiesen auf diskrete Arrangements oder bezahlte Berührungen?

Mit einiger Wahrscheinlichkeit – zumindest dem Alter der anderen Lehrlinge nach zu urteilen, die über die Alpen geschickt wurden – war Hanns noch ein Kind, als er in Italien ankam. Wer so früh in ein neues Land kommt, kann die neue Sprache vielleicht noch perfekt oder fast perfekt lernen, wenn er ein Ohr dafür hat, was seltsamerweise nicht dasselbe ist wie Musikalität – siehe B. Auch wenn er es aber geschafft haben sollte, akzentfrei zu sprechen, sein Name und vielleicht auch sein Aussehen wiesen ihn als jemanden aus, der kein Einheimischer war. Die deutschen Auswanderer italienisierten ihre Namen normalerweise, aber ihre Familie, ihre Kirchengemeinde, ihre Kollegen kamen meist aus derselben kleinen Nachbarschaft und entstammten häufig der eigenen religiösen oder sprachlichen Gemeinschaft.

Die ersten Jahre in Italien dürften entscheidend dafür gewesen sein, wie erfolgreich sich ein junger Mensch wie Hanns einfinden konnte in sein neues Leben und die Gemeinschaft um ihn herum. Wenn er tatsächlich schon als Kind auf die Reise geschickt wurde, fiel diese Zeit der Orientierung in einer neuen Welt zusammen mit seiner Pubertät. Die häufig mangelhafte Ernährung der Kinder bedeutete, dass die Pubertät damals später einsetzte als heute, und da er sich auf den Weg machen musste, ist wohl anzunehmen, dass seine Eltern relativ arm waren. Es ist also durchaus möglich, dass er erst mit 14 oder 16 in die Pubertät kam, wie auch andere Kinder zu dieser Zeit.

Europäische Gesellschaften hatten damals kein Konzept von Pubertät, keinen Ort in ihrer sozialen Ordnung für das Leben als Teenager. Wer einmal »mannhaft« wurde, war ein Mann und wurde als solcher behandelt, konnte Soldat werden, als Erwachsener verurteilt und hingerichtet werden. Mädchen konnten schon mit 14 oder 15 Jahren verheiratet werden, obwohl gerade im Milieu der Handwerker relativ späte Ehen die Regel waren, weil oft das Geld zur Gründung eines eigenen Haushalts fehlte.

Es bestand also für Hanns und andere junge Einwanderer eine erhebliche Lücke zwischen Pubertät und Partnerschaft.

Der innere Tumult des Heranwachsens war auch damals schon bekannt und wurde in der Form von Figuren wie dem ewig verliebten Cherubino in Mozarts Oper *Die Hochzeit des Figaro* mit satirischem Brio dargestellt, aber im alltäglichen Leben hatte er keinen Platz. Das Leben in einem Körper, der sich veränderte, der einen mit neuen Lüsten und neuen Gefühlen konfrontierte, war noch nicht als Thema einer bürgerlichen Literatur entdeckt worden. Es passierte eben, man lebte damit, so gut man konnte, sprach darüber so wenig wie möglich. Die Adoleszenz war wenig mehr als eine gefährliche Störung in der sonst geradlinigen Entwicklung vom Kind zum Erwachsenen.

Diese gefährliche Passage wurde je nach Jahrzehnt, Gebiet, Religionsgemeinschaft und sozialem Rang oft sehr unterschiedlich interpretiert. Vor der Aufklärung galt beispielsweise Masturbation zwar als Sünde, aber nicht als eine besonders wichtige. Fast überall in Europa verfolgte und bestrafte die Kirche gemeinsam mit den weltlichen Mächten sexuelle Praktiken wie außerehelichen oder gleichgeschlechtlichen Sex, aber niemandem wurde der Prozess gemacht und niemand wurde der Inquisition übergeben, weil er oder sie dabei überrascht worden war, Hand an sich selbst anzulegen.

Erst mit der Aufklärung und ihrem Ehrgeiz, den Menschen in ein rationales Wesen zu verwandeln und völlig zu kontrollieren, wurde »Onanismus« zur gefährlichen Krankheit erklärt, die es um jeden Preis zu bekämpfen galt – vielleicht ganz einfach weil die solitäre Lust sich jedem aufgeklärten Regime entzog und nicht einmal durch die Logik des Kapitalismus zu disziplinieren war. Selbstbefriedigung war irrational, kostenlos, zutiefst anarchistisch und gefährlich autonom. Daher der Furor, mit dem viele aufgeklärte Ärzte, Philosophen und Pädagogen dagegen wetterten.

Hanns durchlebte seine Kindheit und Pubertät nicht in Gesellschaft von Philosophen, sondern in einem Milieu von Auswanderern, von kleinen Leuten, Arbeitern und Handwerkern. Es ist daher unwahrscheinlich, dass diese gelehrten und meistens in Druckform erscheinenden Debatten eine direkte Auswirkung auf ihn hatten. Hanns wird das Glück gehabt haben, seine Pubertät zu erleben, bevor die aufklärerische Hysterie um jugendliche Sexualität um sich griff. In seiner Gemeinschaft kam moralische Orientierung aus der Praxis des täglichen Zusammenlebens auf engstem Raum und die offizielle Version aus der Kirche. Es gab also wenig Platz für sexuelle Selbstentfaltung – gleichzeitig aber eine gewisse robuste Toleranz für die Wege der Natur, solange darüber geschwiegen wurde.

So entstanden und so tradierten sich die Verhaltensregeln einer kleinen Gemeinschaft innerhalb einer mehr oder minder fremden Welt. Gleichzeitig aber verbrachte Hanns seine Jugend sehr wahrscheinlich in einer großen Stadt, in der es nicht nur vielfache Versuchungen gab, sondern auch ein intensives politisches Klima von Debatten und Kontroversen, die meist über Pamphlete und Flugblätter verbreitet wurden und die auch diejenigen erreichten, die selbst nicht lesen konnten. Neuigkeiten und Gerüchte wurden in der Taverne, auf der Straße, auf dem Markt und in der Werkstatt diskutiert, Satiren und Polemiken wurden oft heimlich verkauft und an Straßenecken von kleinen Menschengruppen vorgelesen, kommentiert und diskutiert.

So viel brodelndes, anarchistisches Potenzial wurde von Regierung und Kirche mit dem größten Misstrauen betrachtet. Zahllose Verordnungen, Gesetze, Polizeimaßnahmen und Gerichtsfälle belegen, dass schon damals vor allem junge Männer eine erhebliche Herausforderung für die öffentliche Ordnung darstellten, insbesondere, wenn Sex, Alkohol oder Sport im Spiel waren. Schon damals waren sich die Älteren sicher, dass aus der folgenden Generation nichts werden könne, dass sie überreizt und verweichlicht waren, dass Lust schädlich sein musste, wie zum Beispiel Kardinal Silvio Antoniano schrieb, einer der Protagonisten der italienischen Gegenreformation:

> Heranwachsende sind vergnügungssüchtig, gierig und immer bereit, mehr zu nehmen [...] schnell gelangweilt vom Alten und bereit für irgendetwas Neues. Ihr Begehren ist wie der Durst eines Mannes, der von einem hohen Fieber genest: unersättlich. Junge Männer finden nur Vergnügen beim Jagen und Reiten, sie verschwenden Geld, sind völlig unpraktisch und hören nicht auf guten Rat. Sie sind leicht zu täuschen, formbar wie Wachs und gesellig nur mit ihresgleichen, wo sie rasch Freundschaften schließen, wenn es zu mehr Vergnügen führt, zu Späßen und Spielen.
>
> Viel mehr könnte noch gesagt werden über die Sünden der Jugend, aber ihr schlimmster Feind, wie schon Philosophen durch die Jahrhunderte bemerkt haben, ist das sexuelle Begehren, das ihr Leben beherrscht. Die Inkontinenz des Fleisches, die die meisten von ihnen infiziert hat und gegen die sie keinerlei Widerstand haben, besonders, wenn ihnen die Hand eines strengen Vaters fehlt.

Ob Hanns einen Meister fand, der ihn als strenger Vater wie seinen eigenen Sohn behandelte, oder einen, der in ihm nichts als eine billige Arbeitskraft und einen lästigen Esser sah, wird viel ausgemacht haben, denn die Umgebung, die er bei seinem Arbeitgeber vorfand, bestimmte fast jeden Augenblick des Tages. Die Bewohner des Hauses aßen und arbeiteten zusammen. Meist schliefen sie zu mehreren Personen in einem Raum oder sogar einem Bett, und es war nicht ungewöhnlich, dass sich auf dem Land Eltern und Kinder eine Schlafstätte teilten.

Es ist kein Fall eines Füssener oder Tiroler Lehrlings bekannt, der in Italien auf eine Schule geschickt oder sonst formell erzogen wurde – aber es gibt allgemein so wenig konkrete Details über das Leben dieser Arbeiter. Es ist wahrscheinlich, dass

Hanns als Junge und als junger Mann wenig mitbekam von der Aufklärung, die gerade begann, und von den aufklärerischen Erziehungstheorien, die mit den besten Absichten der Welt so viele junge Menschen gebrochen haben.

Ein Akzent zieht sich durch alle Lebensbereiche. Er bleibt hartnäckig und unausrottbar zurück, wie der unverkennbare Duft eines Parfums oder der Geruch nach einem bestimmten Gewürz, nach Zigaretten oder nach Alter, der sich in den Kleidern festsetzt. Vom Intimsten bis ins Öffentlichste sind alle Aspekte gefärbt von diesem Zungenschlag.

Geht es zu weit zu vermuten, dass sich der Akzent, mit dem ein Mensch vielleicht gesprochen und gelebt hat, auch in seiner Arbeit wiederfindet? Wenn ich mich an Bs Geigenunterricht erinnerte, dann fiel mir auf, dass ihr künstlerischer Akzent von ihren Lehrern aus London und später aus Ungarn und Russland kam, und diese Akzente ergaben eine neue, wenn auch nicht reibungslose Synthese unter meinen Fingern. Das Idiom und der Akzent sind immer da. Im Falle von Hanns lässt sich dieser Akzent nur aus kleinen Details seiner Arbeit rekonstruieren. Die Ecken der Geige, die gerade gestellten f-Löcher und die filigrane Schnecke, die vage an ein Stück nordeuropäischer gotischer Kirchenarchitektur erinnert, all dies spricht seine eigene, leicht gefärbte Sprache, und in dieser Färbung liegt die ganze Persönlichkeit, ihr Reichtum.

XIII

VERBINDUNGEN

Man müsste die Adersysteme herauspräparieren können wie bei einem anatomischen Modell, die unendlich vielen Teilungen und Verbindungen und kommunizierenden Gefäße eines Menschenlebens, wie das Wurzelsystem eines Baums, das mit dem aller umstehenden Bäume verwoben ist und die feinsten Antennen in immer neue Tiefen vordringen lässt. Hanns, mein unbekannter Freund, lebte in einer Welt von intensiven und häufig unerwarteten Verbindungen. Diese Verbindungen waren noch nicht so alltäglich und so selbstverständlich global und anonym, wie sie es heute sind, aber auch Hanns war untrennbar verbunden mit dem Leben und Arbeiten, dem Leiden und dem Profit von Menschen, über deren Existenz er nichts wusste, die er nie treffen sollte.

Das Holz etwa, mit dem er täglich hantierte, zeugt von dem globalen Netzwerk, in dem Hanns sich bewusst oder unbewusst bewegte. Das Fichtenholz für die Decke der Instrumente kam, wie er selbst, meist aus den Alpen, besonders aus den Dolomiten, wo die Bäume auf kargem Boden und in großer Höhe besonders langsam wuchsen und dichtes Holz produzierten, das in langen Stämmen den Piave hinunter nach Venedig geflößt wurde.

Auch der Ahorn, der meist für die Zargen (die Seiten) und den Boden verwendet wurde, kam über das Wasser, diesmal aber über die Adria, denn der beste Ahorn wuchs im damals noch osmanischen Serbien und Bosnien, von wo aus er in Flößen in die Lagune von Venedig geschleppt und dort einige Zeit lang gewässert wurde, bevor er zum Trocknen auf Land kam. Das Pappelholz, aus dem die stabilisierenden Einlagen im Innern des Instruments oft gefertigt wurden, war weich und nicht sehr anspruchsvoll, es wuchs auch in Norditalien entlang der Flüsse und an anderen ausreichend feuchten Orten.

Für andere Hölzer und Materialien griffen Instrumentenbauer auf die Verbindungen zu fernen Kontinenten zurück und benutzten Elemente, die über Hafenstädte wie Venedig nach Italien importiert wurden. Die Gründe dafür waren teilweise ästhetisch und teilweise notwendig, um ein Instrument ideal benutzbar zu machen und zum Klingen zu bringen: Das Griffbrett und der Saitenhalter waren mit exotischen Harthölzern furniert, die feinporig waren und farblich schön mit dem lackierten Instrument kontrastierten. Meist verwendete man Ebenholz aus Brasilien oder aus Westafrika für das Griffbrett, das dem vieltausendfachen Druck der Finger auf den Saiten standhalten muss, ohne sich zu verwerfen oder tiefe Rillen zu bilden. Manchmal aber verwendeten Geigenbauer auch Palisander, Rosenholz und andere Hölzer aus der Levante und Mittelasien, aus kolonisierten Gebieten rund um den Äquator.

Für die Bögen wurden andere tropische Holzarten verwendet, einschließlich südamerikanischen Permambouks und Schlangenholzes, das so selten und teuer war, dass es bisweilen rationiert werden musste oder monatelang überhaupt nicht auf dem Markt zu finden war. Nur diese Hölzer aber hatten die ideale Feinporigkeit und die Eigenschaft, sich über Hitze formen und biegen zu lassen, die einen guten Bogen ausmacht.

Neben Elementen, bei denen die klanglichen und funktionalen Eigenschaften unerlässlich waren, gab es auch Verzierungen, Einlagen und Ornamente, die je nach Geschmack und nach Preisklasse des Instruments aus unterschiedlichen Materialien bestanden, die den ganzen Globus abbildeten: Silber und Gold aus Bergwerken von Peru bis Bulgarien, Perlmutt aus tropischen Meeresschnecken oder Cephalopoden im südasiatischen Raum und afrikanisches Elfenbein und Schildpatt, das aus dem Panzer der Karettschildkröte gewonnen wurde, unter anderem im indischen Ozean und in der Karibik.

Und dann der Lack, dem immer wieder geheimnisvolle Rezepturen und mysteriöse Mächte zugeschrieben werden. Tatsächlich hatten verschiedene Werkstätten und Schulen unterschiedliche Rezepturen, unterschiedlich viele Grundierungen, Farb- und Lackschichten, aber sie waren alle auf denselben Grundbestandteilen aufgebaut: Leinöl oder Alkohol und Terpentin, die regional hergestellt werden konnten, und darin gelöst Harze wie Benzoe aus Südostasien, Mastix von der Levante, Sandarak aus dem Maghreb und tiefrotes Drachenblut aus Sumatra.

Eine Geige – das war der globale Markt des 17. Jahrhunderts in Miniatur. Ein dichtes Netz verband schon damals die Instrumente mit anderen Kontinenten, Kulturen und Märkten, mit Sklavenarbeit, langen Karawanen, Reisen über den Ozean, mit Kreaturen aus grellbunten Korallenriffen, mit der brutalen, weltweiten Landnahme der europäischen Handelsmächte, mit riesigen Bäumen im Regenwald, die krachend eine Schneise ins Blättermeer rissen, wenn ihre enormen Stämme unter Axthieben fielen, mit der tropische Hitze und den stahlblauen Schatten des ewigen Schnees.

Das persönliche Netzwerk, in dem Hanns sein Leben verbrachte, erstreckte sich nicht über Kontinente, aber es war ausgedehnter als das vieler anderer Menschen seiner Zeit, denn er war nicht nur Teil einer süddeutschen Diaspora in Italien und ganz Europa, sein Beruf brachte ihn auch in Kontakt mit Musikern aus aller Welt, mit Reisenden, Theaterleuten und Herrschaften – und mit den Händlern und der Welt des Hafens, wo er seine Materialien bezog und wo Menschen, Sprachen, Kostüme und Waren ein Fenster boten auf die Unendlichkeit und Verschiedenheit der Länder jenseits des Ozeans.

Minderheiten hatten immer eine prekäre Position. Nicht nur die Juden Europas wurden immer wieder Opfer von Pogromen – soziale Spannungen oder private Eifersucht konnten immer wieder gefährlich werden und zu Gewaltausbrüchen führen. Einwanderer durften zu ihrer eigenen Sicherheit nie vergessen, dass sie immer verwundbar blieben.

Emigranten aus Deutschland kamen aus dem Land der Reformation und standen deswegen unter Kollektivverdacht, heimliche Protestanten und Ketzer zu sein, die ihre blasphemischen Bücher und Gebräuche in katholische Lande einschleppten. Besonders im Schwange der Gegenreformation witterte die Inquisition die Notwendigkeit, den Glauben zu reinigen und schädliche Einflüsse zu unterdrücken – idealer Nährboden für Gerüchte und Denunzianten.

Jacobus Stainer, der Begründer des süddeutschen Geigenbaus und der berühmteste Meister seiner Generation, erfuhr am eigenen Leib, was es bedeutete, der Ketzerei verdächtigt zu werden. Was für ihn persönlich eine Tragödie war, ist für Historiker ein seltener Fund. Stainer wurde irgendwann um 1620 geboren und lernte sein Handwerk vermutlich bei Nicolò Amati in Cremona, bevor er nach den üblichen, ebenfalls in Italien verbrachten Wanderjahren wieder in seinen Heimatort Absam in Tirol zurückkehrte.

Stainers Entschluss, nicht in einer großen Stadt zu arbeiten, sondern in einem Dorf mitten in den Alpen, war ungewöhnlich, aber seine Reputation war so groß, dass er es sich augenscheinlich leisten konnte, sich fern des großen Marktes niederzulassen. Er arbeitete an großen Kommissionen von Klöstern oder adeligen Höfen, die gelegentlich mehrere Instrumente oder sogar ganze Ensembles bei ihm bestellten, und sein Name hatte eine solche Strahlkraft, dass für seine Instrumente zeitweise mehr Geld geboten wurde als für die großen Cremoneser.

Dieses von ruhigem Erfolg gekennzeichnete Leben wurde am 2. Juni 1668 plötzlich in Aufruhr versetzt. Der Haller Stadtpfarrer Stephan Gifl schrieb an diesem Tag einen Brief an seine Vorgesetzten in Brixen, in dem er angab, bei dem Schneidermeister Jacob Meringer und dem Geigenbauer Jacob Stainer »ain Visitationem in libros domesticos« unternommen zu haben, eine Hausdurchsuchung, bei der nach verbotenen Büchern gefahndet wurde.

Bei dem Schneidermeister war der Pfarrer fündig geworden und hatte unter anderem eine von Luther übersetzte Bibel und mehrere andere verdächtige Bücher sichergestellt, darunter auch »ain Planete und ain chiromatisches, ain (Schimpf und Ernst) fast unzichtiges Buch«. Bei dessen Freund Stainer hatte der unangekündigte Besuch zwar nichts weiter zutage gefördert, allerdings gab Meringer an, dass er sich einige der bei ihm gefundenen Bücher von Stainer geliehen hatte.

Die Kirche nahm diese Anschuldigungen und die Bücherfunde offensichtlich sehr ernst. Spezialisierte Handwerker, die während ihrer Gesellenzeit in der Welt herumgekommen waren, die öfter als Bauern oder Tagelöhner lesen und schreiben konnten und die genug Geld hatten, sich Flugblätter und sogar Bücher zu kaufen und sie auch weiterzuverleihen, wurden offenbar als eine besondere Gefahr betrachtet. Die beiden Männer wurden vorgeladen, um sich zu erklären, weigerten sich aber zu erscheinen. Stainer schrieb nur, er sei »zu starckh mit Geschäfft beladen« und müsse Instrumente für den Kaiserhof in Wien fertigstellen. Zusätzlich stellte er fest, dass er die gefundenen Bücher »nit gemacht oder khaufft [habe] sondern er haben denselben aintweders von seinem Vater eröbet, oder er sey anderswo her ins Hauß khomen, er bediene sich zwar dessen nit, aber er gefall ihm doch wol, weil die glaubensarticl darin schen außgelegt sein«. Gleichzeitig gab er an, dass man »zu Absambs noch wol mer solche Piecher finden« könne.

Und plötzlich ist es möglich, einen Handwerker aus dem 17. Jahrhundert sprechen zu hören, einen Menschen, dessen Geburts- und Sterbedatum nicht einmal bekannt sind und der auch sonst wenig Persönliches hinterlassen hat – sein Wohnhaus steht noch, und ein Museum in Tirol hütet einen Hobel, der ihm vielleicht einmal gehört hat. Aus seinen Briefen, in denen er sich gegen den möglicherweise fatalen Vorwurf der Ketzerei verteidigt, erklingt jedoch seine Stimme, sein Akzent, seine Persönlichkeit.

Der Pfarrer sammelte indessen Beweise gegen die beiden Freunde. Von Stainer erzählte man sich, dass er nicht zur Beichte erscheine, dass er verbotene Bücher verleihe, die er von durchreisenden protestantischen Händlern kaufte, und dass er sich immer wieder verächtlich über den Katholizismus äußere. Zeugen rückten den Handwerksmeister in ein sehr zweifelhaftes Licht. Er sei »ain arger und verdörbster mann« sowie »ain grober mentsch und unflat, wann er truncken seye«. In nüchternem Zustand spreche er nur wenig. Trotzdem kenne er sich besonders im Neuen Testament hervorragend aus und »wisse auch geschwindt die Capitl zu nennen und disputiere nur aus der Bibl«.

Offensichtlich war Jacob Stainer ein Mensch, der sich nicht leicht einschüchtern ließ. Zehn Jahre vor dem Ketzereiprozess stand er wegen eines »Raufhandels« als Kläger vor Gericht und verlangte die Erstattung der Baderkosten für seine Behandlung, nachdem mehrere Männer mit Knüppeln auf ihn losgegangen waren, sowie die Bezahlung eines zerrissenen Hutes. Auch jetzt stritt er die Vorwürfe gegen sich nicht direkt ab, besonders, da er im Rausch eben »ein loses Mundwerk« habe. Er verlangte allerdings seinerseits eine Gegenüberstellung mit den Zeugen, die ihn der Ketzerei beschuldigt hatten, »daß durch einen gelehrten, Unpartheiyischen auch unpassionierten Richter, Clagen und Zeuge in Meiner gegenwardt angehördt, und so einicher Ihrtumb an mir Erfunden« werden könne.

Der Fall zog sich über mehrere Monate hin. Stainer ignorierte Vorladungen, rechtfertigte sich mit Arbeitsdruck und Gesundheitsproblemen und verteidigte seine Position. Doch die Vorwürfe gegen ihn waren ernst. Zeugen sagten aus, dass er während der Messe in seinem Haus ketzerische Versammlungen abhalte, während denen er nicht nur protestantische Ideen predige, sondern den Anwesenden auch andere Dinge zum Besten gebe, darunter »ain tierisches Posse, oder unkheische Zoetten, oder Kezerey, oder andere ungeraimbte Sachen«. Auch das Fegefeuer habe er in Zweifel gezogen. Andere wollten gehört haben, wie er sagte, dass Maria den Erlöser nicht jungfräulich zur Welt gebracht habe, sondern wie jede andere Frau auch, und dass das Beten zu den Heiligen nicht helfe.

Was jetzt folgte, war ein seltsamer Tanz zwischen dem Bischof und den Behörden, dem Pfarrer Gifl, der den Fall ins Rollen gebracht hatte, und den Beschuldigten. Stainer reagierte immer selbstbewusster auf Vorladungen und weitere Beschuldigungen, seine Ankläger handelten zögerlich. Vielleicht wurde die Sache dadurch erschwert, dass der Pfarrer wenige Jahre zuvor einen Schuldbrief von Stainer übernommen hatte, der Schuldiger sich aber weigerte, ihm das Geld zurückzuzahlen. Zusätzlich dazu war die Post zwischen Innsbruck, Brixen, Hall und Absam langsam und unzuverlässig, sodass es immer wieder zu Verzögerungen kam.

Endlich, im Februar des folgenden Jahres, erging das Urteil. Stainer und Meringer sollten nach der Messe vor der versammelten Gemeinde kniend und mit einer gelöschten Kerze in der einen und einer Geißel in der anderen Hand ihrem Irrglauben abschwören. Die Verurteilten reagierten prompt und forderten eine Milderung der Strafe, und sogar der Bischof schien ihrer Meinung zu sein. Wieder wurden sie aufgefordert, nach Brixen zu kommen, und wieder weigerten sie sich. In der Folge wurden sie festgenommen (Stainer ließ sich seine Werkzeuge in die Zelle liefern und arbeitete weiter) und schließlich exkommuniziert. Die Exkommunikation wurde bei brennenden Kerzen von der Kanzel der Kirche vor der Gemeinde verlesen, dann wurden die Kerzen gelöscht und von der Kanzel geworfen.

Auch nach einem Monat Haft und dem Ausschluss aus der allein selig machenden Kirche gab Stainer seinen Kampf nicht auf. Das Verfahren sei voller Fehler gewesen, argumentierte er, er sei vollkommen unschuldig, und die Exkommunikation sei deswegen rückgängig zu machen. Immerhin bot er an, das »Cristlich Cattolische Glaubens Bekantnus (so Ir ein Zweifl hierin auf mich) in einer Hauß Capelle, als wie bej Herrn Pfarrer zu Hall« vor Zeugen zu wiederholen. So gelang es ihm schließlich, seine Rückkehr in den Schoß der Kirche zu erwirken, ohne den er wohl geschäftlich wie privat ruiniert gewesen wäre. In der Sakristei der Pfarrkirche Hall schwor er vor einigen Geistlichen kniend jedem Irrglauben ab, sagte ein Miserere und wurde mit einer Geißel symbolisch drei Mal auf den Rücken geschlagen. Dann war er frei.

Stainer war bei weitem nicht der einzige Geigenbauer, der der Ketzerei beschuldigt wurde. Besonders in Italien war bei deutschen Kaufleuten und Handwerkern der Verdacht nie fern, dass sie heimlich lutherische oder andere häretische Ideen vertraten. Schon ein Jahrhundert vor Stainer mussten die drei Brüder Tieffenbrucker sich in Venedig in einem ähnlichen Fall rechtfertigen.

Die Tieffenbruckers hatten sich von Füssen aus weit verbreitet. Gaspar hatte sich in Lyon niedergelassen und von dort aus das Familiennetzwerk dirigiert, seine drei Söhne Magno, Abramo und Moyse führten das Geschäft in Venedig. 1565 wurden sie von einem Diener denunziert, wie die Anklageschrift der Inquisition festhält:

> Augustino Ursino, Kellner bei dem wohlgeborenen Foscarino, will sein Gewissen erleichtern und seinem Beichtvater gehorchen und beschuldigt deswegen die drei Brüder Magno, Abraò und Moyse, lauteri in San Salvador, Lutheraner zu sein, die nicht an die heilige Messe glauben, und ebenso wenig an das Fegefeuer und Ablässe und die glauben, dass der Papst keine Autorität hat [...] und die an verbotenen Tagen Fleisch essen.

Die Inquisitoren verfolgten den Fall nicht weiter, vielleicht war der Zeuge auch als nicht vertrauenswürdig bekannt. Für Abramo aber war die Gefahr noch nicht vorbei. Er war der jüngste der

Brüder und hatte wenig Interesse daran, Lauten zu bauen. Lauten zu spielen und dabei zu singen und Wein zu trinken scheint ihm mehr gelegen zu haben. Er heiratete die Tochter eines anderen (italienischen) Lautenmachers, betrog seine Frau ungeniert und stritt sich mit seinen Brüdern, um seine Erbschaft rascher ausgezahlt zu bekommen. Schon seit Jahren lebte und arbeitete er nicht mehr mit seinen Brüdern zusammen. 1570 zog er nach Vicenza, wo er versuchte, sich selbstständig zu machen. Bald aber war er in Venedig zurück und erregte wieder die Aufmerksamkeit der Inquisition.

Diesmal, 1575, war es ein respektierter Maler, der Abram Tieffenbrucker beschuldigte, der lutherischen Häresie anzuhängen. Die Umstände dieser Anklage sprechen Bände. Abrams erster Aufenthalt in Vicenza hatte unter einem unglücklichen Stern gestanden. Seine erste Frau war im Kindbett gestorben, und er war nach Venedig zurückgekehrt. Hier heiratete er die Tochter seines späteren Anklägers Domenico Misani.

Schon bald nach der Hochzeit aber hatte Abram seine junge Frau verlassen und war allein nach Vicenza zurückgekehrt. Für die Ehefrau war das schrecklich, denn sie konnte weder neu heiraten noch als verheiratete Frau oder als Witwe leben, sie war in einer Art sozialem Limbo gefangen. Es ist also anzunehmen, dass die Anklage bei der Inquisition nicht zuletzt auch ein Akt der Rache war sowie ein Versuch, die unglückliche Ehe annullieren zu lassen. Um dies zu erreichen, machte Abrams Schwager am 5. Mai 1575 eine detaillierte Aussage:

> Ich habe Abraam den deutschen Lauter seit sechs oder sieben Jahren gekannt, als er in San Salvador lebte und eine bottega für Lauten nahe der calle dalle acque hatte und mit einer meiner Schwestern verheiratet war und er war ein Lutheraner und dies ist mir klar geworden, weil er ein Porträt von Martin Luther in einem goldenen Rahmen hatte und ich mich daran erinnere, mit ihm über die Vorhölle zu sprechen und er ant-

> wortete, dass die Vorhölle in dieser Welt sei und ich flehte ihn an, mit mir zu kommen und mit dem Priester zu sprechen, um seinen Geist zu klären, aber er ist nie hingegangen, sogar wenn eine Verabredung getroffen wurde.

Andere Zeugen berichteten, dass er nicht nur das Purgatorium leugne, sondern auch behaupte, die Priester würden nur darüber sprechen, um Geld zu verdienen, dass alle Religionen gleich seien und dass außer Gott niemand heilig sei, nicht einmal der Papst. Er soll auch gesagt haben, dass die Mutter Gottes eine gewöhnliche Frau gewesen sei, die mit Joseph getan habe, was alle Frauen mit ihren Männern tun, und man sagte ihm nach, dass er eine Bibel in der Landessprache besitze, dass er wohl nie zur Beichte ging und dass einer seiner besten Freunde ein Buchhändler sei, mit dem er viel Zeit verbrachte. Die letzte Zeugin, Donna Helena, die Witwe des Malers Domenico Misani, wusste noch Schlimmeres zu berichten. Nicht nur zweifelte ihr verdorbener Schwiegersohn Himmel und Hölle an, er habe auch gesagt, dass das heilige Öl, das in den Lampen der Kirchen brannte, besser als Salatöl taugen würde.

Es ist auffallend, wie sehr die ketzerischen Ansichten einander ähneln, die Abram Tieffenbrucker und ein Jahrhundert später Jacob Stainer zugeschrieben wurden. Unklar ist, ob sie den beiden untergeschoben wurden, weil solche Aussagen eben zum Klischee des deutschen Lutheraners passten, oder ob sie wirklich solche Meinungen äußerten.

Die Inquisition begann nach dem ketzerischen Abramo zu suchen, der aber war spurlos verschwunden. Möglich ist laut SP, dem italienischen Geigenexperten und Privatgelehrten, dass er unter dem Namen Simone zwischen Vicenza, Padua und Lyon mit Lauten handelte, was insofern wahrscheinlich ist, als diese Handelsroute mehrere Stützpunkte der Familie Tieffenbrucker nutzte. Mit der Inquisition, so viel wusste man in der Familie, war nicht zu spaßen.

Der Vorwurf der Ketzerei oder, genauer gesagt, des Protestantismus war der Stock, mit dem die deutschen Einwanderer in Italien immer wieder bedroht und geschlagen wurden. In dieser verletzlichen Situation sind Migranten damals auf dieselbe Taktik verfallen wie heute: den Rückzug auf die Familie, den Clan, die Landsleute. Was die deutschen Gemeinschaften der Handwerker im Italien des Barocks waren, sind heute pakistanische Supermärkte, türkische Bäckereien und chinesische Reinigungen, serbische Taxiunternehmen und nigerianische Straßenhändler, die in Liverpool ebenso zu finden sind wie in Berlin und Chicago: Man kann den Anfang in einem anderen Land und ohne Geld nur schaffen, wenn man Kontakte hat, ein Netzwerk, wenn einem jemand einen Platz zum Schlafen gibt und eine Chance.

Abram Tieffenbrucker war offensichtlich das schwarze Schaf der Familie, aber man kümmerte sich diskret darum, dass er überleben konnte und nicht in die Fänge der Justiz geriet. Ohne das Netzwerk seiner Familie wäre er verloren gewesen.

XIV

DER GEWISSE SCHWUNG

Ohne den Ort zu kennen, an dem Hanns wahrscheinlich gelernt und gelebt hatte, war es mir nicht möglich, mehr über ihn zu sagen. Alle Versuche, die ich unternommen hatte, waren bislang im Sand verlaufen, und der letzte Stand der Dinge war, dass zumindest zwei Experten der Ansicht waren, meine Geige sei um 1700 von dem aus Füssen stammenden Hoflautenmacher Antony Posch in Wien gebaut worden.

Diese Theorie hing über meinen Recherchen wie ein Damoklesschwert. Wenn sie sich bewahrheitete, waren Monate an Nachforschungen vergebens gewesen. MR hatte mir geraten, mich in dieser Sache an RH zu wenden, den Hofrat und Kurator der Musikinstrumentensammlung am Kunsthistorischen Museum in Wien und den wohl besten Experten für Wiener Geigenbau, der auch über Posch geforscht und geschrieben hatte.

Ich musste mir eingestehen, dass ich diesen Besuch mehrmals hinausgeschoben hatte wie ein Kranker, der glaubt, er sei erst dann todkrank, wenn er die Diagnose gehört hat. Inzwischen aber gingen mir die Vorwände aus, und so bat ich um einen Termin, schulterte meine Geige und machte mich mit einem bangen Gefühl im Bauch auf den Weg.

Hofrat Dr. RH hatte sein Büro in der Neuen Hofburg am Heldenplatz, einem pompösen Gebäudeflügel mit riesigen Säulen und zahllosen historistischen Statuen, der allerdings erst nach dem Ersten Weltkrieg vollendet und so nie als Teil des kaiserlichen Palastes genutzt worden war. Die Architektur allerdings war vollkommen imperial, mit Marmorböden, riesig hohen Sälen und einer weit ausladenden Freitreppe. Heute befinden sich die Nationalbibliothek und Teile des Kunsthistorischen Museums darin, und RHs Büro lag am Ende eines Irrgartens aus Gängen und Treppen.

Hier, in einem kleinen Raum voller Bücher über Musikinstrumente und Instrumentenbau, nahm der Kurator und Sammlungsdirektor mein Instrument in Augenschein. Lange, schrecklich lange, sagte er nichts, wendete die Geige in die eine und dann in die andere Richtung, begutachtete sie unter einer Lupe. Dann endlich sprach er.

»Wunderschön«, murmelte er. Dann verfiel er wieder in Stille.

Nach einer unendlich langen Zeit wendete er sich mir zu.

»Das ist ein schönes Instrument, was Sie da haben, und man sieht klar den Füssener Einfluss«, begann er. »Aber eine Posch ist das nie im Leben. Ich habe mehrere da und könnte sie Ihnen zeigen, aber wir bauen gerade um, und wir haben sie staubdicht weggepackt. Ja. Es gibt diese frühe Bratsche, die ähnlich ist, aber seine anderen Instrumente? Der Lack ist anders, das Modell auch, es ist längst nicht so italienisch. Diese Geige ist auch eleganter, sorgfältiger gemacht, der Lack ist besser und sieht so aus, als komme er aus Italien. Das ist einfach kein Instrument von Posch und auch keins aus Wien.«

Hofrat RH, ein vorsichtiger Mensch, wollte sich nicht weiter festlegen. »Posch nie und nimmer«, wiederholte er, »auch sonst kein Wiener oder im süddeutschen Raum aktiver Geigenbauer, sicherlich eine italienische Arbeit, aber von wo oder von wem? Wenn man das nur wüsste. Unmöglich zu sagen. Venedig? Mailand? Rom? Fragen über Fragen. Vielleicht auch irgendjemand, der längst vergessen ist, aber gut gearbeitet hat. Diese Frage lässt sich nicht beantworten.«

»Und warum glauben Sie, dass der Erzeuger aus Füssen kommt?«

»Das sieht man!«, sagte RH, mit einem fast überraschten Blick in meine Richtung. »Das sieht man, weil ... Wie soll ich das beschreiben? Es ist die ganze Art, sehen Sie, hier in der Ecke, so wie da eingestochen ist, tief und selbstsicher, und dann dieser

Schwung ...«, er machte eine Bewegung mit der Hand in der Luft, als würde er ein unsichtbares Holzstück schnitzen, »... das ist unverkennbar Füssen, nur da wurde das so gemacht.«

Bisher hatte ich nach all den Wochen und Monaten der Recherche vor allem ein Gefühl dafür bekommen, was meine Geige *nicht* war; sie stammte nicht aus Wien und nicht aus Mailand, sie kam nicht aus Rom und nicht von Deconet, ihr Holz war nicht datierbar, ihre stilistischen Elemente nicht eindeutig, ihre Zugehörigkeit undeutlich, ihr Zettel falsch, ihr Ursprung strittig, ihre Geschichte nicht rekonstruierbar. Eine Identität *ex negativo*. Und da war sie nun, eine positive Eigenschaft. Ein charakteristischer, Füssener Schwung – falls diese Lesart der Geige denn auch weiteren Nachforschungen standhalten sollte.

XV

PARIS, ÜBER DAS SCHEITERN

Alles hatte sich 2006 geändert, in Paris, an einem Sommertag. Damals lebten wir dort schon sechs Jahre, meine Frau V und ich, in einer wunderschönen, alten Wohnung im fünften Stock am Fuß des Montmartre, mit einem winzigen Balkon und einem prächtigen, unendlich wechselhaften, jede Stunde neu scheinenden Blick über die sprichwörtlichen Dächer von Paris. Es war ein wunderbares Klischee, und wir lebten mittendrin, glücklich und erstaunt, dass wir es geschafft hatten, der Welt der großen Korporationen und der Bürojobs zu entkommen, und dass wir jetzt, beide mit einem Vertrag in der Tasche, in Paris lebten und ganz offiziell Schriftsteller waren.

Ich hatte ein Zimmer zum Hof hinaus, einen großzügigen Raum mit Kamin. Auf dem Kaminsims lag meine Geige, die mich von Den Haag aus überallhin begleitet hatte. Wenn mir das Schreiben nicht mehr gelingen wollte, wenn ein Satz oder ein Absatz Ruhe und Überlegung brauchte, wenn ich einfach ändern musste, was in meinem Kopf vor sich ging, begann ich zu spielen.

Wenn ich schrieb oder spielte, war das Fenster zum Hof meist offen, und die Belüftung vom Restaurant unter uns dröhnte. Tagsüber hörte man auch einen Fernseher mit irgendwelchen Talk- oder Quizshows, die eine alte Frau den ganzen Tag laufen hatte. Wenn sie sich für ein Programm interessierte, rief und brüllte sie dem Apparat Ermutigungen zu: *Allez, allez, allez!* Wenn sie etwas komisch fand, lachte sie ein abgrundtiefes Lachen. Nachts waren es andere Geräusche, die durch die Dunkelheit zu meinem Schreibtisch drangen: das leidenschaftliche Stöhnen der immer gleichen Frauenstimme und dazu – mehrmals – der Kommentar einer anderen Frau, entnervt von irgendwo in die Dunkelheit gesprochen: *Ah, tous les deux nuits!*

Der Geigenbauer in Den Haag, der mir vor Jahren das Angebot gemacht hatte, diese Geige zu kaufen, um sein Handwerkerwort zu ehren, hatte recht behalten. Sie war tatsächlich wesentlich mehr wert als das, was ich damals bezahlt hatte, auch wenn ihre Herkunft – auch bei diesem Instrument – völlig im Dunkeln lag und obwohl seltsamerweise alle vier Ecken der Decke recht plump durch neue ersetzt worden waren. Ihr Klang aber war großzügig wie der einer silbernen Trompete, und ich kannte sie in all ihren Registern, wie ich meine eigene Stimme kannte und fühlte.

Als wir 2001 in Paris angekommen waren, beschäftigte ich mich mit der *Encyclopédie* von Diderot und d'Alembert. Dieses Projekt war für damals nicht nur ein Pfad, um meine neue französische Heimat zu erkunden (ich war entschlossen, den Rest meines Lebens, wenn irgend möglich, dort zu verbringen) und aus ihrer Geschichte heraus zu entdecken, sondern auch der Anfang einer lebenslangen Freundschaft über die Jahrhunderte mit Denis Diderot, einem der erstaunlichsten, witzigsten, großzügigsten, scharfzüngigsten, klügsten, bescheidensten, törichtesten, amüsantesten, brillantesten, weisesten Menschen, die mir je begegnet waren.

Diderot arbeitete übrigens ebenfalls daran, das Leben der unsichtbaren, kleinen Leute sichtbar zu machen und ihnen zumindest auf den Seiten seiner *Encyclopédie* eine Würde zu verleihen, die sie in ihrem realen Leben nie hatten. Hunderte von Figuren von Handwerkern zieren die Illustrationen des Bildteils, alle bei der Arbeit, vom Maurer und Gerber bis zum Drucker, Instrumentenbauer und zum Festungsingenieur. Sie alle sind ausgesprochen anmutig dargestellt, in rokokohaften Posen, mit schönen, wenn auch etwas stereotypen, symmetrischen Gesichtern und sauberen Kleidern.

Für Diderot war diese Darstellung ein heimliches politisches Programm: Die kleinen Leute, die unsichtbaren, die Arbeiter, die Handwerker und die Bauern waren das eigentliche Herz des

Landes. Die Aristokratie? Nutzlose Schmarotzer, wie Drohnen in einem Bienenstock. Selbstverständlich ohne diese Parallele zu ziehen, bemerkt Diderots Artikel »Drohnen (Hist. Nat.)« beiläufig, dass diese nutzlosen Schmarotzer bald, nachdem sie ihre einzige Pflicht erfüllt haben, von den Arbeitsbienen umgebracht werden.

Aber zurück nach Paris und in das erstaunliche Leben dort. Es dauerte nur wenige Jahre, bis die Idylle unter unseren Füßen zu bröckeln begann und schließlich mit entsetzlicher Wucht in sich zusammenbrach. Dahinter stand keine Verschwörung und kein fataler Fehler, nur eine Verkettung unglücklicher Ereignisse: verlorene Ersparnisse nach 9/11, gesundheitliche Probleme, berufliches Pech durch Faktoren jenseits unserer Kontrolle wie den Verkauf von Verlagen und die Entlassung unserer Lektoren, die steigenden Kosten des Lebens in Paris, mehr Krankheit, Zahlungsschwierigkeiten, Schulden. Der Traum wurde zum Albtraum oder, präziser gesagt, zu einer Situation, in der ich zu meiner Verblüffung verstand, dass man im selben Moment intensiv glücklich und ebenso intensiv und existenziell verzweifelt sein kann.

Dies war die Situation, als wir eines Nachmittags von einer Verabredung mit Freunden nach Hause kamen und das Haustor sowie die zweite Tür des Hauses aufgebrochen fanden. Wir stiegen das Treppenhaus hinauf, aber alle Wohnungen schienen unberührt, auch unsere Wohnungstür war nicht beschädigt. Das Fenster aber, das nur etwa einen Meter entfernt in den Hof führte und für Licht im Stiegenhaus sorgte, war geöffnet. Von ihm führte ein schmaler Sims 18 Meter über dem Boden zum Fenster meines Zimmers.

In der Wohnung schien kaum etwas zu fehlen: Die elektronischen Geräte waren noch da, etwas Schmuck, der im Badezimmer gelegen hatte, war verschwunden, Kreditkarten lagen unberührt auf einem Tisch. Der Kaminsims in meinem Zimmer aber war leer. Die Geige fehlte, mitsamt Kasten und Bögen.

Der Wert des Instruments resultierte in einer Invasion von sieben Polizisten einschließlich Spurensicherung. Der Dieb musste gewusst haben, wonach er suchte, er war offensichtlich ein Profi, der innerhalb von relativ kurzer Zeit nicht nur eine Tür auf einer sehr belebten Straße, sondern ein weiteres Türschloss und ein Fenster im fünften Stock aufbrechen konnte und sogar wusste, welche Wohnung es war, die er suchte. Ganz abgesehen davon, dass er fast ein Akrobat gewesen sein musste, um mit einem Geigenkasten über einen Sims im Innenhof im fünften Stock wieder zu verschwinden.

Trotz des Polizeiaufgebots wurden die Ermittlungen bald darauf eingestellt, und ich sollte nie herausfinden, wer meine Geige gestohlen hatte. Wer hatte von dem Instrument gewusst? Natürlich zog eine ganze Parade von Verdächtigen vor meinem inneren Auge vorbei, aber in jedem Falle schien es mir unwahrscheinlich oder unmöglich, dass der oder die Betreffende dies getan haben könnte. Natürlich blieb das Instrument verschwunden.

Wenn der oder die Diebe wirklich so professionell waren, dann war meine Geige wohl innerhalb von Tagen oder sogar Stunden auf dem Weg irgendwohin, nach Asien vielleicht, wo es einen regen Markt für solche Instrumente gab und wo, wie man munkelt, sich einige Händler geradezu darauf spezialisiert haben, genau solche Instrumente zu besorgen – Instrumente, die zwar gut sind, aber wiederum nicht so wertvoll oder so bekannt oder mit einem so großen Namen behaftet, dass sie unweigerlich unwillkommene Nachfragen provozieren müssen.

Vielleicht war alles auch anders, vielleicht war es ein Nachbar, der mich nicht mehr üben hören wollte (einer der Polizisten schien das zu implizieren), vielleicht war es ein Freund eines Freundes eines Bekannten, der immerhin wusste, dass so ein altes Ding etwas wert sein könnte – aber wer würde ein solches Risiko eingehen, und wer war so gut und so selbstbewusst im Klettern und im Aufbrechen von Türen? In meinen Augen rechtfertigte der Wert des Instruments so viel Gefahr nicht, und es ist anzunehmen, dass irgendjemand gedacht hatte, das Instrument sei wesentlich besser und wertvoller, als es tatsächlich war, zumal ich kaum jemals mit Fremden darüber gesprochen hatte.

Trotz meiner Nachfragen und Appelle bei Geigenbauern in der berühmten Rue de Rome ist das Instrument, das ich in Den Haag gefunden und 20 Jahre lang besessen hatte, nie wieder aufgetaucht. Eine intensive, durchaus auch von Enttäuschungen überschattete, aber täglich wieder erneuerte Beziehung mit einem Instrument, das ich fast täglich gespielt hatte, seit ich 17 gewesen war, war wie durch einen plötzlichen Unfall brutal zu Ende gegangen. Ich habe diese erste Geige, die mir viel bedeutet hat, nie wiedergesehen.

In der Situation, in der wir uns in Paris befanden, schien dieser Vorfall das Ende zu symbolisieren, eine Art Sündenfall, der keine Rückkehr zuließ, das Ende unserer Zeit dort, das Ende einer Ära. Natürlich war die Geige versichert, und die Versicherung zahlte auch (die Dame im Versicherungsbüro, die sah, wie sehr mich der Diebstahl traf, gab mir den wohlmeinenden Ratschlag, ich solle mir eben eine alte Geige kaufen, wenn ich mir jetzt keine neue mehr leisten könne). Unsere finanzielle Situation aber war so verzweifelt, dass wir uns gezwungen sahen, meine Geige aufzuessen, die Versicherungssumme in Lebensmittel zu investieren.

Ein Jahr lang habe ich danach keine Geige mehr angefasst. Mehrere Freunde boten mir ein Instrument an, aber ich wies alle Angebote ab. Zum ersten Mal seit 30 Jahren lebte ich ohne die beglückende, tägliche Auseinandersetzung mit den eigenen Grenzen, dem eigenen Scheitern – und der Möglichkeit von etwas Neuem, was scheinbar unerwartet entstehen kann, wenn man ihm genug Gelegenheiten bietet. Nach einiger Zeit begann ich halbherzig damit, Klavier zu spielen, aber eigentlich war das Geigenspiel eine Art spürbare Abwesenheit, es war als Negativ in meinem Leben präsent, weil es so deutlich nicht den Platz ausfüllte, der in meinen Tagen und meinen Gedanken dafür vorgesehen war.

Einige Monate danach folgte der totale finanzielle und gesundheitliche Zusammenbruch, und endlich vertrieb der Engel uns mit flammendem Schwert und Lungenembolie aus unserem Paradies. Wir waren gezwungen, Paris zu verlassen, in den Ruinen unseres gescheiterten Traums. Wir zogen nach Wien, wo wir eine winzige Bleibe hatten. Zum ersten Mal in meinem erwachsenen Leben kam ich an einen neuen Ort ohne Geige und spielte nicht, hätte es nicht ertragen.

Es ist erstaunlich, dass man so intensive Gefühle wegen einer kleinen Holzkiste durchleiden kann, aber gleichzeitig war diese Kiste und ihr Verlust für mich das Emblem des totalen Zusammenbruchs, den wir erlitten hatten und von dem wir uns nur schmerzhaft langsam erholten. Etwas war uns entrissen worden, jetzt lebten wir in der Stille.

Nur mit Widerwillen dachte ich zurück an diese Zeit, an das Scheitern auf ganzer Linie. Noch jetzt fasste mich dieses Gefühl mit klammen Fingern an, oder vielleicht wieder, denn der Schatten des Scheiterns legte sich auch nun wieder über meine Arbeit, meine Nachforschungen über die neue Geige, die strittige, die nicht rekonstruierbare, die sich in meinen Händen hartnäckig ausschwieg über ihre Geschichte. Inzwischen hatte ich mehrere Monate und Reisen investiert, um mein Instrument, das das verlorene endlich ersetzt hatte, eindeutig zu identifizieren und seinen Erbauer zu finden, den MR einst mit groben Strichen skizziert hatte. Nun, Monate später, stand ich vor einem Gewirr aus Meinungen, Vermutungen, Behauptungen und Versionen und wusste im Wesentlichen nicht viel mehr als ganz am Anfang. Nur die Fragen waren mehr geworden, die Unsicherheiten.

Was, wenn die ganze Geschichte nur eingebildet war, ein Missverständnis, ein kurzfristiger Triumph meiner blühenden Fantasie über die lakonische Macht der Tatsachen?

Vielleicht gab es hier keine Geschichte zu erzählen, keinen Auswanderer, keine Alpenüberquerung. Vielleicht hatte der Mensch, nach dem ich jetzt schon so lange suchte, Deutschland nie verlassen, vielleicht war diese Geige eine hervorragende späte Fälschung, das Werk eines klugen und anonymen Handwerkers im 19. Jahrhundert, als es ganze Fälscherwerkstätten gab, die alte Instrumente mit täuschender Ähnlichkeit imitieren konnten. Vielleicht war es trotz allem doch eine Wiener Geige eines kleinen Meisters, der aus Füssen stammte und Hof-Lautenmacher wurde, vielleicht war das Instrument schon immer in Wien gewesen und hatte Walzer gespielt, bevor ich es durch halb Europa und dann auf eine Weltreise mitgenommen hatte.

Das Holz schwieg störrisch und weigerte sich, sich einordnen zu lassen. Die Verbindung mit der Vergangenheit war längst gekappt, der Erbauer und seine Welt hatten sich in anonyme Partikel aufgelöst, das Objekt, das hier in der Gegenwart angeschwemmt worden war, führte zu niemandem zurück. Alle stilistischen Analysen, statistischen Erhebungen, archivarischen Suchen und essayistischen Gedankenflüge dieser Welt konnten den Riss nicht kitten, den die Geschichte zurückgelassen hatte. Ich hatte mich vergaloppiert, ich stand kurz davor, endgültig mit meinem albernen Bemühen auf Grund zu laufen, wie in Paris, wie damals, als ich erfolglos alles dafür gegeben hatte, Musiker zu werden.

Eine lähmende Schwere legte sich über meine Recherchen wie ein Gewitter kurz vor dem Ausbruch, das doch nicht kommen will. Jeden Tag schleppte ich mich weiter, weil mein Projekt längst zu einem Buch wurde, einer Erkundung eines Lebens, über das es nichts zu erkunden gab, weil es unmöglich schien, die Vergangenheit zum Sprechen zu bringen. So blieb nur die Bewunderung des unverstandenen Außenseiters. *The past is a foreign country. They do things differently there.*

Wochen zogen vorbei, träge und ohne jeden Fortschritt. Es schien mir sinnlos, immer neue Experten zu besuchen. Ich begann einzusehen, dass Entschlossenheit, Disziplin und Optimismus nicht immer ausreichten. Ich fühlte, dass ich das Ende meines Weges erreicht hatte.

Dann kam eine E-Mail. Sein Absender war SP, der Historiker im Zentrum der Kontroverse um den doppelten Scharlatan Deconet, der Forscher mit dem vielleicht umfangreichsten Wissen über die venezianischen Geigenbauer, Instrumente und Archive, in denen er seit mehr als zwei Jahrzehnten saß, der Autor dreier gewichtiger Bücher über venezianischen Geigenbau. Ich hatte ihm, wie auch anderen Experten, Fotos meiner Geige geschickt, mit der Frage, ob sie dieses Instrument interessant fanden und vielleicht gerne sehen würden. SP war unter denen gewesen, die nicht auf meine Nachricht reagiert hatten. Jetzt kam die Antwort in wenigen, knappen Sätzen.

Lieber Prof. Blom,

dies ist SP aus Venedig. Zuerst bitte ich um Entschuldigung für meine verspätete Antwort, ich hatte viel zu tun ...
Zu Ihrer Geige kommend: Ich glaube, dass die Ähnlichkeit mit der reinen Arbeit von Goffriller 1695–1700 so stark ist, dass sie an seine direkte Intervention bei diesem Instrument denken lässt. Eine dendrochronologische Datierung dieser Violine würde helfen, festzustellen, ob sie in der Werkstatt von Matteo Goffriller geschaffen wurde (vielleicht mit der Mitarbeit von Lazinger oder jemand anderem), oder ob sie später von jemandem produziert wurde, der dennoch eine direkte Beziehung zu ihm hatte. Wir dürfen auch nicht die Möglichkeit ausschließen, dass es sich um ein früheres Instrumente handelt, das er [Matteo Goffriller] vor seiner Ankunft in Venedig vollendete.
Sogar die Textur des Lacks, die etwas anders ist (obwohl typisch für seine erste Periode), und das kleine Auge der Schnecke können auf mehrere Weisen erklärt werden (die Intervention eines neu angekommenen Arbeiters, die Reparatur eines

Fehlers bei der letzten Windung der Schnecke, Lienzer Einfluss, etc.).
Aus diesem Grund schlage ich vor, dass Sie noch ein dendrochronologisches Gutachten in Auftrag geben, diesmal von PG, der, meiner Meinung nach, der beste Dendrochronologe auf dem europäischen Markt ist.
Versuchen Sie es nochmals mit Dendro!!

Mit freundlichem Gruß,
SP

XVI

VENEDIG

»Aber sprechen wir von Venedig, dieser beispiellosen Stadt, die von aller Welt bewundert wird. Ihre Lage ist ohnegleichen und ihre Schönheit kann mit nichts verglichen werden«, schwärmte 1670 der französische Reiseschriftsteller Nicholas Mirabal, einer von vielen Autoren, die über die Jahrhunderte den Moment des Erstaunens beschrieben haben, das sie ergriff, als sie die Silhouette der Palazzi, der Kuppeln und der Türme zum ersten Mal von der Lagune aus aufblitzen sahen. So mag es auch Hanns gegangen sein, der dort vielleicht zum ersten Mal den Fuß in eine große Stadt setzte.

Um nachzuvollziehen, wie ein jugendlicher Auswanderer die verwirrend große, dicht bewohnte und vielfältige Stadt wahrnahm und wie er sich darin zurechtfand, eignen sich die Reiseberichte seiner Zeitgenossen einerseits wenig, weil sie durchweg von privilegierten Personen verfasst wurden, deren Erfahrungen sich mit großer Wahrscheinlichkeit sehr von denen eines Kindes aus der Arbeiterklasse oder eines Gesellen auf der Suche nach Arbeit unterschieden. Andererseits aber sahen sie dieselbe Stadt, dieselben Kanäle, dieselben Menschen in den engen Gassen, rochen denselben Gestank. Durch ihre Augen gesehen, erwacht die Lagunenstadt zum Leben.

Der Engländer Joseph Addison beispielsweise war nicht nur bezaubert von der anmutigen Schönheit der Stadt, sondern auch höchst verwundert darüber, dass die Venezianer dem Alkohol offenbar weniger zugeneigt waren als seine Landsleute:

> [...] aus der Ferne sieht es aus wie eine Stadt, die halb von einer Flut überschwemmt wurde. Überall wird sie von Kanälen gekreuzt, sodass man die meisten Häuser zu Lande und zu Wasser erreicht. [Es gibt auch] eine zahllose Vielfalt von sehr

schönen Brücken, alle mit einem einzigen Bogen und ohne ein Geländer auf der einen oder der anderen Seite, was in einer weniger nüchternen Stadt ein erhebliches Beschwernis wäre.

Nach seiner abenteuerlichen Alpenüberquerung war auch der britische Tagebuchautor John Evelyn bezaubert von der zahllosen Vielfalt der Eindrücke:

> [...] ich ging durch die Mercera, eine der köstlichsten Straßen der Welt wegen ihrer Süße, denn sie ist auf beiden Seiten fast tapeziert mit Stoffen aus Gold, reichem Damast und anderen Seiden, die die Geschäfte ausstellen und aus dem ersten Stock vor ihr Haus hängen, so vielfältig, dass ich mich auch nach anderthalb Jahren in der Stadt kaum daran erinnern kann, dasselbe Stück zweimal ausgestellt gesehen zu haben; dazu kommen die Parfums, die Apotheken und die zahllosen Käfige mit Nachtigallen, die sie haben, die einen mit ihren Melodien von Geschäft zu Geschäft unterhalten, sodass man, wenn man die Augen schließt, meinen könnte, man sei auf dem Land, während man tatsächlich von Meer umgeben ist.

Ein Kind vom Land, das unter sehr anderen Bedingungen gerade die Alpen überquert hatte und jetzt in einem Boot über die Lagune gerudert wurde, wird wohl ähnlich überwältigt gewesen sein von der Silhouette, die über den silbern glitzernden Wellenkämmen schimmerte wie etwas aus einem Märchen, von den dicht nebeneinander gleitenden Kähnen und Gondeln, der rastlos hämmernden Betriebsamkeit des Arsenale und den eng gepackten Straßen, in denen maskierte Damen und Herren Schulter an Schulter gingen mit Arbeitern und Straßenhändlern, Vogelverkäufern und osmanischen Kaufleuten, mit Musikanten und Sängern, Priestern und neugierigen Reisenden, während auf dem Kanal schwarze Gondeln an dem Treiben vorbeiglitten.

Nicht nur für einen Lehrling aus dem Allgäu war der Alltag dieser Stadt verwirrend. Auch John Evelyn, der schon mehrere Länder bereist hatte, fand die Vielfalt auf den Straßen überwältigend:

> Ich war nicht weniger überrascht über die seltsame Vielfalt von verschiedenen Nationen, die täglich auf den Straßen und Piazzas zu sehen sind: Juden, Türken, Armenier, Perser, Mohren, Griechen, Slawen, einige mit ihren Rundschilden, in der Kleidung ihrer Heimat, inmitten dieses berühmten Emporiums, das immer voller Fremder ist.

Offensichtlich war Evelyn so geblendet von den orientalischen Kostümen, dass er vergaß zu erwähnen, dass auch die meisten europäischen Nationen hier vertreten waren.

Die Gold- und Silberschmiede, die Schuster und Geigenbauer und Kaufleute aus dem Deutsch sprechenden Norden waren nur eine unter vielen Nationen, die hier nebeneinander existierten – oft konzentriert auf wenige Straßen. Neben den Handwerkern gab es aber auch Diplomaten und Touristen, reisende Künstler und vor allem Händler, die teilweise ihr gesamtes Erwachsenenleben hier verbrachten. Die deutsche Gemeinschaft war seit Jahrhunderten ein wichtiger Bestandteil der venezianischen Handels- und Handwerkslandschaft gewesen, und mit der *Fondacco dei Tedesci* direkt bei der Rialto-Brücke hatten sie ihrer Bedeutung für die Stadt ein architektonisches Denkmal gesetzt.

Das Leben der Gemeinschaften von Ausländern in Venedig war lange etabliert und funktionierte größtenteils gut, vom Ghetto, in dem die Juden lebten, bis zu den Straßenzügen der Deutschen, der Franzosen, der Spanier und der Osmanen. Diese durchmischte venezianische Bevölkerung schien ihren eigenen Regeln zu gehorchen. Der britische Musikliebhaber Charles Burney unternahm eine Tour durch ganz Europa, um das kulturelle Leben der wichtigen Zentren zu vergleichen. In Venedig fiel ihm nicht nur die Qualität, sondern auch die enorme Vielfalt des musikalischen Lebens auf:

> Um diese Zeit fängt hier das Volk, wie es scheint, erst um Mitternacht an zu leben. Um diese Stunde sind die Canäle mit Gondeln bedeckt, und der Markusplatz ist voller Menschen, selbst die Ufer der Canäle sind voller Volks, und von allen Seiten hört man Musik. Wo nur zwey Menschen, von der niedrigsten Klasse Arm in Arm spatzieren gehen, scheinen sie sich im Gesange zu unterreden; mit Gesellschaften zu Wasser in einer Gondel ist es dasselbe; eine blosse Melodie ohne zwote Stimme bekommt man in dieser Stadt nicht zu hören. Alle Lieder auf den Gassen werden als Duette gesungen. Glücklicher Weise für mich, war diese Nacht eine Barke mit Musik, die aus einer schönen Bande mit Violinen, Flöten, Hörnern, Bässen und Pauken bestund, auf dem grossem Canale, und legte nicht weit von meinem Hause an. Es war eine Nachtmusik, die ein Inamorato seiner Geliebten machen ließ.

Die *inamorati*, die Verliebten, die Liebenden, wurden von Burney nicht nur deswegen erwähnt, weil er diese Szene tatsächlich mitangesehen hatte, sondern auch, weil es zur festen Erwartung der Leserschaft gehörte, in einem Bericht über Venedig auch etwas über Liebe und Liebhaber zu finden. Die Reputation der Stadt verlangte das einfach, sogar von einem Autor, der eigentlich auf Musik spezialisiert war.

Die barocken Reiseführer über Venedig fallen in zwei sehr unterschiedliche Kategorien. Die einen waren die *Guides bleus* ihrer Zeit: akademische, mit Zitaten aus der Antike und mit historischen Verweisen gespickte Beschreibungen von Gebäuden und Kunstwerken, von Fresken, Gemälden, Skulpturen, Schatzkammern, Sammlungen und Kirchen. Die zweite Kategorie wandte sich diskret an ein anderes Publikum. Auch hier schrieben die Verfasser über die Schönheiten der Stadt, aber ihr Interesse galt vor allem den lebenden Schönheiten.

In allen Berichten von der Grand Tour, jener Bildungs- und Vergnügungsreise, auf die hauptsächlich junge Aristokraten von den Britischen Inseln und dem nördlichen Kontinent geschickt wurden, um ihren kulturellen Horizont zu erweitern, erscheint Venedig als schillernde Verheißung. Die jungen Gentlemen reisten nach Neapel, um den Vesuv zu sehen und später auch Herculaneum, sie besuchten in Rom mehr oder minder pflichtbewusst endlose Ruinen, Säulenhallen, alte Kirchen, Monumente, Statuen, Bronzen, Marmor und mehr Marmor. Und so kamen die jungen Herren entnervt und überladen auf ihrem Weg zurück gen Norden in Venedig an, und die Stadt bot ihnen nicht nur eine überwältigende Zahl an Kirchen und Palazzi, die man gesehen haben und gebührend beschreiben musste, sondern auch eine immense Vielfalt an Vergnügungen, die eher nicht dafür gedacht waren, schriftlich festgehalten zu werden, die ein kleines Geheimnis bleiben sollten, das heimlich liebste Reisesouvenir, kostbarer noch als alle ausgegrabenen Vasen und römischen Veduten, die sie für die Familie im Gepäck hatten.

Für reiche Touristen und Aristokraten aller Länder war es modern, zumindest einmal im Leben zu reisen, um sich auszuleben; *what happens in Venice stays in Venice* – was in Venedig passierte, blieb in Venedig, die Lagunenstadt war das Las Vegas des barocken Europa, das alle Besucher mit seiner Vision des raffinierten und maskierten Lasters in seinen Bann zog. Die zweite Kategorie von Reiseführern versorgte ihre Leser deshalb vor allem mit einer anderen Art nützlicher Informationen, mit Gerüchten und Geschichten über die Affären und Liebschaften zwischen Venezianerinnen (und erstaunlich vielen Venezianern) und den jungen Männern auf ihrer Grand Tour. Es waren Klatschspalten und erotische Kompendien, als Reiseberichte getarnt.

Der Franzose Maximilien Misson (1650?–1722) war schockiert über die sexuellen Mores der Venezianer und besonders darüber, wie junge Frauen aus ärmeren Verhältnissen behandelt wurden:

> Libertinismus wird im Falle der Frauen so sehr zu einem allgemeinen Gebrauch gemacht, dass es alle Bedeutung und Erinnerung der Sünde verliert [...] Die [adeligen] Mütter sind es, die Kurtisanen für ihre Söhne finden, um zu vermeiden, dass sie sich in der Gosse anstecken, und wenn sie den Handel um ein junges Mädchen mit ihrem Vater und ihrer Mutter abgeschlossen haben, kommen all ihre Verwandten kaltblütig und wünschen ihr Glück, als ob es eine gesetzmäßige Ehe wäre.

Die vertraglich festgelegte Summe in diesem offensichtlich nicht seltenen Arrangement wurde von der Familie des jungen Mannes monatlich oder jährlich gezahlt. In Frankreich herrschten andere Sitten, wie Misson mit ehrlichem Entsetzen mitteilt: »Ein guter Katholik hat mir gesagt, dass die Beichtväter nicht willens sind, von solchen Peccadillos belästigt zu werden, dass sie von solchen Bagatellen nichts hören wollen, sondern sofort sagen: sprich über etwas anderes.«

Nur ausländische Kurtisanen hätten noch so viel Gewissen, dass sie dafür zahlten, dass man Messen für sie lese, schreibt der Reisende. »Es gibt ganze Straßen mit dieser Art von Vergnügungsdamen, die alle Kommenden akzeptieren, und während die Kleider der anderen Personen schwarz und trist sind, sind sie bunt angezogen.«

Vielleicht aus Taktgefühl oder vielleicht, um dem Zensor keine Angriffsfläche zu bieten, ließ der ehrliche Franzose einige anschauliche Details aus und erwähnte beispielsweise nicht, dass die Damen ihre unbekleideten Brüste auf dem Fenstersims ihrer Zimmer zur Schau stellten. Ein kleiner Steg, der *Ponte delle tette* oder, wenig charmant, die »Tittenbrücke«, erinnert noch heute an diese Praxis, von der viele Reisende in ihren Briefen berichteten, die nicht Gefahr liefen, der Zensur zum Opfer zu fallen.

Was Thomas Mann viel später wusste, als er über die kränklich erregte Fin-de-Siècle-Stimmung in der Lagune schrieb, galt auch schon für das 17. Jahrhundert. Venedig war ein Ort der Fieberträume, an dem die wildesten, zügellosesten und verbotensten Fantasien Wirklichkeit werden konnten, wo hinter jeder Straßenecke eine Verlockung wartete, eine Verheißung, dass etwas geschehen könnte, dass schon einen Schritt weiter alle Begierden gestillt würden.

Nicholas Mirabal, der 1698 ein Buch über seine Reisen herausbrachte, hatte weniger moralische Skrupel als sein Landsmann Misson und gab seinen Lesern, was sie erwarteten, wenn sie über Venedig lasen. Die Geschichte, die er ihnen auftischte, hatte sich vielleicht nicht wörtlich so zugetragen, aber sie entsprach dem Bild von Venedig, das Generationen von Reisenden gemalt hatten – und wohl nicht ohne Grund.

Während seines Aufenthalts in der Lagunenstadt begann er nach eigenem Bekunden eine Affäre mit der Frau eines Senators, der er zuerst beim Kirchgang zärtliche Briefe hatte zukommen lassen. Die schöne Fremde zeigte sich erstaunlich offen für seinen Vorschlag, fast so, als hätte sie ihn erwartet. Über mehrere Wochen trafen die beiden Liebenden sich an verschiedenen Orten, um den Augen des eifersüchtigen Ehemanns zu entgehen. Mehrmals diente das Haus der Amme als bequemer Treffpunkt.

Schon bald aber fand der Franzose das Versteckspiel anstrengend, wie er schreibt, und beendete die Beziehung. Doch es dürfte noch einen weiteren Grund gegeben haben, der ihn zu diesem Schritt bewog, eine Begebenheit, die sich offenbar kürzlich zugetragen hatte: Ein Venezianer, der seine Frau der Untreue verdächtigt hatte, hatte sie ihre Indiskretion erst beichten lassen und dann mit eigener Hand umgebracht. Sein kleines Abenteuer war, wie Mirabal ungalant reflektiert, »so gefährlich, dass die Vernunft meine Zärtlichkeit erstickte«.

Trotz aller Vorsicht war Mirabal jedoch entschlossen, nichts zu verpassen, und so nahm er sich eine andere, weniger riskante Mätresse, ebenfalls eine verheiratete Frau, aber eine, deren Mann geschäftlich in der Levante zu tun hatte. Hier konnte er sich endlich ohne Gefahr dem Genuss hingeben, mit dem unwillkommenen Resultat, dass seine Geliebte schwanger wurde. Auch das war keine Seltenheit, und so gab es etablierte Abläufe, an die man sich halten konnte. Während arme Migranten aus dem Alpenraum ins Flachland strömten, um dort Arbeit zu finden, wurden wohlhabende Venezianerinnen nach Tirol geschickt, um dort diskret und fern von neugierigen Nachbarn einige Monate zu verbringen und in Ruhe die Geburt ihres unehelichen Kindes abzuwarten, das dann wahrscheinlich, je nach Situation und Möglichkeiten der Mutter, einem Bauernpaar überantwortet oder vor dem Tor eines Klosters oder Waisenhauses ausgesetzt wurde.

Viele Reisende betonten und beschrieben die augenscheinliche Freizügigkeit Venedigs in sexuellen Belangen. Es gab eine Fülle von Möglichkeiten, erotische Abenteuer zu initiieren, die von einfacher Prostitution über diskret in die Wege geleitete Bekanntschaften bis zu privat vermieteten Zimmern reichten. Die große Zahl an hauptsächlich männlichen Reisenden, die die Stadt jedes Jahr besuchten, bedeutete zudem, dass die Prostitution auch jenseits der offiziellen Stellen kuriose Blüten trieb und es immer auch informelle Wege gab, sich Sex gegen Bezahlung zu sichern. Es gab einen ganzen Berufszweig, den der *cicisbei,* der sich darauf spezialisierte, erotische Transaktionen zwischen jungen Frauen aus dem Volk und wohlhabenden Männern zu vermitteln. Ausgeübt wurde der Beruf von respektabel erscheinenden Männern aus dem Milieu, die so eine informelle Prostitution zum Florieren brachten. Auch jenseits der professionellen Kreise waren unverbindliche Beziehungen in Venedig keine Seltenheit. Alles schien möglich in einer Stadt, in der viele Menschen in den Wintermonaten fast immer maskiert in die Öffentlichkeit gingen.

Masken gehörten traditionell zum Karneval, der in Venedig noch immer mit ruinöser Opulenz gefeiert wurde, obwohl die Stadt hoch verschuldet war. Die Venezianerinnen und Venezianer hatten aber auch abseits des Karnevalsfests Gefallen an ihren Masken gefunden und hatten begonnen, sie während der Karnevalszeit, also den gesamten Winter hindurch, auch zu anderen und alltäglichen Anlässen zu tragen, fast als normalen Teil ihrer Kleidung. Gleichgültig ob zu einer geschäftlichen Unterredung oder einem privaten Rendezvous, ob zu einem Besuch im Theater, in einer Taverne, einem *ridotto* (wie man die Kasinos nannte) oder einem Restaurant – anständige Leute flanierten maskiert durch die Straßen und entstiegen maskiert den Gondeln, die so lautlos anlegten, wie sie gekommen waren.

Dieses einzigartige Arrangement verlieh den erotischen Fantasien von Reisenden und den Lesern der einschlägigen Reiseliteratur Flügel, wenn auch die Vision und die Realität gelegentlich auseinanderklafften. Für John Evelyn beispielsweise war das Schönheitsideal der Venezianerinnen vollkommen unverständlich. Die Frauen hier trugen ihr Haar in bizarren Frisuren, in unterschiedlichen Farben und Strähnen, schrieb er, sie erschienen in Kleidern, deren Rock direkt unter den Armen ansetzte, sie trugen Schleier und glitzernde Steine und Seidenblumen und kleine Knoten und Schleifen überall.

Was dem Engländer aber am meisten ins Auge stach, war ein

modisches Accessoire, das Venedigs Gesellschaft eigens dafür entwickelt hatte, um anständige Ehefrauen und vornehme Damen von Prostituierten und Frauen niederer Klassen unterscheiden zu können. Damen der feinen Gesellschaft trugen sogenannte *choppines*, bis zu einen Meter hohe hölzerne Plateausandalen, auf denen sie mehr schlecht als recht und nur über kurze Distanzen mühsam durch die Stadt balancierten und die einen böswilligen Zeitgenossen zu der Bemerkung veranlassten, die Schönen seien »halb Fleisch und halb Holz«. Besonders beim Aussteigen aus Gondeln waren die stelzenähnlichen Statussymbole gefährlich und unelegant:

> Es ist lächerlich zu sehen, wie diese Damen aus ihren Gondeln kriechen, wegen ihrer *choppines*, und was für Zwerge sie zu sein scheinen, wenn sie von ihren hölzernen Gerüsten genommen werden; einmal sah ich fast 30 von ihnen zusammen, stelzend und den Rest der Welt um die Hälfte überragend. Denn Kurtisanen oder gewöhnliche Bürger dürfen keine *choppines* tragen.

Offensichtlich hatte die venezianische Aristokratie ein Mittel gefunden, die Mobilität ihrer Frauen einzuschränken. Vor allem aber sind die *choppines* Zeugnis des besonderen Charakters der venezianischen Gesellschaft, der in den Augen von Hanns' Zeitgenossen offenbar eine soziale Hierarchisierung erforderlich machte, die im Stadtbild, im Alltag und für jedermann auf den ersten Blick sichtbar war.

Die sogenannte anständige und gehobene Gesellschaft hatte guten Grund, sich gegen die Entwicklungen abzusetzen, die sie als eine Invasion ihrer ehemals glorreichen Stadt durch Sittenlosigkeit, Dekadenz und Tourismus wahrnahm. Kaum eine Stadt Europas hatte eine so raffinierte Halbwelt wie Venedig. Der junge, ernsthafte und sexuell zutiefst zerrissene Jean-Jacques Rousseau hatte hier einige Monate als Sekretär zugebracht und beschrieb die Stadt als einen Sündenpfuhl, von dem er sich angewidert abwandte. Ein um wenige Jahre jüngerer Mann hatte keine solchen Skrupel. Giacomo Casanova hatte seine frühen Pläne, Priester zu werden, aufgegeben und lebte nun in seiner Heimatstadt von der Hand in den Mund. Zunächst versuchte er sich als professioneller Spieler, aber das Glück war nicht auf seiner Seite, und er verlor sein gesamtes Kapital. In dieser misslichen Situation hatte er eine Idee, die vielleicht mehr über den Zustand des musikalischen Lebens in Venedig aussagte als über Casanova selbst:

> [...] ich beschloss, ein Violinspieler zu werden. Doktor Gozzi hatte mir genug beigebracht, um gerade in dem Orchester eines Theaters spielen zu können. Er besorgte mir sofort eine Stellung im Orchester seines Theaters, dem San Samuele, wo ich für einen Scudo pro Tag spielte, genug, um davon zu leben. [...] Durch mein Violinspiel war ich finanziell unabhängig [...] Meine Stellung war nicht vornehm, aber das machte mir nichts. Ich überkam alle Vorurteile, die ich vielleicht gehabt hatte und übernahm den Stil meiner Kollegen. Nach den Aufführungen gingen wir in eine Osteria ... und kamen immer betrunken wieder hinaus, bereit, die Nacht in zwielichtigen Etablissements zu verbringen. Wenn wir sie bereits besetzt vorfanden, warfen wir sie einfach hinaus und beraubten die armen Frauen, die unsere Rohheit ertragen mussten, ihrer mageren Bezahlung.

Als volltrunkener Laie mit Instrument unter dem Kinn war Casanova, so scheint es, nicht wesentlich schlechter als seine Kollegen, und es war offensichtlich nicht nur die Aussicht auf hohe Kunst, die die Mengen in die Opernhäuser und Theater strömen ließ, ganz zu schweigen von den *ridotti* und Lokalen, den Kirchen und Straßen, die alle ihre Musik und ihre Musiker hatten. Hier trafen sich alle, begleitet von der fieberhaften Musik der immer anwesenden Geigenspieler, die Demimonde und die Welt der Künstler, die Aristokratie und die einfachen Arbeiter, maskierte Spieler und neugierige Zuschauer.

Auch Charles Burney beschreibt Venedig als eine Stadt, in der Musik eine ganz besondere Rolle spielte:

> Die erste Musik, die ich hier hörte, war auf der Gasse, den Augenblick da ich ankam, und zwar von einer herumreisenden Bande von zwo Geigen, einem Violonschell, und einer Singestimme. Hier bemerkte man sie freylich eben so wenig, als in England ein Fischer- oder Citronen-Weib bemerkt wird; sie machten es indessen so gut, daß sie in einem jeden andern Lande von Europa, nicht allein Aufmerksamkeit erregt, sondern den Beyfall würden gefunden haben, welchen sie billiger Weise verdienten. Die beyden Geiger spielten schwere Passagien mit Nettigkeit, der Baß spielte rein und ferm, und die Stimme, eine weibliche, baue einen guten Ton, und verschiedne andre nöthige Eigenschaften einer guten Sängerin, als z. E. Umfang, Triller und Fertigkeit der Kehle. Doch ich will der Musiken von der Gattung, welche ich hier angetroffen habe, nicht alle erwähnen. Sie kommen so häufig vor, daß die Wiederholung langweilig werden würde.

Auch wenn Burney die Straßenmusik großartig fand, so war er nicht immer begeistert von der Qualität dessen, was er hier zu hören bekam. Auch in Venedig, scheint es, wurde nur mit Wasser gekocht.

> Diesen Morgen war in der Kirche S. Gaetano musikalische Messe. Es war ein grosser Festtag, und derohalben alle Schätze und Reliquien zur Schau gestellt, wobey die Kirche gedrängt voll war. Der Komponist der Musik, der sie auch selbst aufführte, war Signor Menagatto, ein Priester. Ich kann nicht sagen, daß ich sehr davon erbauet worden wäre; die

> Orgel war von schlechten Tone und ward elend gespielt; die Sänger bestanden in zwey mittelmäßigen Tenören und einem Basse, die Komposition war alltäglich, und verrieth gar kein Genie.

Trotz so viel ostentativ zelebrierten Spektakels und Vergnügens war Venedig aber auch eine Stadt, in der hart geschuftet wurde, besonders in den Arbeiterbezirken. 14000 Männer arbeiteten allein im Arsenale daran, im Rekordtempo Handels- und Kriegsschiffe auf Kiel zu legen, und in ihren besten Zeiten hatte die Werft eine Rate von einem Schiff pro Tag.

Diese Handwerker, die Soldaten und die Galeerenhäftlinge hatten ein hartes und raues Leben, und die Vergnügungen, denen sie in ihrer spärlichen Freizeit frönten, entsprachen dieser Realität. »Ich werde nichts sagen über die Stierhatz, die Faustkämpfe, Bälle, Gondelrennen und die Feste am Gründonnerstag, bei denen sie einem Stier vor dem gesamten Senat den Kopf abschlagen«, versicherte der tugendhafte Franzose Misson. Sein Landsmann Mirabal zeigte mehr Interesse für Feste und Rituale, die er bei der Elite und auf der Straße beobachtet hatte. Er war gebührend beeindruckt von der berühmten Zeremonie der Heirat des Dogen mit der See, die auf einer riesigen, vergoldeten Barke begangen wurde, aber er berichtete auch darüber, wie das einfache Volk sich unterhielt:

> Ich habe in Venedig mehrere Kämpfe zwischen Stieren und Hunden gesehen und auch eine Art Faustkampf, die nirgendwo ihresgleichen hat und den man hier jedes Jahr abhält. Man teilt die Stadt in zwei Bezirke: den der Castelani und den der Nicoloti: Die Gondelfahrer und die Lastenträger dieser gegnerischen Bezirke versammeln sich an einem bestimmten Tag und kämpfen einer gegen einen ohne jeden Schutz. Sie kämpfen ohne Waffen, aber mit einer enormen Wut, als ob sie sich um ein Reich prügeln würden. Nachdem

> sie einander so zerrissen, erwürgt und erschlagen haben, nehmen sie einander und werfen sich ins Meer. Sie haben Herolde, die zum Kampf rufen und Richter, die über den Sieg entscheiden. Man kann leicht verstehen, dass dies Spektakel nicht sehr entspannend für Menschen von gesundem Verstand sind, aber das Volk sieht dies als angenehme Unterhaltung und die Republik ist einverstanden und befielt es sogar. Durch diese Politik hält sie die Bevölkerung geteilt und diese Teilung beschäftigt sie und verhindert, dass sich das Volk vereint und in umstürzlerischer Absicht aufsteht gegen die Regierung.

Venedig war keine weiche Stadt, obwohl sie sich Touristen gerne von der sanften Seite zeigte; es war eine Stadt der scharfen Kontraste. Neben dem hohen Virtuosentum gab es Musiker, die kaum ein Instrument halten konnten, die erlesenen Vergnügungen reicher Lords standen der Tierhatz und dem Faustkampf bis aufs Blut gegenüber, und hinter der vordergründigen Freizügigkeit und Lust am Exzess war die Regierung der Republik damit beschäftigt, ihre Autorität zu behaupten und jede Gefährdung der öffentlichen Ordnung und ihrer Macht mit eiserner Hand zu verhindern oder zu bestrafen.

Casanova bekam die Härte der Regierung am eigenen Leib zu spüren, als er in die Bleikammern gesperrt wurde, obwohl er sich kein Verbrechen hatte zuschulden kommen lassen (schließlich fragte niemand nach der Vergewaltigung einer Prostituierten). Er war, wenn auch kein Verbrecher, doch ein Tunichtgut, zu vorlaut, zu respektlos, zu freizügig mit Geld und frechen Antworten und Frauen. So warf man ihn kurzerhand in eine der berüchtigten Zellen, die mit Blei ausgekleidet und direkt unter dem Dach in der venezianischen Sonne eine höllische Hitze entwickelten. Für den jungen Abenteurer wurde das Gefängnis zu einem Sprungbrett zu internationalem Ruhm, denn sein Bericht über seine Flucht aus den Bleikammern sollte zum internationalen Bestseller seiner Zeit werden und seinen Namen in ganz Europa bekannt machen.

Auch Casanova aber hatte seine Gönner gehabt, und er hatte gegen soziale, nicht gegen religiöse Dogmen verstoßen. Wer die Kirche und den Glauben öffentlich herausforderte, musste mit schwersten Konsequenzen rechnen. Schon der Fall von Abram Tieffenbrucker, der den Rest seines Lebens unter falschem Namen außerhalb der Lagunenstadt verbrachte, hat gezeigt, dass eine Anklage wegen Ketzerei besonders für deutsche Einwanderer ein echtes Risiko darstellte. Die Inquisition war in Venedig vertreten durch den Rat der Zehn, der die Prozesse und Verhöre durchführte. Obwohl dieser um 1718 nur noch drei Mitglieder hatte und in der zweiten Hälfte des Jahrhunderts nur eines, setzte die Kirche doch alles daran, ihre Macht zu wahren.

Die Arbeit der religiösen Sittenwächter traf auch bei manchen Besuchern auf Zustimmung. So beschreibt ein Reisender in wohlwollendem Ton, was zwei jungen Männern widerfuhr, als sie eines Abends betrunken durch die Gassen und bis vor das Haus des päpstlichen Nuntius zogen und unanständige und besonders gotteslästerliche Lieder sangen.

Kurz darauf wurden die beiden festgenommen und angeklagt. Das Inquisitionsgericht verurteilte sie, den Weg ihrer trunkenen Eskapade noch einmal zurückzulegen. Diesmal aber wurden sie an jeder Station ihrer nächtlichen Grölereien gefoltert. An einer Station hackte man ihnen die Hände ab, vor dem Haus des Nuntius wurde ihnen die Zunge herausgerissen, dann wurden sie hingerichtet.

Venedig duldete Exzesse nur in bestimmten, kodifizierten Räumen oder zu bestimmten Zeiten, bei denen das Volk einen Tag lang Narrenfreiheit hatte. Wer sich gegen die Autoritäten stellte, musste bald erfahren, dass hinter der toleranten und verlebten Fassade der Stadt noch immer eine harte Entschlossenheit regierte.

XVII

HERKULES UND SEINE KEULE

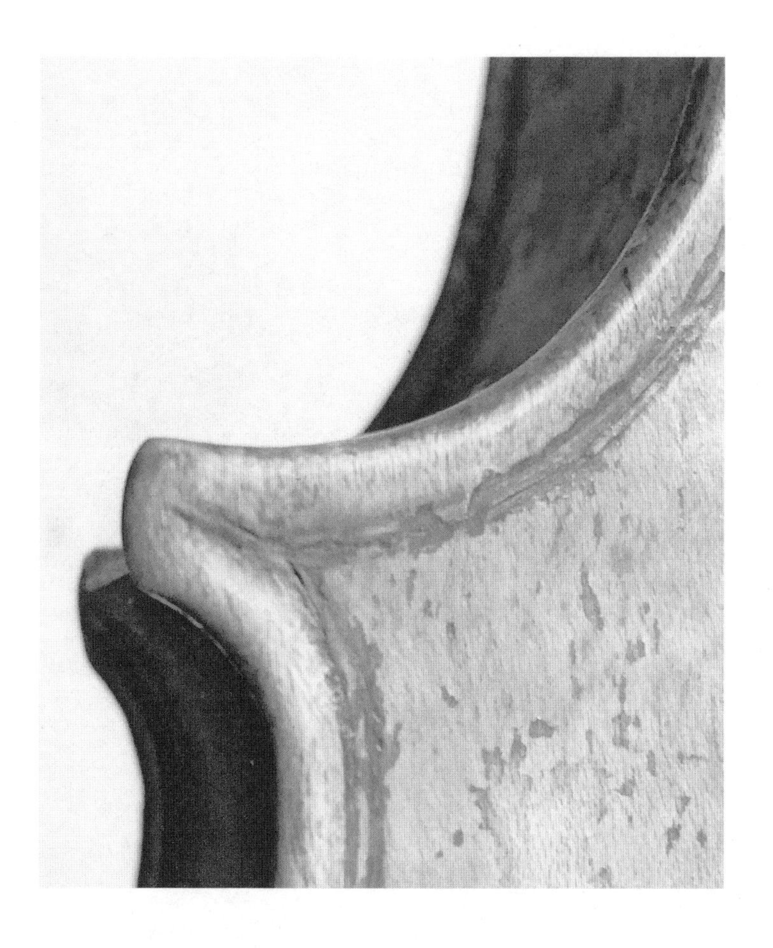

Venedig also. Ich war einige Tage lang wie elektrisiert von der Nachricht, dass meine Suche zumindest eine mögliche Antwort zutage gefördert hatte. Natürlich musste ich SP sehen. Das neue Gutachten hatte ich schon in Auftrag gegeben, auch wenn ich davon ausging, dass es wohl kaum ein besseres Resultat erbringen würde als die zwei davor.

Nur wenn ich meine Suche in präzisere Bahnen lenken konnte, würde mich das in die Lage versetzen, mich meinem Freund Hanns auch über seine lokalen Lebensbedingungen und die örtlichen Dokumente anzunähern. Für den Mann, der meine Geige gebaut hatte, war es lebensbestimmend, in welche Stadt er bei seiner Ankunft in Italien ging oder gebracht wurde. Cremona, die Stadt, an die man immer zuerst denkt, war eine kleine und abweisende Hochburg der Geigenbaukunst, die sich nur ungern öffnete, ein ruhiges Städtchen ohne nennenswerte gesellschaftliche oder musikalische Aktivitäten, ohne einen wichtigen Hof, einen mächtigen Bischof, einen ehrgeizigen Fürsten, einen großen Markt oder ein bedeutendes Kloster. Die Handwerker hier spezialisierten sich auf das oberste Ende des Marktes.

In Rom herrschten völlig andere Bedingungen. Der päpstliche Hof und zahllose diplomatische Vertretungen, opulente Palazzi mit ihren Kardinälen und Herzögen und Prinzen, ganz zu schweigen von den Kirchen, den Prozessionen und Ritualen und Messen, den spirituellen Konzerten und Kammermusikabenden, den wandernden Musikern und *ciarlatani*, den Tavernen und Straßenmusikanten.

Überall in Italien gab es Musik, überall entwickelten sich permanent neue Orchester, Opernbühnen, Theater, Akademien und Konservatorien. Neapel hatte eine intensive musikalische Kultur und eine wichtige Geigenbautradition, Bologna und Padua leisteten sich eine eigene, bürgerlich geprägte Musiklandschaft, und sogar das für seine Sachlichkeit und seine Brutalität in politischen Angelegenheiten bekannte Mailand hatte ein Musikleben, das mehreren hervorragenden Meistern zur gleichen Zeit einen guten Lebensunterhalt bot.

Mit Venedig aber konnte keines dieser musikalischen Zentren mithalten, auch wenn es als Handelsmacht längst unbedeutend geworden war. Sieben große Opernhäuser und Dutzende anderer Bühnen kamen hier im frühen 18. Jahrhundert auf 160 000 Einwohner. Nirgendwo sonst in Europa gab es so viele Theater, Konzertsäle und Messen mit vollen Orchestern, so viele *ridotti*, Gasthäuser, Restaurants, diskrete Zimmer und bekannte Bordelle, so viele jobbende Musiker und durchreisende Musikliebhaber, nirgendwo sonst gab es so viele Instrumente zu bauen und zu verkaufen und zu reparieren, kennenzulernen und zu vergleichen, zu imitieren oder zu übertreffen wie in Venedig.

Für meinen Geigenbauer hatte das bestimmte Konsequenzen. Er war ein Kind vom Land, ein Mann aus dem Volk, ein einfacher Handwerker. Wenn er im Arsenale gearbeitet oder auf dem Wochenmarkt Fisch verkauft hätte, wäre seine soziale Welt sehr eng gewesen. Im Instrumentenbau aber kam er in Kontakt mit sehr unterschiedlichen Leuten. Der Alltag in der Werkstatt war vielleicht monoton, immer im selben Raum mit denselben vier, fünf Kollegen, gelegentlich mit einem neuen Gesellen oder Lehrling an der Nebenbank. Die Instrumente aber brachten Musiker und Musikliebhaber aus verschiedenen Ländern ins Haus, Lehrlinge wurden auf Botengänge durch die Stadt geschickt, zu den Theatern und Konservatorien und Palazzi, in denen das musikalische und gesellschaftliche Leben pulsierte.

Mehr noch als etwa Goldschmiede, Schneider und Friseure, die durch ihre Berufe ebenfalls in direkten Kontakt mit Menschen einer wohlhabenden und häufig auch gebildeten sozialen Schicht kamen, waren Instrumentenbauer andauernd in das Leben von Musikern und Publikum einbezogen, weil die Instrumente Aufmerksamkeit und Pflege brauchten. Irgendjemand stolperte immer im Orchestergraben eines Opernhauses über ein Cello, irgendein Instrument glitt immer von einer Gondel und landete im Kanal, irgendein Betrunkener in einer Taverne ließ immer eine Geige fallen oder zerkratzte sie. Ohne die *liutari*, die auch spätabends noch aus dem Bett geholt werden konnten, um in den Theatern der Stadt ein verunglücktes Instrument zu reparieren oder ein neues zu liefern, hätte es in Venedig weniger Musik gegeben.

Dies war der Unterschied zwischen Venedig und einem Ort wie Füssen oder Cremona. In einer Kleinstadt konnten sich einzelne Meister ganz dem Bau von Instrumenten widmen. An einem Ort wie Venedig hatten sie einen vollkommen anderen Arbeitsalltag und andere Herausforderungen, die sie nur bewältigen konnten, wenn sie als Gruppe, als Werkstatt funktionierten und Aufgaben untereinander delegierten.

Die musikalische Kultur der Stadt war nicht nur häufig brillant, wie von Burney beschrieben, sie wird ein Kind wie Hanns, der aus seiner Heimatstadt den Kirchenchor kannte und vielleicht ein Kammerorchester und der vielleicht auch selbst Unterricht genommen hatte, erregt, verwirrt, überwältigt und – je nach persönlicher Disposition – abgestoßen haben. Die virtuose Instrumentalmusik war aber nur eine Facette dieses musikalischen Kaleidoskops.

Ein wesentlicher Unterschied zwischen der Musik hier und in anderen Städten Europas lag in zwei lokalen Traditionen. Viele der Musiker, für die Goffriller und seine Werkstatt arbeiteten, waren tatsächlich Musikerinnen, denn gerade in den Konservatorien, für die Venedig so berühmt war, spielten junge Frauen oft hochprofessionell als Orchestermitglieder oder Solistinnen, und auch auf der Opernbühne waren sie zu finden.

Eine andere lokale Besonderheit dürfte für Hanns ebenso wie für viele andere ausländische Besucher weniger leicht verständlich gewesen sein, eine Besonderheit, die einige verurteilten und die von anderen als ein Höhepunkt der Musik und einer erotischen Ambivalenz, als sublim beschrieben wurde.

Die größten und mit fast hysterischer Inbrunst gefeierten Stars der venezianischen Oper gehörten einer seltsamen Zwischenwelt an und waren weder Mann noch Frau noch Kind. Der Franzose Misson befand es für notwendig, seine Landsleute diskret, aber unmissverständlich auf diese seltsamen Gebräuche hinzuweisen:

> Es gibt hier etwas, das sie bezaubert, dich aber nicht freuen würde; ich meine jene unglücklichen Männer, die es ertragen, verstümmelt zu werden, sodass sie bessere Stimmen haben. Die dumme Figur, die ein so verstümmelter Bursche meiner Ansicht nach macht, wenn er den Starken mimt, oder den leidenschaftlichen Liebhaber, mit seiner entmännlichten Stimme und dem verkümmerten Kinn – wie kann man so etwas ertragen?

Kastraten waren die hell funkelnden Sterne am Firmament der venezianischen Oper im 18. Jahrhundert. Ihre Stimmen verbanden die Schönheit eines Knabensoprans mit der Kraft und der Technik eines Mannes, und die Koloratur eines gefeierten Sängers konnte Begeisterungsstürme und Ohnmachtsanfälle auslösen. Dabei hatte Misson ganz recht: Häufig gaben die *divi* tatsächlich groteske Figuren ab. Da die meisten von ihnen schon mit etwa zehn Jahren kastriert worden waren, hörten sie nicht oder nur langsam auf zu wachsen und behielten trotz ihrer übergroßen Statur ein kindliches Gesicht. Der Maler Marco Ricci skizzierte mehrere der damals bekannten Sänger mit einem scharfen Auge für das Absurde. In seinen Zeichnungen erscheinen verfettete Riesen, die in Kostüme gezwängt wurden, um ihre Kunst zu zelebrieren. Sie überragten alle anderen auf der Bühne um mehr als einen Kopf und sahen dezidiert nicht heroisch aus.

Eine Art ritualisiertes erotisches Spiel mit der Ambivalenz war ein zentraler Bestandteil der glänzenden Bühnenerfolge der Kastraten und der Produktionen überhaupt. Männliche Koloratursoprane wie der »göttliche« Carlo Broschi, der als Farinelli bis nach London sensationelle Erfolge feierte, sangen Helden und Liebhaber. Ihre Stimmen peitschten ihre Anhänger zu Applausstürmen auf, wenn sie ganze Blitzlichtgewitter an Koloraturpassagen über das Publikum hinwegschmetterten oder ihre berühmte und schier übermenschliche Atemkontrolle demonstrierten, indem sie Linien oder Töne endlos in die Länge zogen, ohne auch nur ein einziges Mal nach Luft zu schnappen, sodass das Publikum schon beim Zuhören atemlos und immer weiter mitgerissen wurde, bis in ein körperloses Piano, eine einzige Note – die dann von einem orchestralen oder vokalen Feuerwerk beantwortet wurde. Wie das wirklich geklungen haben mag, lässt sich nur noch einer einzigen und sehr alten Aufnahme entnehmen, die ein gewisser Alessandro Moreschi, einer der letzten Kastratensänger, der in Rom in der Sixtinischen Kapelle gesungen hatte, im Jahr 1904 und in schon fortgeschrittenem Alter aufgenommen hat. Es ist ein unwirklicher Klang, druckvoll und kräftig, aber doch weich wie ein Tenor, der ein oder zwei Oktaven höher singen kann, eine wahnsinnige, exotische Stimmkreatur, fast kreischend, die Stimme eines hochvirtuosen Kindmannes.

Nicht nur die Kastraten spielten auf der Bühne mit erotischen Signalen. Auf einer circa 1710 entstandenen Skizze des Malers Marco Ricci hat ein männlicher Sänger einen Auftritt als Herkules. Das erste Attribut, das ihn als antiken Helden ausweist, ist eine Art griechischer Helm mit einem riesigen Federschweif, der ihm über den Rücken und fast bis zu den Füßen reicht. Oberkörper und Beine sind nackt, ein kurzer Rock ist das einzige Kleidungsstück, das er am Leib trägt. Das zweite Attribut verweist nicht nur auf die Mythologie. Eine gigantische Keule wächst diesem Herkules scheinbar aus den Lenden hervor, die rechte Hand umfasst den himmelwärts gerichteten Knüppel am Schaft.

Bei so viel Innuendo war es kaum noch nötig, hervorragend zu singen. Auch in Venedig waren nicht alle Opernabende künstlerische Höhepunkte. Trotzdem brachte die Opernkultur der Lagunenstadt einen starken Konkurrenzdruck mit sich. Das Publikum wollte unterhalten werden, und die Impresarios mussten sich etwas einfallen lassen, besonders für das internationale Publikum, das sich von Venedig besonders spektakuläre Darbietungen erwartete. Einer dieser sensationslustigen Besucher war der bereits mehrfach erwähnte John Evelyn, dessen musikalischer Geschmack eher einfach gestrickt war:

> An diesem Abend gingen wir in die Oper, wo Komödien und andere Stücke gespielt werden, von den besten Musikern, vokal und instrumental, mit einer Vielfalt von perspektivisch gemalten und raffiniert gebauten Kulissen, und Maschinen, um durch die Luft zu fliegen und andere wunderbare Ideen. Alles in allem war dies eine der großartigsten und teuersten Unterhaltungen, die der menschliche Verstand erfinden kann. Die Geschichte war die von Herkules und Lydia. Die Kulissen wurden dreizehn Mal geändert.

Die Sopranistin, befand Evelyn, wurde von einem »Eunuchen« in den Schatten gestellt. Um zwei Uhr morgens war die Vorstellung endlich vorbei, und die Gruppe von Freunden ging ins Kasino, »um Adelige und ihre Damen [...] zu sehen; aber sie spielen nicht in der Öffentlichkeit und alle, die es möchten, sind maskiert, ohne ein Wort zu sprechen, und so kommen sie herein, spielen, verlieren oder gewinnen und gehen wieder wie es ihnen gefällt.«

Die venezianische Oper bot eine einzigartige Kombination von Dekadenz und Virtuosität, die konventionelle Grenzen zwischen den Geschlechtern und den moralischen Ideen verwischte oder virtuos umrankte, bis sie unkenntlich wurden. Die andere Facette des musikalischen Lebens, über die jeder Besucher sprach, tat genau das Gegenteil.

Konservatorien waren ursprünglich nichts anderes als Aufbewahrungsanstalten, wenn sie auch nicht alte Traditionen, sondern junge Mädchen bewachten. Venedig hatte gleich mehrere solcher Institutionen, die es verwaisten oder verarmten Mädchen und jungen Frauen ermöglichen sollten, über eine gute Ehe und die Beherrschung eines für Frauen akzeptablen Handwerks doch noch Anschluss an die Gesellschaft zu finden. Die venezianischen Orden, die diese Waisenhäuser für junge Damen betrieben, hatten ein einzigartiges Geschäftsmodell entwickelt. Sie brachten den begabtesten unter ihnen das Musizieren bei und erlaubten es ihnen, entweder im Konvent oder auch außerhalb für Honorare aufzutreten und sich so eine Mitgift anzusparen. Die Konzerte dieser Waisenkinder, die normalerweise so platziert waren, dass ihr Publikum sie nicht sehen konnte, waren eine der größten Besucherattraktionen der Stadt.

Mehrere dieser Konservatorien konkurrierten miteinander um das brillanteste Orchester und die erstaunlichsten Solistinnen, und sie ließen sich diesen Wettkampf etwas kosten. Matteo Goffriller beispielsweise lieferte Instrumente guter Qualität an das *Ospedale della Pietà*, wo sein Gegenüber, der Musiklehrer der Mädchen, kein Geringerer als Antonio Vivaldi war.

Der Musikkritiker Charles Burney machte es sich nach seiner Ankunft in Venedig zur Priorität, die berühmten Mädchen der *Pietà* anzuhören. Er war ein kundiger Zuhörer, der nicht zögerte, seine Meinung zu sagen:

> Den 11ten August.
> Diesen Nachmittag gieng ich wieder nach der Pietà; Es waren nicht viel Leute da, und die Mädchen machten hundert Künsteleyen im Singen, vornehmlich in den Duetten, wo sie wetteiferten, wer die besten Naturgaben oder die meiste Geschicklichkeit hätte, wer am höchsten oder tiefsten käme, wer am längsten eine Note wachsend aushalten, oder am schnellesten abgestossene Läufe hervorbringen könnte. Sie schliessen immer mit einer Symphonie, und vorigen Mittewochen spielten sie eine von Sarti, welche ich schon ehmals in England in der Oper Olympiade gehört hatte. Das Orchester ist hier in der That sehr ansehnlich, denn in dem Hospitale sind über tausend Mädchen, wovon siebenzig musikalisch sind, und theils singen, theils spielen.

Burney hörte Konzerte von sehr unterschiedlicher Güte. Bei einigen waren die Instrumente kaum gestimmt und spielten nicht zusammen, »ausserdem schien die Komposition gerade solch Zeug zu seyn, wie ein Knabe, der den Contrapunkt lernte, nach der dritten oder vierten Stunde hervorbringen würde«. Im *Con-*

servatorio delle Mendicanti hörte er wenig später ein Konzert, bei dem auch der gestandene Musiker sein Verständnis von Geschlechterrollen zu hinterfragen begann. Die »Frauenzimmer«, bemerkte er verwundert, spielten nicht schlechter als ihre männlichen Kollegen:

> Es war wirklich merkwürdig, jede Stimme dieses vortreflichen Concerts, mit Frauenzimmer so wohl besetzt zu sehen als zu hören, die Violinen, Bratschen, Violonschelle, Flügel, Waldhörner, ja gar den Contraviolon spielten. Die Priorinn, eine schon bejahrte Frau führte sie an; die erste Violine ward von Antonia Cubli von griechischer Herkunft gespielt; den Flügel spielten bald Francesca Rossi, Maestra del Coro, bald aber andre. Der Gesang war in verschiednem Style wirklich vortreflich; Laura Risegari und Giacoma Freri hatten durchdringende Stimmen, welche ein grosses Theater hätten ausfüllen können; sie sungen Bravura Arien und ausgesuchte Scenen aus italiänischen Opern; Franceska Tomj, eine Schwester des Abate dieses Namens, und Antonia Lucuvich, deren Stimmen zärtlicher waren, schränkten sich vornehmlich auf rührende Arien ein, wobey es auf Geschmack und Ausdruck ankam.

Das musikalische Venedig zog enorme Aufmerksamkeit auf sich mit seinen Stars und brillanten Bühneneffekten. Musikalisch allerdings waren Kleinmeister am Werk. Selbst Vivaldi war hoffnungslos überfordert mit seiner Stellung, in der von ihm erwartet wurde, nicht nur die besten Schülerinnen in Chorgesang und Violine zu unterrichten und das Orchester zu dirigieren, sondern zusätzlich noch Chorwerke für kirchliche Anlässe, Kammermusik und vor allem Solokonzerte für seine Mädchen zu schreiben. Allein 45 Opern und 241 Violinkonzerte sind von ihm aus dieser Zeit erhalten, und sie klingen im Wesentlichen alle gleich, aus den immer gleichen Bausteinen zusammengesetzt, mit den immer gleichen Phrasen und Figuren, Musik für ein mechanisches Puppentheater. Seine berühmt-berüchtigten *Vier Jahreszeiten*, die um so vieles besser sind als diese Serienproduktionen für die *Pietà*, entstanden erst nach seiner venezianischen Zeit, als er Gelegenheit hatte durchzuatmen, seine Ideen zu ordnen und sorgfältig zu fixieren.

Venedig verlangte aber nach Neuheit, nach Effekt. Wer hier als Komponist, Sänger oder Solist arbeitete, musste rasch schreiben, immer schneller lernen, von Manuskripten, auf denen die Tinte noch feucht war, und gleich vors Publikum treten, um mit rasantem Tempo oder mit sentimentalen Fermaten und fliegenden Göttern die Konkurrenz auszustechen, denn die schlief nie. Diese Art von Wettbewerb tat Erstaunliches für die Menge der produzierten Musik, aber wenig für die Qualität.

Im frühen 18. Jahrhundert, als der Stil von Versailles endgültig altmodisch geworden und die Wiener Klassik noch eine Generation entfernt war, war Venedig das unbestrittene Zentrum des musikalischen Europa, ein Ort, der weithin verehrt und studiert und imitiert wurde. Bach schrieb nicht nur seine Solowerke für Geige nach einer intensiven Beschäftigung mit der Musik von Vivaldi und dem venezianischen Geigenstil. Echos der glänzenden Kompositionen für Orchester und Virtuosen finden sich bei Bach und seinen Zeitgenossen immer wieder. Aber dies war nicht mehr das Venedig Monteverdis, der ganze Genres erfunden und den Markusdom zum Klingen gebracht hatte wie niemand vor oder nach ihm. Dies war das Venedig von Vivaldi und Galuppi, von Hasse und Caldara – niedere Chargen im himmlischen Chor.

Ein Lehrling mit etwas jugendlicher Neugierde konnte sich diese anfangs so fremde Welt bald zu eigen machen. Vieles von dem, was er hier zu sehen bekam, muss in seiner Heimat undenkbar gewesen sein. Jetzt aber lag die ländliche und sehr wahrscheinlich arme Welt seiner Kindheit jenseits der Berge, und die Straßen, die Theater, die Werkstätten und die Bekanntschaften, die er hier machte, formten sein neues Universum.

XVIII

EINE VATERSUCHE

»Es ist ganz klar eine Vatersuche, die du da veranstaltest«, sagte ein Freund in einem Kaffeehaus, ein Wiener, mit einem amüsierten halben Grinsen. Ich widersprach energisch. Dann wechselte ich das Thema.

Und was, dachte ich mir auf dem Heimweg, wenn es so wäre? Mein Vater – also der Mann, den ich als Kind als meinen Vater geliebt hatte – war nur wenige Monate, bevor ich meine Nachforschungen begann, gestorben. Er war studierter Dirigent gewesen und dann zum Fernsehen gegangen. Zu meinen frühesten Erinnerungen gehört der Klang des Klaviers, Bach und Mozart, immer wieder Bach und Mozart, immer dasselbe Repertoire, Mozarts A-Dur-Sonate und Präludien aus dem *Wohltemperierten Klavier*. Er spielte, er übte nicht. Er zögerte immer wieder an denselben Stellen. Später waren meine Eltern geschieden, und so sah ich meinen Vater nur in den Ferien, und als ich zehn war, beschloss meine Mutter, dass es schlecht für mich sei, immer wieder zu ihm zu fahren, und so (eine lange Geschichte, mit der wir uns hier nicht aufhalten müssen) dauerte es mehrere Jahre, bis ich ihn wieder besuchte. 14 muss ich damals gewesen sein.

All diese Assoziationen schossen mir durch den Kopf, weil sie tatsächlich durch einen symbolischen Moment mit dieser Suche verbunden waren. Bei diesem ersten Besuch seit Jahren brachte ich meine Geige mit, weil ich direkt danach auf ein Musikcamp fahren wollte, wo ich im Orchester spielte. Wir führten *Figaros Hochzeit* auf, und ich war nicht nur Stimmführer der zweiten Geigen, sondern auch der ewig lüsterne Graf Almaviva – meine Stimme war gerade erst zu einem wackligen Bariton gebrochen. Ich sprang zwischen Bühne und Orchester zwischen den Szenen hin und her.

Jetzt aber, endlich wieder bei meinem Vater, wollte ich auch mit ihm gemeinsam musizieren – ich hatte mich vier Jahre lang weiterentwickelt, ich hatte die Geige für mich entdeckt, ich hatte geübt und hatte auch Noten mitgenommen, um ihn zu beeindrucken und stolz zu machen auf mein Spiel, ihn, den Musiker.

Da standen wir also in seinem großen Haus in einem Dorf in der Nähe von Hamburg. Mein Vater saß am Klavier, und ich packte meine Geige aus, nahm sie und setzte sie an, und plötzlich nahm er sie mir, ohne zu fragen, aus der Hand und begann, sie für mich zu stimmen.

Man muss die Saiten eines Streichinstruments stimmen, wenn man spielen will, und das Lockern und Drehen der Wirbel sowie das Beurteilen der richtigen Intervalle ist etwas, woran Anfänger oft scheitern. Es ist eine freundliche Geste eines erfahrenen Musikers, einem Kind diese Aufgabe abzunehmen. Es stellt auch sofort eine klare Hierarchie her.

Mein Vater nahm, er stimmte. Es war wohl fürsorglich gemeint, mit ein wenig Ungeduld, aber anstatt mich dazu aufzuschwingen, ihm jetzt erst recht zu zeigen, was sein Sohn wirklich konnte, verlor ich alles Selbstvertrauen. Ich spielte schlecht und brach irgendwann ab. Es war das letzte Mal, dass wir gemeinsam Musik machten, ein seltsam bezeichnender Moment, der auch unser Verhältnis von da an bestimmte.

Damals hatte ich gerade begonnen, die Musik als mein persönliches Rückzugsgebiet zu entdecken, einen Rausch aus Klängen und Virtuosen, eine Welt, die mir immer wichtiger wurde, die unendlich weit war, unendlich einsam, voller intensiver Verbindungen und immer noch weiter, noch größer, immer mehr versprechend und mehr verlangend.

Damals begann auch mein ambivalentes Verhältnis zum Vorspielen, denn das Urteil der Erwachsenen hing über mir, auch wenn mich eigentlich niemand beurteilte oder aburteilte und sich das ganze kafkaeske Szenario des Vorspielen-Müssens und des zwangsläufigen Scheiterns nur in meinem eigenen Kopf abspielte. All dies saß mir damals so in den Knochen, dass ich als Musiker unmöglich hätte überleben können. Eine Karriere in der klassischen Musik bedeutet Beurteilungen, Wettbewerbe, Vorspiele, Rückschläge, Absagen, Verrisse. Wer das zu persönlich nimmt, hält es nicht lange aus.

Aber nein, keine Vatersuche, beschloss ich, auch wenn die Verbindung mit jemandem, der nicht mehr ist, dabei eine Rolle spielte, und ja, auch wenn es 1000 Fragen gäbe, die ich meinem Vater noch stellen wollte, auf die er aber schon zu Lebzeiten längst keine Antwort mehr geben konnte, weil er in seinen letzten Jahren immer tiefer in der Demenz versunken war.

Und wenn mein ganzes, seltsames Projekt doch eine Vatersuche wäre, nach dem Ursprung? Dann suchte ich am falschen Ort, vielleicht um das Ganze auf Distanz zu halten. Wenn einem ein Instrument, eine Leidenschaft über lange Zeit so nahe ist, dann verbindet sie sich mit allen möglichen Lebenssituationen, ohne mit ihnen ursächlich zusammenzuhängen, schafft emblematische Erinnerungen. Gefühle und Situationen artikulieren sich durch sie. Sonst hätten sie einen anderen Weg gefunden. Wenn ich Fußballer geworden wäre, Vogelkundler oder Marathonläufer, hätte sich dieser Moment mit meinem Vater auf dem Fußballplatz ereignet, an einem einsamen Nachmittag oder auf einer schwierigen Strecke. So war es eben die Geige, die es zutage förderte.

Es ist seltsam, wie intensiv sich ein persönliches Leben und Erleben mit einer solchen Leidenschaft verbinden, verquicken kann, denn für mich wurde damals die Geige zum Dolmetscher zwischen mir und der Welt. Wenn mich familiäre oder andere Situationen überwältigten, spielte ich Bach, stundenlang, immer wieder dieselben Strukturen, dieselben Akkordfolgen, die sich nie ganz, nie wirklich mühelos unter meine Finger fügen wollten, eine Herausforderung, die meine ganze Konzentration erforderte, eine Übung, eine Disziplin, ein Zeitstrom, ein Fokus, ein Moment von Gestalt und Schönheit und gleichzeitig immer auch ein Moment des Scheiterns an den eigenen Ansprüchen (nächstes Mal!) – und durch all dies eine völlige Abkehr von anderen Problemen.

Nur wenige Jahre später wurde die Geige meine Befreiung, mein magischer Schlüssel zur Welt. Das allerdings passierte erst, nachdem ich einem Jugendorchester beigetreten war und zum ersten Mal in meinem Leben fühlte, dass ich von Gleichaltrigen umgeben war, die für ähnliche Dinge brannten wie ich, die ähnliche Gespräche führen wollten und vor denen ich nicht so tun musste, als würde ich mich für Fußball interessieren. Am wunderbarsten aber war die Tatsache, dass viele von ihnen Mädchen waren, mit denen ich mir im Orchester ein Pult teilen konnte, so nahe neben ihnen sitzend, dass ich ihren Atem hören und ihren Duft riechen konnte, ganz konzentriert auf das Gemeinsame, auf das Spielen, auf den Dirigenten und die vielen Noten in einer schwierigen Passage. Kein Zweifel; die Geige besaß beinahe magische Fähigkeiten.

Nur eines konnte ich nicht erreichen: den Status als legitimer Student, als offizieller Teil der Familie, ausgewählt von strengen Kommissionen. In der Musikakademie konnte ich mit einem Geigenkasten auf dem Rücken gerade als Student durchgehen. Immer wieder schlich ich mich ein, um Teil zu sein von dieser Atmosphäre, von dieser Konzentration und leichten Nervosität, diesem Leben mit einer riesigen Aufgabe. Ich schloss mich Studenten an, die ich in der Mensa kennenlernte, wo ich auf meine Mutter wartete, ich ging zum Unterricht in die Klasse berühmter Professoren und saß bei Orchesterproben hinten im Saal. (Dies sind die eigentlich magischen Momente in der Musik; das Proben, das Entstehen und Formen und Schärfen und Differenzieren, das gemeinsame Atmen und die seltsame Vereinigung so vieler in einer geteilten Anstrengung, bis etwas entsteht, was nur entstehen kann, weil jeder und jede besser wird, als sie eigentlich ist; dies sind die kostbaren Augenblicke, das Konzert ist oft nur eine blasse Erinnerung daran.) Der Geigenkasten, den ich in diesen Räumen niemals öffnete, begleitete mich und öffnete mir Türen. Ich habe durch dieses jahrelange Zuhören viel gelernt.

Wenn ich selbst an einem guten Tag einmal diese für einen Teenager unübliche uneitle, sozusagen selbstvergessen gebündelte Konzentration erreichte, die wirklich gute Musiker auszeichnet, hatte mein eigenes Üben nichts mehr mit der Erwartung eines Urteils zu tun. Solange ich diese Konzentration halten konnte und die Finger gut liefen, war ich ganz bei mir, ganz versunken und doch hellwach, tanzend auf vier straff gespannten Saiten, mitgezogen vom Sog der unter den Fingern entstand, von einer Dynamik, auf der ich reiten konnte wie ein Surfer auf einer Welle, gleichzeitig der einzig Handelnde und ein Zuschauer, vor dessen Augen meine Finger zu eigenem Leben erwachten und Klänge entstehen ließen, ohne dass ich bewusst versuchte, sie zu erzeugen, Klänge, die ihrerseits nichts anderes waren als Marker für Gedanken und Emotionen.

Dies war die Periode, in der ich unbedingt Geiger werden wollte und vier, fünf oder sechs Stunden pro Tag übte, um das in meiner Kindheit Versäumte aufzuholen, was mir nie gelingen sollte. B, meine Lehrerin, gab mir vorsichtig zu verstehen, dass sie keine großen Erfolgschancen für dieses Unternehmen sah.

Natürlich hörte ich nicht auf sie. Ich übte stundenlang und versuchte mich an den ganz großen Brocken des Repertoires, ich wollte etwas werden in dieser Welt, ich wollte nicht als Scharlatan mit Geigenkasten herumlaufen, sondern als respektierter Musiker, und ich war überzeugt, dass harte Arbeit plus ein bisschen strategisches Glück reichen müssten, um das zu schaffen, wie ich bis jetzt alles geschafft hatte, was ich mir vorgenommen hatte.

Ich kann mich noch an den Moment erinnern, als ich meinen Plan endlich aufgegeben habe, denn ich hatte es nicht bis zum kritischen Moment kommen lassen. Ich bin nie irgendwo zu einer Aufnahmeprüfung vor einem Komitee von Professoren angetreten – diese Demütigung habe ich mir dann doch erspart.

Der Moment der Erkenntnis war von unleugbarer faktischer Wucht. Ich saß in einem Solo-Konzert, im Publikum, ein sehr virtuoses Programm, ein junger Star, etwa in meinem Alter. Ich erinnere mich allerdings nicht mehr daran, wer es war. (Habe ich es verdrängt, oder war es einfach nicht wichtig? Was zählte, war allein die Erkenntnis.) Ich saß da, hörte zu, und plötzlich war mir klar: Egal wie viel du übst, egal wie lange du spielst und welche Lehrer du hast: *So wirst du nie spielen können.* Das ist keine Frage des Übens, das ist eine Frage einer Begabung, die du nicht hast. Dieser Musiker hat nicht nur mehr Technik und mehr Erfahrung, er dringt zu etwas vor in dieser Musik, was du nie erreichen kannst, auch in deiner Vorstellung nicht. Er öffnet Türen, von deren Existenz du nichts wusstest. Die Technik ist einfach da, dies ist eine ganz andere Art von Musik, ein ganz anderes Niveau von Verständnis. Das hier, sagte ich mir, wirst du nie können.

Damit war meine Entscheidung auch schon gefallen.

XIX

SIGNATUREN

Verehrter Professor Blom,

es war tatsächlich nicht einfach, dieses Holz zu datieren –
die Berechnungen zeigen, dass es sich um einen Baum handelt, dessen Wachstum ungewöhnlich war. Aber er ist trotz allem synchron mit 35 verschiedenen Referenzgrößen, und das ist nicht nichts …

Die Datierung wird durch elf auf der Decke deutlich erkennbare »Signaturen« bestätigt. In meinen Augen ist das Datum 1717 (1722) sicher erwiesen.

Mit freundlichem Gruß,
Prof. Dr. PG

XX

EINE WERKSTATT

Leider war SP nicht immer leicht zu erreichen und häufig selbst auf Reisen, aber keiner kennt die Archive von Venedig so wie er. In jahrzehntelanger Forschungsarbeit hat er ein erstaunlich detailliertes Bild der dortigen Instrumentenbauer gezeichnet. Allerdings trifft seine Forschung, wie schon im Falle Deconet deutlich geworden ist, nicht immer auf die Zustimmung anderer Historiker und Experten. Hinter seinem Rücken sprechen einige seiner Kollegen herablassend über ihn, auch mir gegenüber. Man warnte mich davor, dem exzentrischen Amateurhistoriker zu viel Glauben zu schenken, besonders, was die Instrumente selbst betrifft, denn, so sagte man mir, SP habe einfach das Auge nicht.

In einer so vage umschriebenen Kunst wie der Analyse historischer Objekte ist es ein vernichtendes Urteil, jemandem »das Auge« abzusprechen. Ich begann mich mehr für diesen Menschen zu interessieren, der mehrere ausgezeichnet recherchierte Bücher geschrieben hatte und dessen Dokumentation, Beschreibung und Zuordnung von Instrumenten objektiv, detailliert und gut argumentiert wirkte.

SP selbst schien dieser professionellen Ablehnung auf breiter Front mit einer gewissen Gelassenheit zu begegnen. Tatsächlich war er nicht wirklich Teil des Marktes. Er baute keine Instrumente und handelte nicht mit ihnen. Seine Expertise hatte ein gewisses Gewicht unter denjenigen seiner Kollegen, die ihn schätzten, und was er sagte, konnte Auswirkungen auf den Wert bestimmter Instrumente haben, was vielleicht auch ein Grund dafür war, warum seine Dekonstruktion des rätselhaften Herrn Deconet auf so wenig Gegenliebe stieß.

SP blieb dennoch ein Außenseiter in diesen Kreisen. Er wurde als Bratscher und Jurist ausgebildet und arbeitete lange als Musiker. Dann starb sein Vater, ein Geiger, und der Sohn erbte ein regelmäßiges Einkommen aus Tantiemen, die sein Vater als gelegentlicher und erfolgreicher Schlagerkomponist verdient hatte und die immer noch genug abwarfen. Dies erlaubte es ihm, sich ganz seiner Forschung zu widmen. Sein Interesse an dieser Welt war vorrangig das eines Historikers – Instrumente waren für ihn in erster Linie historische Zeugnisse und erst danach Objekte, die mit einem Preis versehen und verkauft werden konnten.

Das Bild, das die Archive vom Leben der venezianischen Handwerker zeichnen, besteht aus einigen Handvoll sehr konkreter Mosaiksteine, die zumindest ein paar Aspekte erstaunlich detailliert sichtbar werden lassen, während ganze andere Areale völlig leer bleiben. Immer dann, wenn das Leben eines Menschen sich mit einer Form von Verwaltung kreuzte, vom administrativen Staat erfasst, erwähnt, gezählt, besteuert, bestraft wurde, wurde dieser Mensch für einen Moment sichtbar, wie eine Sternschnuppe am Nachthimmel. Eine Geburt, eine Heirat, ein Charakterzeugnis, ein Vertrag, eine Gerichtsverhandlung, eine Innungsliste – das sind die Erinnerungsscherben, aus denen sich solche fragmentarischen Bilder zusammensetzen.

Einen wichtigen Mosaikstein konnte ich nun endlich dazulegen. Ich war dem Rat von SP gefolgt und hatte den Schweizer Archäologen und Holzexperten Prof. PG mit einem Gutachten beauftragt. PG hatte endlich geantwortet, und hier – Tusch! – war das Datum, auf das ich so lange gewartet hatte, das endlich Klarheit schuf, einen wissenschaftlichen *terminus post quem*.

Der letzte Jahresring auf der Decke des Instruments, schrieb PG, stamme aus dem Jahre 1717. Zu diesem letzten Datum werden immer fünf Jahre hinzugezählt, weil der äußerste Teil einer Planke beim Glatthobeln schon abgetragen wird. Das ergab 1722, das Jahr, in dem die Fichte gefällt wurde, aus deren Holz auch meine Geige entstanden war. Es folgte ein langer Bericht mit statistischen Methoden, Graphen der Jahresringe in unterschiedlichen Datenbeständen, Wahrscheinlichkeiten und Korrelationen.

PG gab seiner Identifikation die Kategorie »B«, was bedeutet, dass das Ergebnis bei einer Übereinstimmung von höchstens 73 Prozent nicht ideal ist, aber hoch genug, um als sicher zu gelten, oder, um es in der wissenschaftlichen Prosa von Professor PG zu sagen: »Trotz schlechter Ergebnisse in statistischen Berechnungen (siehe Liste unten) wird die Synchronisation und Datierung der durchschnittlichen Sequenz NECH-475-M durch die elf vorhandenen Signaturen sichergestellt.«

Im frühen 18. Jahrhundert wurde Holz für den Instrumentenbau eine Zeit lang gelagert. Früher gingen Historiker davon aus, man habe es über viele Jahrzehnte getrocknet, gereift und besonders behandelt, inzwischen hat die Dendrochronologie anhand von sicher datierten Instrumenten zeigen können, dass der Zeitpunkt des Fällens und der Zeitpunkt der Verarbeitung bei vielen zweifelsfrei datierten Instrumenten nur wenige Jahre auseinanderliegen. Holz für den Instrumentenbau war teuer, und nur wenige Werkstätten konnten es sich leisten, ein großes eigenes Holzlager zu unterhalten.

Man kann für meine Geige also annehmen, dass sie, wenn der Baum tatsächlich um 1722 gefällt wurde, etwa zwischen 1727 und 1732 gebaut wurde. Später ist möglich, früher kaum, zumindest, wenn man davon ausgeht, dass auch ein Gutachten mit einer »B«-Wertung Bestand hat und dass die Frage nach der Datierung geklärt ist. *Habemus Dendro.*

Gleichzeitig stellte ich mir die Frage, warum genau der von SP so geschätzte Schweizer da fündig geworden war, wo zwei spezialisierte Kollegen zuvor gescheitert waren. Ich kontaktierte einen von ihnen und bat ihn um seine professionelle Meinung zu der Analyse seines Kollegen. Sie fiel vernichtend aus. Er habe die Analyse nachvollzogen, und nichts würde diese Ergebnisse rechtfertigen, sagte er, die Methoden seien veraltet, die Parameter fehlerhaft, die Bewertung unverständlich, das Ergebnis nicht ernst zu nehmen.

Wie immer gab es auch eine andere Möglichkeit, PGs Erfolg zu erklären. Er war von Haus aus Archäologe, spezialisiert auf Pfahlbauten der Bronzezeit in der Alpenregion. So war der Schweizer Professor überhaupt erst zur Datierung von Hölzern gekommen. Bald hatte sich sein Interesse ausgeweitet, und er hatte die Signaturen von Stämmen gesammelt, die in der Alpenregion über die letzten zwei Jahrtausende für Gebäude verwendet worden waren. Dazu kamen bald auch Datenbanken über Möbelhölzer und über Instrumentenbau. PG hatte anderswo gesucht und hatte deswegen auch andere Datensätze zum Vergleich.

All das ergab nicht wirklich die in Granit gemeißelte Sicherheit, nach der ich gesucht hatte – bestenfalls eine »B«-Wertung, sagte der größte Optimist. Trotzdem, ein Anhaltspunkt und ein Moment von besonderem Interesse. Venedig um 1730 zeichnete sich ab als Geburtsort meines Instruments.

Um 1730 erlebte Venedig eine Revolution in der Welt der Geigenbauer – wenn auch nirgendwo sonst. Das Leben in der Stadt und die große Politik hatten stagniert wie das Wasser in den Kanälen. Venedig war keine Seemacht mehr, hatte kein Reich mehr, das bis zu den griechischen Inseln reichte, war nicht mehr die wichtigste Handelsnation des Mittelmeeres. Der englische Historiker John Julius Norwich macht es kurz und schmerzhaft deutlich: »Ein Volk, das für Jahrhunderte dafür berühmt war, die geschicktesten Seeleute zu haben, die gewitztesten und mutigsten Händler und Abenteurer ihrer Zeit, war jetzt besser bekannt für ihr Können als Geizhälse und Intriganten, Spieler und Zuhälter.«

Eine kleine symbolische Verbindung: 1722, das Jahr, in dem wahrscheinlich der Baum gefällt wurde, aus dem die Decke meiner Geige entstand, war auch das Jahr, in dem der Doge Giovanni Corner starb. Bei der alljährlichen Zeremonie der Hochzeit mit der See, die seit Jahrhunderten einen besonders feier-

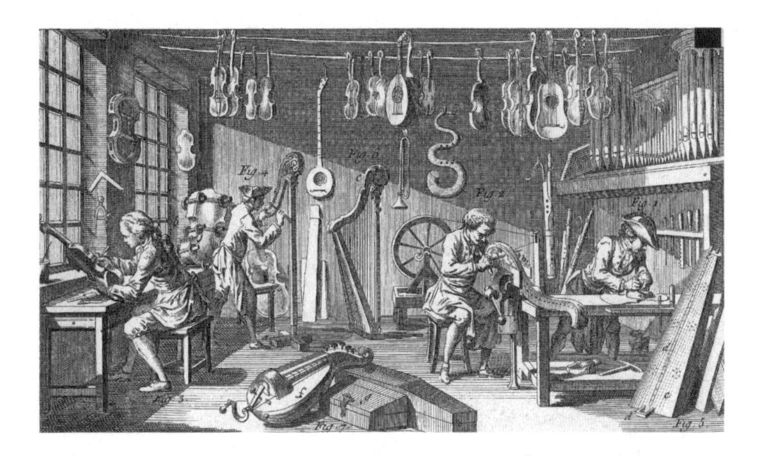

lichen Teil seines Amtes ausmachte, war er am 3. Mai gestolpert, als er die offizielle Barke, den Bucintoro, bestieg, und dabei war ihm sein offizieller Dogenhut heruntergefallen. Er hatte das als ein himmlisches Zeichen gewertet und hatte rapide an Kräften verloren. Am 12. August, drei Monate nach dem Vorfall, starb er.

Natürlich ist es nicht möglich zu wissen, wie ein Mann wie Matteo Goffriller die Zustände in seiner Adoptivheimat erlebte. Als er 1685 hergekommen war, war Venedig noch eine Großmacht im Mittelmeer, jetzt, 50 Jahre später, war nichts mehr übrig von alledem; stattdessen war die ehemals stolze Stadt moralisch wie ökonomisch und politisch heruntergekommen. Es gibt kein direktes Dokument, das zeigt, wie die deutschen Bewohner der Stadt über diesen Niedergang dachten, aber Gemeinschaften von Auswanderern sind häufig besonders konservativ. Das schweißt zusammen, schafft Zugehörigkeit, gerade dadurch, dass man sich von den anderen absetzt, dass man sagen kann: Die sind nicht wie wir, sowas tun wir nicht, essen wir nicht, glauben wir nicht. Das, was in Venedig die Wirtschaft ankurbelte, gab den Deutschen, die dort wohnten, vieles, wovon sie sich abgrenzen konnten.

Die deutsche Gemeinde in Venedig, die durchaus auch andere Nordeuropäer mit einschloss, blieb in ihrem gesellschaftlichen und geschäftlichen Leben vorzugsweise unter sich. Man kannte einander, machte Geschäfte miteinander, besuchte in derselben Kirche die Messe. Die Kinder heirateten einander, wo es ging, oder man schickte um Bräute und Lehrlinge nach Hause, in die deutschsprachigen Alpen. Die Deutschen in Venedig übernahmen die Patenschaften für die Kinder ihrer Gemeinde, sie vermieteten einander Wohnungen und Werkstätten, sie sprachen untereinander Deutsch.

Während es aber gut möglich ist, dass auch sie das dekadente Treiben um sich herum mit großem Argwohn betrachteten, konnten sie sich nicht völlig davon abwenden: Instrumentenbauer, Vergolder, Schneider und Musiker, Lederarbeiter, Kunstschreiner und Elfenbeinschnitzer, Sänger, Impresarios, Bühnenmaler und Kostümbildner, ganz zu schweigen von den zahllosen Trägern, Bühnenarbeitern und Choristen, lebten von der degenerierten Schönheit der Stadt des Karnevals und der maskierten Sünde, die sie in ganz Europa berühmt und zum Magneten für wohlhabende Touristen gemacht hatte.

Um 1730 hatte Matteo Goffriller allerdings andere Probleme als den Niedergang Venedigs. Er selbst kämpfte um sein berufliches Leben und immer mehr auch um seine Gesundheit. Fast seine gesamte Karriere über war er der führende Geigenbauer der Stadt gewesen, ein stilistischer Pionier, ein brillanter Designer und Handwerker, der eine ganze Generation inspiriert und zum Teil auch ausgebildet hatte.

Inzwischen waren diese jungen Talente selbst zu Meistern geworden, hatten eigene Werkstätten eröffnet oder sich in bestehende eingekauft. Domenico Montagnana, der eigentlich Schuster war, Pietro Guarneri, Carlo Tononi, Giuseppe Landolfi, Francesco Gobetti und Santo Serafin waren jeder auf seine Weise hervorragend, und sie schufen spektakuläre Instrumente, auch und besonders Celli, die noch heute für Cellisten zu den gesuchtesten überhaupt gehören.

Goffriller hatte bis dahin immer Möglichkeiten gefunden,

seine Werkstatt gegen Konkurrenten und seine Finanzen gegen die übermäßig neugierige Innung abzuschirmen und sich an der Spitze seiner Zunft zu halten. Jetzt aber war der Meister um die 70, seine Gesundheit ließ nach. Die Instrumente, die er in diesen Jahren baute, sind deutlich weniger raffiniert und selbstbewusst gestaltet, sie zeigen Momente der Unsicherheit; es sind große Instrumente, aber auf eine subtile Weise auch Dokumente eines künstlerischen Niedergangs.

Der Höhenflug war erstaunlich gewesen. Matthias Friller war um 1685 aus Brixen in Tirol nach Venedig gekommen. Über sein früheres Leben, besonders seine Lehrmeister und seine Wohnorte, ist nur wenig bekannt. Ein Charakterzeugnis, das er für seinen Freund, den Elfenbeinschnitzer Zuanne Ries gab, erlaubt einen kleinen Einblick in sein früheres Leben:

> Ich traf und wurde ein Freund von Zuanne als er noch sehr jung war in Lienz [in Tirol], seiner Geburtsstadt wo ich lebte und arbeitete. Wir verließen diese Stadt und kamen vor vier Jahren gemeinsam nach Venedig, wo wir unsere Beziehung und Freundschaft fortgesetzt haben. In Lienz und in Venedig war er nicht verheiratet, noch hat er Heiratsverpflichtungen. Er versuchte, einige Dokumente von seinen Eltern zu bekommen, aber die wurden in den Krieg geschickt und er konnte sie nicht bekommen.

Bevor die beiden jungen Männer einander trafen und nach Venedig zogen, hatte Goffriller wahrscheinlich auch in Bozen und vielleicht auch in Innsbruck gearbeitet.

Goffriller war also kein Kind mehr gewesen, als er seine Heimat verließ, und kam wohl auch nicht als Lehrling zu Martin Kaiser, dem Füssener Meister, der sich erfolgreich als Geigenbauer in Venedig etabliert hatte – einer der ersten, der sich nicht mehr auf Lauten spezialisierte.

Matteos ältere Schwester Caterina Friller hatte, seit sie 14 Jahre alt war, im Haus von Matteo Kaiser gelebt und gearbeitet, dem Onkel von Martin Kaiser, der im selben Haus wohnte. Es ist daher wahrscheinlich, dass der junge Geigenbauer über seine Schwester von der Chance in Venedig erfuhr, dass er so über das deutsche Auswanderernetzwerk in der Stadt an seine Stelle kam. Er konnte lesen und schreiben, zumindest signierte er verschiedene Dokumente in einer Handschrift, die relativ geübt aussieht.

Matteo Goffriller war bereits Mitte 20, als er begann, für Martin Kaiser zu arbeiten, und es ist wahrscheinlich, dass er eine Vereinbarung mit seinem Arbeitgeber getroffen hatte, denn 1686 heiratete er Kaisers Tochter Maddalena. Ab 1690 übernahm er die Werkstatt und wurde bald zum bei weitem wichtigsten Instrumentenbauer in der Lagunenstadt.

Bevor er sich als Meister etablieren konnte, musste er der Innung beitreten und eine Eintrittsgebühr, die *benintrada*, entrichten. In seinem großen Werk über venezianische Geigenbauer weist SP darauf hin, dass Goffriller sich in die Innung der *Marzeri* einschrieb, die Innung der kleinen Handwerker, die sehr unterschiedliche Betriebe vereinte: Lederarbeiten und Stoffe, Schleier und Bänder, Holz als Färbemittel, Hemden, Handschuhe und Häkelwerk, Kupfer und Parfum, Topfhändler und Ornamente, Waren aus Flandern, Küchenartikel, Brillen, Uhren – und Geigen.

Die anderen erfolgreichen Geigenbauer der Stadt waren Mitglieder der wesentlich vornehmeren *Scuola dei Arti Maggiori*, die Künstlern und Handwerkern mit großen Betrieben und großer Reputation vorbehalten war – allerdings mussten die Mitglieder dieser Innung auch höhere Beiträge und Steuern zahlen, und es scheint, dass Goffriller darauf bedacht war, genau das zu vermeiden. Das tat er mit erheblichem Erfolg. Er zahlte fast immer wesentlich weniger Steuern als seine Konkurrenten.

Mehrere Mahnungen der Innung an Goffriller zeigen, dass er sein Geld überhaupt nur ungern aus der Hand gab, denn der sparsame Tiroler schöpfte aus einem ganzen Repertoire an Tricks, um Steuern zu sparen. 1695 listete er seinen Sohn Francesco als *garzone*, oder Lehrling, in seiner Werkstatt und gab sein Alter mit 15 Jahren an. Tatsächlich war sein Sohn damals erst vier Jahre alt, und offensichtlich hatte der Meister einen 15-jährigen *garzone* (vielleicht sogar den von mir gesuchten!) als seinen eigenen Sohn deklariert, denn es war für einen Werkstattinhaber wesentlich billiger, seinen eigenen Sohn zu beschäftigen als einen Lehrling, für den er nicht nur die Lebenshaltungskosten zahlen, sondern auch Steuern abführen musste.

Eine weitere Strategie des Geigenbauers (und von Handwerkern aller Zeiten und aller Länder) war es, seine Produkte diskret an der Steuer und der kontrollwütigen Innung vorbei zu verkaufen, ohne offiziellen Zettel und daher ohne offizielle Transaktion, unter dem Tisch, unter Freunden, zu einem guten Preis und in bar. Wie es scheint, hatten Kunden in seiner Werkstatt die Wahl zwischen Instrumenten verschiedener Preisklassen. Mehrere Arbeiter und Lehrlinge arbeiteten für ihn, und Interessenten konnten sich aussuchen, welches Instrument, welches Modell, welche Farbe oder Holzqualität sie wollten und bezahlen konnten.

Es scheint plausibel, dass ein Instrument der höchsten Kategorie in großen Teilen vom Meister selbst gebaut wurde. Die Goffriller zugeschriebenen Instrumente bestätigen dies insofern, als dass es einige besonders elegante, besonders charakteristische und allesamt mit Originalzettel versehene Instrumente gibt, die in ihren wesentlichen Elementen klar aus einer Hand stammen. Andere Instrumente aus derselben Werkstatt können sich in wesentlichen Details von dieser Handschrift stark unterscheiden, wenn sie auch einen sehr ähnlichen Gesamteindruck vermitteln.

Wer weniger Geld auszugeben hatte, konnte auch ein Instrument wählen, das zwar den Goffriller-Zettel trug, aber hauptsächlich von seinen Arbeitern unter seiner Aufsicht hergestellt worden war. Für jedes offiziell verkaufte Instrument aber musste der Betrieb nicht nur Steuern zahlen – wenn er zu erfolgreich wurde, musste er in die teurere Innung der *Arti Maggiori* wechseln und zusätzlich höhere Beiträge entrichten. Deswegen verkaufte er offensichtlich (das legen die Klagen über ihn bei der Innung nahe) einen Teil seiner Instrumente ohne Zettel und ohne die charakteristischen Stilelemente, die sie unverwechselbar machten. Diese Instrumente wechselten unter der Hand den Besitzer.

Im Laufe der folgenden Jahrhunderte wurden diese ungewöhnlich guten Instrumente, die keinen Zettel trugen und niemandem eindeutig zugeordnet werden konnten, sehr häufig den großen Meistern von Cremona untergeschoben. Einige Geigen und Celli, die lange als Amatis und Guarneris galten, wurden erst in den letzten Jahrzehnten als Arbeiten von Goffriller und seiner Werkstatt identifiziert.

Lange war Goffriller deswegen ein Phantom in der Geigenwelt. Sein Name war fast vergessen. Der Markt wollte Amatis und Guarneris (und sogar Testores), und er bekam sie – manchmal mit etwas tätlicher Mithilfe eines hoffnungsvollen Anbieters, der einen Zettel von einem der Amatis oder Guarneris einklebte, um seine Ware aufzuwerten. Erst der legendäre Cellist Pablo Casals lenkte die Aufmerksamkeit wieder auf Goffriller, denn er spielte eines seiner Instrumente. Trotzdem dauerte es für viele seiner Arbeiten mehrere Jahrzehnte, bis sie als solche erkannt und anerkannt wurden und so einen eigenen Wert entwickelten.

Matteo Goffriller hatte es der Nachwelt nicht leicht gemacht, ihn im Auge zu behalten. Er war erfolgreich gewesen, hatte es aber verstanden, seinen Erfolg nicht zu offensichtlich zu machen. Er war unter dem Radar geblieben, zumindest was seine Steuern anging. Sein persönliches Leben illustriert allerdings auch, warum er so sehr darauf bedacht war, Geld zu sparen.

Gemeinsam mit seiner Frau Maddalena, geborene Kaiser,

hatte Matteo zwölf Kinder gehabt. Mehrere von ihnen starben jung und wurden in der Kirche Santi Apostoli nahe beim Altar im *arco degli anzoletti,* dem »Bogen der kleinen Engel« beigesetzt. Unter seinen überlebenden Kindern aber waren mehrere Mädchen, von denen jedes mit einer Mitgift ausgestattet werden musste. Barbara Goffriller heiratete Felice de Palatijs, einen flämischen Diamanter, oder Diamantenhändler; Regina wurde die Frau von Emanuel Marilich, einem offensichtlich deutschen Buchhändler, der vor der Hochzeit seinem protestantischen Glauben abschwor und zum Katholizismus konvertierte.

Die Berufe und die Herkunft der Ehemänner zeichnen ein Bild des sozialen Umfelds der Familie Goffriller, das auch von den Paten der Kinder bestätigt wird. Unter ihnen waren der wohl deutsche Sattler Valentin Duenez, der deutsche Arzt Giovani Gaspar Fez und der Diamanter Cornelio von Hoiern (noch ein Flame). Es waren Einwanderer, respektable Leute, mit denen die Goffrillers Umgang pflegten, Handwerker und Händler, von denen die meisten von nördlich der Alpen kamen.

Auch in seiner Werkstatt beschäftigte Goffriller häufig Tiroler oder deutsche Lehrlinge und Arbeiter, unter ihnen ein gewisser Andrea Comel aus Gorizia an der Grenze zum heutigen Slowenien und sein Bruder Francesco, der von SP erwähnte Martin Lazinger aus Brixen, der schon als Zwölfjähriger in seiner Werkstatt arbeitete, Zuanne Ongaro (Herkunft unbekannt) und weitere *garzoni,* deren Namen nicht dokumentiert sind.

Tatsächlich wurde es schwieriger für einen Geigenbauer in Venedig, Lehrlinge aus Füssen zu bekommen. Die Verbindung zwischen der kleinen Alpenstadt und der Serenissima, die sich 400 Jahre lang gehalten hatte, zerfiel. Jüngere Füssener Geigenbauer zog es in Länder nördlich der Alpen, aber gleichzeitig hatte sich der Instrumentenbau in Füssen nie wirklich vom Dreißigjährigen Krieg erholt. Nur wenige Meister waren nach 1700 noch in Füssen ansässig, und die meisten ihrer Instrumente waren sehr einfach gebaut. Es gab kaum noch Lehrlinge mit dem erforderlichen Talent, und auch die Auslands-Füssener Meister in Italien waren dazu übergegangen, italienische *garzoni* einzustellen. Füssen rückte immer weiter in die Ferne.

Es war ein anderer Füssener gewesen, der diese Entwicklung in Venedig beschleunigt hatte – ein Auswanderer der dritten Generation. Der listige alte Matteo Sellas war ein wohlhabender Lautenhändler, dessen Großvater Mang Seelos aus Füssen gekommen war. Sellas war ein Großhändler, der Lautenspäne, Rosetten und andere Teile in fast industriellen Mengen vorproduzieren ließ und dann weiterverkaufte oder in seiner Werkstatt zusammenbauen ließ.

Sellas hatte das Geschäft mit Streichinstrumenten lange beobachtet und sich um 1720 endlich dazu entschlossen, sich einen Teil dieses immer lukrativer werdenden Marktes zu sichern. So hatte er gleich zwei begabte italienische Geigenbauer in seine Werkstatt geholt, um für ihn zu arbeiten, den jungen Pietro Guarneri, der sich gegen den Wettbewerb seiner Brüder und Kollegen in Cremona nicht durchsetzen konnte, und Santo Serafin, dessen extravagante Kreationen einen neuen Stil definierten.

Als diese jungen Talente nach Venedig kamen, ging Matteo Goffriller schon aufs Greisenalter zu. 40 Jahre lang hatte er eine Werkstatt geführt, die Standards gesetzt hatte. Seine Instrumente waren nie so teuer gewesen wie die der Cremoneser, aber er bekam hervorragende Preise für sie. Eines der Instrumente, das er Antonio Vivaldi für das *Ospedale della Pietà* verkauft hatte, hatte 31 Dukaten gekostet – sechs Monatsgehälter von Vivaldi in einer Stadt, in der man von 200 Dukaten pro Jahr wie ein Herr leben konnte.

Diese Zeiten aber waren vorbei. Gegen 1730 intensivierte sich der Druck der brillanten jungen Kollegen, und fünf Jahre später zog sich Matteo Goffriller zurück, offensichtlich bereits ein kranker Mann. Der letzte, ihn betreffende Eintrag in den Archiven von Venedig besagt: »23. Februar 1742, Mattio Goffriller, 82 Jahre alt, ein Invalide seit sieben Jahren, gestorben.«

Goffrillers Geschäftspraktiken und Karriere machen es schwierig, ihn in das Bild zu integrieren, das sich die Welt noch immer von der Zunft der Geigenbauer macht und das sie kultiviert. Der Kunstmarkt bedient sich schon seit langem des romantischen Mythos, nach dem einsame Genies im titanischen Kampf vor der Leinwand und unter schrecklichen Leiden unsterbliche Meisterwerke schaffen. Tatsächlich aber, um beim Beispiel zu bleiben, arbeiteten besonders Maler vor der Erfindung der Tubenfarbe immer mit und in Werkstätten, die arbeitsteilig organisiert waren.

Der erste Grund dafür war praktischer Natur. Bevor Farben in Fabriken hergestellt und in Tuben ausgeliefert wurden, sodass man sie in die Tasche stecken und in die Natur mitnehmen konnte, wie es die Impressionisten taten, mussten sie frisch angemischt werden, wenn der Maler sie brauchte, und konnten auch nur sehr begrenzt aufbewahrt werden. Das setzte einen Werkstattbetrieb mit Lehrlingen und Gesellen voraus, die bei der arbeitsintensiven Vorbereitung der Leinwände und der Farben, für die Pigmente gerieben und gekocht, gesiebt und gerührt werden mussten, einen Großteil der Arbeit übernahmen, damit sich der Meister darauf konzentrieren konnte, tatsächlich den Pinsel über die Leinwand zu führen.

Auch das aber war nicht so, wie das oft gezeichnete Bild es darstellt. Ein Maler hatte einen mittelständischen Betrieb zu führen, Löhne zu zahlen, Materialkosten, Mieten und vieles mehr. Nur ein entsprechendes Auftragsvolumen machte das möglich, und deswegen musste auch genug produziert werden. In einem solchen Betrieb hatte ein Meister wie Rubens oder, um in Venedig zu bleiben, Tizian und Canaletto, einfach nicht die Zeit, ein ganzes Gemälde zu schaffen. Er fertigte Skizzen an, nach denen Gesellen die Leinwände präparierten, die Figuren und Proportionen übertrugen, den Hintergrund malten, dann die Gewänder, die Tiere, die Blumen. Oft waren spezialisierte Gehilfen allein verantwortlich für Pflanzen, Tiere oder Waffen. Dann setzte der Meister die Gesichter ein, die Hände, die sprechenden Details.

Es ist für den Kunstmarkt einfacher, die romantische Version zumindest am Leben zu lassen. Ein Genie ist bewundernswerter und interessanter als eine Manufaktur – und verkaufsfördernder, ein Märtyrer für die Kunst, dessen Leiden den Betrachter erhöht.

Im Falle der Geigenbauer ist die historische Realität ähnlich komplex geschichtet. Auch Antonio Stradivari hatte nicht genug Zeit in seinem langen Leben, als dass er ohne Hilfe all die Instrumente hätte bauen können, die ihm glaubwürdig zugeschrieben werden. Trotzdem aber war seine Produktion sehr kompakt, sehr charakteristisch, mit einer deutlichen Handschrift und einer klaren stilistischen Entwicklung, er scheint also seine Arbeiter geradezu obsessiv bis ins Detail hinein kontrolliert zu haben. Die Instrumente sind von zahllosen Experten ausführlich durchleuchtet, dokumentiert und beschrieben worden und so weit ausanalysiert, dass man inzwischen weiß, welche Geigen aus demselben Baumstamm geschaffen wurden – ein Traum für den Kunst- und Instrumentenmarkt.

Einige wenige Geigenbauer arbeiteten tatsächlich in sehr kleinen Werkstätten, oft die, die in kleineren und relativ isolierten Städten wie Cremona lebten, wo die Dynamik völlig anders war als in einer Metropole mit Theatern, Musikern, Sammlern und einem entsprechend hohen Bedarf an fachkundigen Reparaturen.

In vielen, wenn nicht in den meisten Fällen aber waren Geigenbauer in ähnlich komplexen und arbeitsteiligen Werkstätten tätig wie auch Maler und Kunsttischler, Architekten und Schneider. Die Produktivität von Matteo Goffriller belegt das eindrücklich. Allein für das Jahr 1700 sind etwa 30 Instrumente von ihm belegt. Vielleicht sind einige davon falsch zugeschrieben worden, aber die Zahl gibt eine Vorstellung von der Größenordnung, zumal sicher nicht alle seine Instrumente die Zeiten überdauert haben. Ein erfahrener Handwerker braucht zwischen 80 und 200 Stunden Arbeit für eine Geige und entsprechend länger für größere Instrumente.

In einem Werkstattgeschäft im Erdgeschoss eines venezianischen Hauses in engen Gassen und zwischen häufig überhängend gebauten Fassaden hatte ein Handwerker kaum mehr als sechs Stunden gutes Tageslicht, danach konnte er nur noch bei einem Schusterlicht arbeiten, einer Kerze mit Reflektor und vielleicht einer wassergefüllten Glaskugel davor, die das Licht bündelte – ein schwacher Ersatz für Tageslicht. Es muss also mindestens 20 ganze Tage oder einen Monat Arbeitszeit gekostet haben, ein Instrument von Grund auf herzustellen, und das ohne Reparaturarbeiten, Verkaufsverhandlungen und andere zeitintensive Ablenkungen, die ebenfalls zum Alltag des Geigenbaugeschäfts gehörten. Nur eine ganze Werkstatt kann in einem Jahr 30 Instrumente produziert haben, die heute mit einer praktischen Verkürzung dieser Realität Goffrillers Namen tragen.

Gerade in Venedig gab es eine einflussreiche Branche, die möglicherweise als Inspiration für derartige Produktionsabläufe gedient hatte, wie der Historiker SP vorschlägt. Das Arsenale war seit Jahrhunderten das Herz der militärischen Macht und des Handelsnetzwerks der Republik Venedig. Hier entstanden die Schiffe, auf denen diese Macht gebaut war, und diese Schiffe wurden in einem immensen, industriell organisierten Betrieb mit ungeheurer Effizienz produziert. Arbeitsteilung machte es möglich. Die Arbeiter des Arsenale hatten die Serienproduktion zu einer Kunstform erhoben. Es liegt nahe, dass sich auch andere Branchen von diesem Beispiel inspirieren ließen. Auch der Lautenbau war schließlich arbeitsteilig organisiert gewesen, mit Zulieferern nördlich der Alpen und Montagewerkstätten in Italien.

Goffrillers Werkstatt scheint tatsächlich wie eine gut geölte Maschine gelaufen zu sein, was auch an vielen seiner Instrumente deutlich wird. »Goffrillers gesamte Produktion zeigt einige Elemente, die seinem typischen Stil deutlich widersprechen«, resümiert SP. Angesichts einer ganzen Werkstatt, die an der Produktion eines Instruments beteiligt war, mit Arbeitern, die kamen und gingen und jeweils für einige Zeit bestimmte Arbeitsschritte übernahmen, konnte der Meister selbst bei manchen Instrumenten nur einen gewissen Standard, einen gewissen Stil, ein bestimmtes Modell und einige charakteristische Details garantieren – und wahrscheinlich auch eine persönliche Klangeinstellung, die das Instrument erst wirklich zum Sprechen brachte. Die meisten Einzelheiten aber lagen bei seinen Angestellten, die allerdings selbst häufig hervorragende Meister waren, wenn sie auch nicht über das Geld, das Glück oder den Antrieb verfügt hatten, um sich selbstständig zu machen.

Es lag nahe, dachte ich, dass es sich bei meiner Geige um ein Instrument aus ebendieser Werkstatt handelte, ähnlich genug, um den Geigen des berühmten Meisters in vielen Details zu entsprechen, unterschiedlich und stilistisch hybrid genug, um diese Verbindung zu verschleiern, weil die eigentlich führende Hand die eines unbekannten Meisters war, der nicht unter eigenem Namen verkaufen konnte und deswegen für andere arbeiten musste, der aber in deren Werkstätten meisterliche Arbeit leistete und dessen Hand meiner heute begegnete, wenn ich meine Geige hielt.

Hanns, mein Freund, blieb ein Schatten, aber nun, da ich seine Wirkungsstätte auf Venedig, wohl sogar auf das Umfeld von Matteo Goffriller eingrenzen konnte, ein Schatten mit schärferen Konturen. So wird er schon bald nach seiner Ankunft nicht mehr Hanns geheißen haben, sondern Zuanne, die venezianische Version von Giovanni. Es war nicht besonders elegant, Zuanne zu heißen. Der Name war so stark mit armen Einwanderern aus der Alpenregion assoziiert, dass die tölpelhaften, triebgesteuerten und meist dümmlich-komischen Dienerfiguren in der Commedia dell'Arte als die Zanni bekannt waren, die

Mehrzahl von Zuanne, weil zumindest in der Wahrnehmung der Venezianer jeder zweite männliche Migrant aus dem Alpenland, der irgendwo als Diener anheuerte, Hanns hieß.

Die Zanni also sind ambivalente Figuren; nicht immer sehr ehrlich, nicht immer sehr intelligent; nicht immer sehr gewissenhaft. Aber sie wollten leben, sie liebten das sinnliche Leben und waren immer auf der Suche nach Rissen im System, nach den Punkten, an denen die harten Mauern um sie herum nachgeben würden, wenn man nur ein wenig Druck ausübte. Die unsympathischen Zanni sind deswegen Diebe oder Intriganten. Die Sympathieträger unter ihnen sind die heimlichen Revolutionäre und Botschafter der Würde aller, aber besonders des sogenannten kleinen Mannes gegenüber den Chefs, den Herrschaften.

Der Letzte in ihrer Reihe ist Mozarts Figaro, der sich gegen den Grafen stellt, der aber ohne die Klugheit und Entschlossenheit seiner Braut verloren wäre. (Der Graf war einmal ich, mit 14, kaum verstehend, was ich da sang!) Die Oper spielt in Spanien, aber die Figuren sind aus der Commedia dell'Arte herausgewachsen. Eigentlich ist Figaro ein Venezianer, oder besser gesagt, wahrscheinlich ist er ein Kind der armen Alpenländer, aus Tirol oder dem Allgäu, das hierhergeschickt wurde, vielleicht verkauft, vielleicht in die Lehre gegeben, vielleicht weggelaufen, in jedem Falle aber auf der Suche nach einem besseren Leben.

Hanns wurde also zu Zuanne, wurde zum sprichwörtlichen Landei und Trottel, aber auch zum Prototyp eines Helden späterer Zeiten. Doch es gab sie wirklich, die Zanni, mehrere der Geigenbauer, die in den Dokumenten auftauchen, trugen diesen Namen, und tatsächlich hatte SPs jahrzehntelange Archivarbeit in Venedig Fragmente aus dem Leben eines Geigenbaumeisters namens Zuanne gefunden, der mir seltsam bekannt vorkam.

Einer der Geigenbauer, die zur selben Zeit in Venedig arbeiteten wie Matteo Goffriller, hieß Zuanne Curci und war jahrzehntelang Mitglied der prestigeträchtigen Innung der *Arti Maggiori* in Venedig. Er wurde nach Angabe von Zeugen 1651 in Füssen geboren, kam im Alter von zwölf Jahren in die Lagunenstadt. Nichts verbindet meine Geige unmittelbar mit Zuanne Curci – aber sein Leben, soweit bekannt, deckt sich fast vollständig mit dem Weg, den meine Nachforschungen nahelegten.

Die erste Erwähnung des Zuanne Curci stammt von Domenico Sellas, auch ein Füssener, der 1684 über ihn zu Protokoll gab: »Ich kenne ihn seit 17 Jahren da er für sechs Jahre in meinem Haus lebte als er ein junger Knabe war und später sind wir in Kontakt geblieben [...] er wurde in Fiess unter Innsbruck geboren [...] er kam nach Venedig im Alter von zwölf Jahren.«

Irgendwann war aus Hanns Kurz Zuanne Curci geworden, er hatte seine eigene Werkstatt etabliert, *al Todesco*, unter dem Zeichen des Deutschen. Er war Mitglied der *Scuola dei Arti Maggiori*, der führenden Innung, in die Goffriller aus Sparsamkeit nie eintreten wollte. Curci aber war ein wichtiger Vertreter seiner Zunft, und sein Steueraufkommen lässt vermuten, dass er eine erfolgreiche Werkstatt führte. 50 Jahre lang arbeitete er als Geigenbauer in Venedig. Er wurde Zuanne *il Todesco* genannt.

Alles, was wir sonst noch über Curci wissen, ist, dass er einmal in einen Gerichtsfall verwickelt war. 1704 wurde der Barbier Giacomo Sasso angeklagt, in seinem Geschäft Geigen zu verkaufen, illegal und ohne Steuern zu entrichten. In seiner Aussage gab er zu Protokoll:

> Die Verwalter dieser ehrwürdigen Scuola hat diesen Morgen befohlen, dass ich alle Instrumente, die ich in meiner Bottega habe, abgebe und mich bei der Innung registrieren lasse. Ich antworte demütig dass ich ein Barbier bin und dass hier in meiner Bottega jeden Tag Musik gespielt wird. Wenn ich Instrumente brauche gehe ich und kaufe sie von den Geigenbauer-Geschäften, besonders Zuanne (il Todesco) und den Selles.

Er hatte nur einige Instrumente auf der Straße angeboten, als er in finanziellen Schwierigkeiten war, beteuerte der Barbier.

Stellte Zuanne *il Todesco* also Geigen für Barbiere, Straßenmusiker und *ridotti* her, während Goffriller für eine vornehmere Klientel arbeitete? Vielleicht hatte er einen sozialen Absturz erlebt. Nur ein Jahr später findet sich ein weiterer Eintrag in den Büchern der *Arte Maggiore*:

> 6. Juli 1705. Zuanne Curz, lauter, Calle dei Stagneri, kommt an diesen Ort und beschreibt der Bank seine Armut und die wenige Arbeit in seiner Bottega da lauter. Er sagt aus, dass er unfähig ist, die Zukunft seiner Familie zu sichern, weil er zu arm ist, und während er bei den Arti Maggiori eingeschrieben war, als sein Vermögen in der Vergangenheit groß war, die Gegenwart anders ist. Er kann die Bürde der Arti Maggiori nicht mehr tragen und fleht, dass die Bank seinen Status ändert.

Curci war gerade 54 Jahre alt zu dieser Zeit, und er lebte noch weitere 20 Jahre. Nach seinem Tod suchte seine Witwe um eine Verminderung der Schulden an und machte geltend, seine jahrelange Krankheit hätte riesige Ausgaben mit sich gebracht. Allerdings ist nicht bekannt, was ihm gefehlt hatte.

Zuanne Curci starb irgendwann zwischen 1725 und 1727. Das ist alles, was wir wissen. Als Handwerker aber ist er längst verschwunden, denn es existiert kein einziges Instrument, das Curci zugeschrieben ist, und deswegen auch keine Vergleichsmöglichkeit. Die Verbindung mit der Vergangenheit ist gekappt. Ein Leben, eine Karriere, die dem Weg meiner historischen Nachforschungen perfekt entspricht, hat nur durch wenige Erwähnungen in den offiziellen Unterlagen der Gilde überlebt, in Dokumenten über Beitragszahlungen, Steuern und später eine Eingabe des alten Mannes, der aus Armutsgründen um die Senkung seiner Beiträge bittet. Sonst gibt es keine Spur mehr von Hanns Kurz.

Auch über den Anfang seiner damaligen Reise, in Füssen, war nichts herauszufinden – wenn es auch einen Hinweis gab, der den Beleg in greifbare Nähe rückte, nur um dann doch ins Leere zu gehen. Die Pfarrmatrikel von Breitenwang bei Füssen dokumentieren vier Kinder des Ehepaares Hannß und Magdalena Kurz: Catarina (geboren 1644), Mattheus (1646) und Mathias (1648), und dann Barbara (1655) – aber keinen Hanns im Jahre 1651.

Trotzdem wirft diese Abfolge einige Fragen auf. Hatte das Ehepaar zwischen 1648 und 1655 keine Kinder? Waren die Kinder schon vor der Taufe gestorben, und hatten sie wirklich insgesamt nur vier Kinder, was weit unter dem Durchschnitt der Zeit läge? Oder hatten sie sich in diesen Jahren woanders aufgehalten, waren sie ausgewandert und wieder zurückgekommen, an der Hand den 1651 geborenen und daher gerade vierjährigen Hanns, der nach seinem Vater benannt worden wäre? Waren Vater oder Mutter irgendwo in Dienst gegangen, sodass sie getrennt leben mussten, oder ist vielleicht sogar der Joannes Kurz, der nach sieben Jahren Pause 1655 als Vater des letzten Kindes angeführt wird, nicht identisch mit dem Hannß Kurz, der bis 1748 dreimal in dieser Schreibweise auftaucht?

Ein kleiner Schlenker des Schicksals fehlte, um den notwendigen Beweis zu liefern, dass Zuanne Curci wirklich in Füssen geboren wurde. Was aber eine mögliche Zuschreibung meiner Geige betrifft, so waren alle Taue gekappt, es gab keine Verbindung mehr zu der Hand, die damals mit einem bestimmten Schwung Formen entstehen ließ, einem Schwung, von dem das Holz noch nach Jahrhunderten deutlich spricht und der die Konturen eines Menschen beschreibt. Wenn meine Geige die einzig überlebende Zuanne Curci der Welt wäre, würde ich gerade das niemals zeigen können. Der letzte Überlebende hat niemanden mehr, mit dem er sprechen kann.

XXI

STIMMRISS

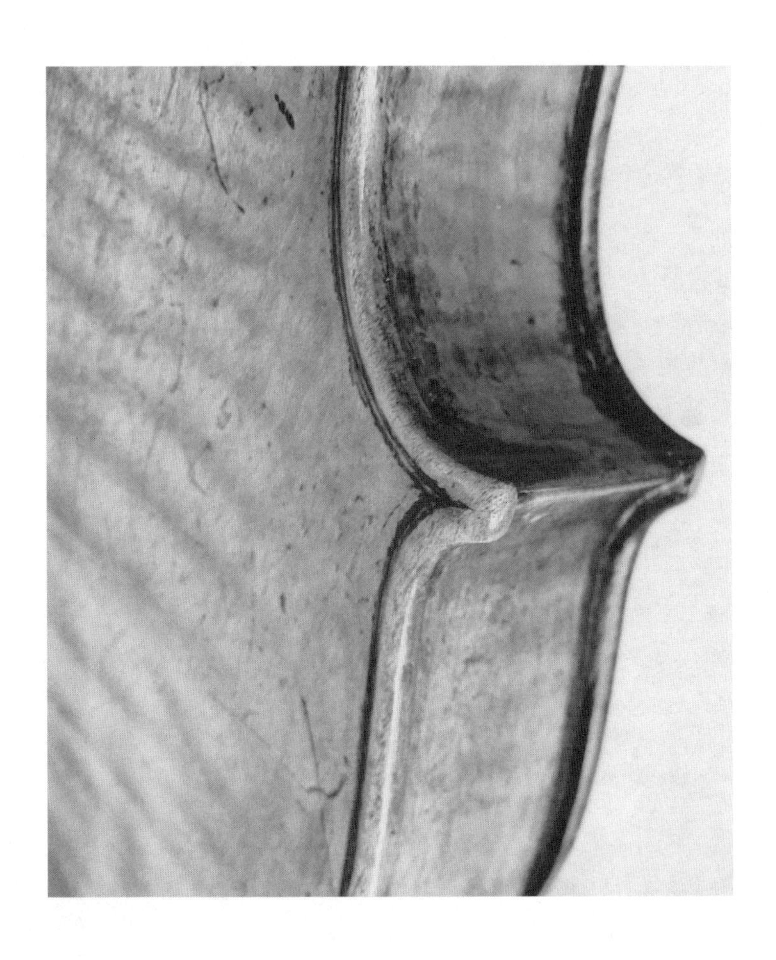

Meine Geige hat einen Stimmriss gehabt. Das ist eine ernste, potenziell fatale Sache. Die Stimme ist ein kleiner Holzstab, so lang wie zwei Fingerglieder, der im Inneren der Geige zwischen Decke und Boden eingeklemmt wird, sodass er die Vibrationen der Töne von dem direkt darüber platzierten Steg auf den Boden überträgt. Auf Französisch heißt dieser kleine Stab *l'âme*, die Seele. Er macht es möglich, dass das Instrument seine volle Resonanz entwickelt. Wenn aber das wenige Millimeter dünne Holz von Decke oder Boden direkt ober- oder unterhalb der Stimme durch einen Unfall, einen Schlag, eine falsche und zu straffe Platzierung oder einfach nur durch einen Materialfehler eingerissen oder gebrochen ist, kann das die Resonanz zerstören.

Ein Stimmriss kann der Ruin eines guten Instruments sein, besonders wenn er schlecht restauriert wird, denn eine Reparatur erfordert immenses Fingerspitzengefühl und kann leicht mehr Schaden anrichten, als sie behebt. Im Idealfall wird die entsprechende Stelle von innen mit einem winzigen Hobel bis zur äußersten Schicht in hauchdünnen Lagen abgetragen und durch ein exakt eingepasstes Futter ersetzt, fast wie eine Hauttransplantation im Körper des Instruments.

Mit sehr viel Geschick und Können lässt eine solche Reparatur – ein unsichtbares Meisterwerk – den Schaden nicht nur optisch, sondern auch akustisch verschwinden. Ich hatte Glück: Einerseits hatte einer der Restauratoren von MR wirklich brillante Arbeit geleistet, sodass man den Riss weder sehen noch hören konnte; andererseits hatte der Stimmriss den Wert meines Instruments trotzdem so weit reduziert, dass ich überhaupt daran hatte denken können, es mir zu kaufen.

Die Zeit mag alle Wunden heilen, aber sie schlägt sie auch.

Mein Instrument war wie von einer tückischen Krankheit geheilt, die jede Stimme dumpf werden lässt und allem Klang die Strahlkraft raubt. Fast alle alten Instrumente haben ihre Narben – Kratzer und Risse und Abriebe, amateurhaft ausgeführte Reparaturen, Lack, der weggerieben oder abgesplittert war oder mit Chemikalien abgewaschen, von Staub und Schmutz verklebt, Veränderungen und Modernisierungen, Flecken vom Schweiß der Musiker im Orchestergraben eines stickigen Theaters, Spuren kleiner Missgeschicke, persönlicher Gewohnheiten und großer Unfälle, die in 300 Jahren zusammenkommen. Ihr Schicksal klingt durch sie hindurch, ihre Geschichte wird Teil ihrer Resonanz, und manchmal ist der Klang nach der Reparatur eines gravierenden Schadens sogar besser als davor. Warum auch nicht? Geigen sind lebende Wesen.

Nur wenige Instrumente überleben *virgo intacta*, unberührt und exakt so, wie der Meister sie ursprünglich gebaut hatte. Im Ashmolean Museum in Oxford ist zum Beispiel eine Geige von Antonio Stradivari ausgestellt, die den Spitznamen »Der Messias« trägt, ein Instrument, das nicht den geringsten Kratzer hat, völlig unbenutzt ist – und unbespielt. Es wirkt fast ordinär in seinem undifferenzierten Orangerot. Das Schicksal hat nicht die Chance gehabt, ihm eine gewachsene Persönlichkeit zu geben. Was für eine Verschwendung, sich nicht dem Leben zu stellen.

Der Gedanke an den ausgebesserten Stimmriss beruhigte mich immens. Das Schlimmste war schon passiert, wie es auch mir schon passiert war. Fast hätte ich den Zusammenbruch damals nicht überlebt, ganz buchstäblich, nach einer Lungenembolie und einer weiteren kritischen Operation fühlte ich, dass auch ich schon einen Stimmriss hinter mir hatte, dass mein Leben unverhofft weiterging, die Stimme trotzdem weitertrug, ich nochmal davongekommen war. Im Nachhinein war das katastrophale Ende der Jahre in Paris seltsam verschwommen, eine nebulöse Zeit, immer wieder zerschnitten von akut schmerzhaften Erinnerungen. Der Diebstahl der Geige war für mich persönlich längst zum Zeichen geworden, dass die Götter uns ihren Schutz entzogen hatten. Es war der Verlust meiner Stimme gewesen, und ich war stumm geblieben, mehr als ein Jahr lang.

Erst 2010 hatte das Schicksal sich offensichtlich entschlossen, mich aus dieser unerträglichen Stille zu befreien. Auf einer Forschungsreise nach Neapel, wo ich in der Nationalbibliothek zu arbeiten hatte, ging ich viel spazieren durch diese Stadt, die mich schon immer in ihren rauen Bann geschlagen hatte, in der längst vergangene Jahrhunderte näher an der Oberfläche liegen als anderswo. Es sind nicht nur die Gebäude, in denen sich ganz unterschiedliche Stile und Jahrtausende treffen, die gigantisch zugeschnittenen Fassaden, die man aus 50 Metern Entfernung sehen und würdigen müsste, die aber direkt in eine enge und hoch bebaute Straße gebaut sind, in die kaum Tageslicht fällt, weil sich die Dächer der Gebäude fast berühren. Es sind die Menschen, die Gesten, der Geruch nach verfaulendem Müll, Urin, starkem Kaffee und Blumen, die vor einem Straßenaltar verwelken.

Ich ließ mich treiben, durch Straßen und auf Piazzas, über Gassen und in Hinterhöfe, in denen die Luft stillstand und das Leben träge geworden zu sein schien, und in einem dieser Höfe stand ich plötzlich vor dem Eingang einer Werkstatt, die Geigen und Mandolinen herstellte. Sechs Frauen und Männer saßen gemeinsam in einem geräumigen, kühlen Gewölbe, einem großen Raum, der an den Hof draußen grenzte. Drinnen standen Werkbänke an der Wand entlang aufgereiht, Werkzeuge hingen darüber, überall lagen, lehnten und standen Geigen und Mandolinen in unterschiedlichen Stadien ihrer Entstehung.

In der Mitte des Raumes befand sich ein großer Tisch mit Stühlen, da wurde gemeinsam gegessen. Die jungen Leute arbeiteten so wie ihre Kollegen 400 Jahre zuvor. Jede und jeder von ihnen hatte bestimmte Spezialisierungen, und die Instrumente waren zu unterschiedlichen Ausmaßen tatsächlich von einer Person gebaut oder Teil der Gruppenproduktion. Die so entstandenen Geigen kosteten einen Bruchteil davon, was ein anderes modernes Instrument kosten würde.

Ich war 17 gewesen, als ich die Atmosphäre einer Werkstatt das letzte Mal so intensiv erlebt hatte. Eine kurze Unterhaltung wurde zu einer längeren, und bald, zögerlich zuerst, probierte ich die Instrumente aus. Ganz selbstverständlich griffen meine Hände nach ihnen, so als hätten sie sie erst gestern weggelegt. Ich spielte mehrere der vorrätigen Geigen und fand eine, die mir besonders zusagte. Draußen im Hof spielte ich Bach aus dem Gedächtnis. Irgendwann konnte ich mich nicht mehr daran erinnern, wie es weiterging, aber ich war erstaunt über den Klang, der aus mir und diesem Instrument entstand, erstaunt darüber, dass ich so lange hatte leben können, ohne dieses Gefühl zu haben. Ich verließ die Werkstatt – wieder – mit einem Geigenkasten in der Hand, nachdem ein Italienisch sprechender und vertrauenswürdig wirkender Freund den Erbauern versichert hatte, dass er mich kenne und ich prompt zahlen würde. Es bestand noch so etwas wie Vertrauen in dieser Welt.

Im Laufe der nächsten Wochen, als ich mein neues Instrument ausprobierte und überhaupt zum ersten Mal seit langem und seit dem Diebstahl eine Geige in der Hand hielt, stellte ich an mir etwas Seltsames fest. Ich war besser geworden. *Ich* hatte offensichtlich nicht geübt, *es* hatte geübt.

Es ist immer so gewesen, wenn ich versucht habe, etwas zu lernen. Mit harter Arbeit und analytischem, geduldigem Üben kam ich bis zu einem gewissen Punkt, aber nicht darüber hinaus. Manche Stellen, Schwierigkeiten, Gedächtnislücken blieben hartnäckig und weigerten sich, sich aufzulösen. Wenn ich aber so ein Stück nach einigen Monaten, in denen ich es nicht gespielt oder auch nur angesehen hatte, wieder aus der Versenkung holte, spielten sich die schwierigen Stellen einfacher, und neue Fragen und Schwierigkeiten entstanden, auf einem anderen und interessanteren Niveau.

Dieser innere Rhythmus verlangt danach, respektiert zu werden. Er kennt keine Abkürzungen. Ohne das harte Üben vorher kommt er nicht in Gang, aber das Üben allein reicht nicht aus. Es ist wie in der Geschichte: Zwei Männer treffen sich jeden Tag und trinken ein Glas Tee gemeinsam, mit viel Zucker. Eines Tages sagt einer von ihnen, dass der Zucker selbst den Tee nicht süßer mache. Was denn dann den Tee süß mache, will der andere wissen. Das sei einfach, sagt der Erste, das Umrühren. Und wofür tue man dann den Zucker hinein?, kommt die hämische Frage des Freundes. Um zu wissen, wie lange, antwortet er.

Die Geige, die ich in Neapel in einem Hinterhof gekauft habe, hatte einen dunkel-samtigen Ton, wie ein Trost. Es war kein fein gebautes Instrument, und ihr Erbauer war sogar stolz darauf, das sei die neapolitanische Tradition, sagte er, hier werde immer mit Augenmaß gearbeitet, die obsessive Feinarbeit hätten schon die Meister des 18. Jahrhunderts den Cremonesern überlassen. Der Lack ist weindunkel mit grünen Reflexen, was MR später zu seinem giftigen Kommentar verleiten würde, er hätte einen Lehrling dieses Zeug gleich wieder abkratzen lassen. Aber in jenem Moment war diese Geige für mich eine Erlösung, eine Möglichkeit, mir die eigene Stimme zurückzuerobern, nachdem sie gerissen und so lange verstummt war.

All dies gehörte seltsamerweise auch zu der Geschichte meines neuen Instruments, dem ich nachforschte, denn ohne diese neue Begegnung, ohne meine Reise nach Neapel wäre keiner der nächsten Schritte passiert, oder nicht so, wie sie es jetzt taten, ich wäre nicht in MRs Werkstatt gewesen und hätte nicht die Geige aus dem Schrank genommen. Aber das ist eine andere Geschichte, eine Geschichte, wie kein Romancier oder Drehbuchautor sie erfinden würde, denn sie klingt weit hergeholt, klischeehaft, dumm. So aber ist die Realität.

XXII

VERSCHLUNGENE PFADE

Ich hatte meinen Freund MR, ohne den ich mich nie auf diese mäandernde Reise begeben hätte, auf sonderbare Weise kennengelernt, unter Umständen, die durchaus in diesen Bericht gehören.

Eine weitläufige Bekannte meiner Frau war Geigerin in den USA, die beiden hatten sich längst aus den Augen verloren. Eines Tages meldete sie sich und kündigte ihren Besuch in Wien an, und wenige Wochen danach stand sie vor unserer Haustür.

Während ihres Besuches erzählte sie die Geschichte, die sie nach Wien führte. Sie war mit einem prominenten Geiger verheiratet gewesen, und die Ehe war vor kurzem in die Brüche gegangen. Als ihre Scheidungsabfindung bekam sie die Violine ihres Mannes, eine Stradivari. Sie hatte das Instrument mehreren Händlern gezeigt, um den besten Preis zu erzielen, und sich dann endlich dazu entschlossen, das kostbare Instrument einem Händler in Wien anzuvertrauen, der ihr die besten Konditionen angeboten hatte, einem gewissen DHM. Jetzt war die Stradivari verschwunden, der Händler meldete sich nicht mehr und ging nicht ans Telefon, war grundsätzlich unerreichbar. Ob wir wüssten, an wen sie sich wenden könne? Schließlich würden wir doch hier wohnen und sicherlich Musiker kennen?

Die Geschichte klang zu wild, um plausibel zu sein, aber ich hatte wieder begonnen, Unterricht zu nehmen, beim Konzertmeister eines der Orchester in der Stadt, und bei der nächsten Stunde fragte ich meinen Lehrer. Der hatte schon von einer solchen Geschichte gehört und wusste zu berichten, dass DHM inzwischen in Untersuchungshaft saß, denn dies sei augenscheinlich nicht das einzige problematische Geschäft gewesen, dass er abgewickelt habe. Mehr aber wisse er nicht, sagte er. Vielleicht könne ja MR mehr dazu sagen, der habe zwar seine eigene Firma, sei aber bis vor einigen Jahren noch Werkstattchef von DHM gewesen.

So kam es, dass ich MR zum ersten Mal anrief, der sich wie erwartet zugeknöpft gab. Die Geigenwelt baut auf Diskretion. Nach einigen Versuchen meinerseits aber taute er auf, und endlich seufzte er: »Ich habe ihr doch gesagt, sie soll nicht zu DHM gehen. Ich habe sie gewarnt. Ich habe ihr gesagt, er würde ihr einen besseren Preis anbieten als alle anderen, er würde sie überzeugen und umgarnen – und dann würde sie Probleme haben. Man kann die Leute nicht zu ihrem Glück zwingen. Es war ein schönes Instrument, was sie da hatte, ich hätte es gerne verkauft, allerdings nicht zu dem Preis, den er ihr geboten hat.«

Schon bald nach diesem Gespräch wurde der Fall zur Sensation in den Medien, einer perfekten Fabel über Gier und Größenwahn. DHM war von Haus aus Jurist gewesen, sein Vater hatte eine Werkstatt und ein Geschäft für Geigen in Bremen, das der Sohn irgendwann übernahm. Der hatte große Pläne mit dem väterlichen Geschäft und dem Familiennamen. Wie er später selbst erzählen sollte, trieb es ihn um, dass seine Firma nicht in der ersten Liga spielte, dass seriöse und berühmte Händler seinen Namen nur mit einem leichten Heben der Augenbrauen aussprachen. Das ist keiner von uns, hieß das, das sind kleine Leute.

DHM war entschlossen, dies zu ändern. Er hatte die Absicht, es allen zu zeigen. Kein Geigenhändler sollte größer sein als er oder wichtiger, niemand sollte seinen Namen mit anderen Gefühlen als Bewunderung oder Neid aussprechen. Charmant und weltmännisch im Auftreten, begann der ehrgeizige Firmenerbe eine fulminante Karriere. Sein Plan war sehr einfach. Er handelte vor allem mit den Instrumenten von Stradivari und Guarneri del Gesù, den beiden berühmtesten und teuersten Meistern der Geschichte. Instrumente, die weniger kosteten als eine Luxuslimousine, nannte er Mickymaus-Geigen; mit ihnen gab er sich nicht weiter ab.

Dies waren die Jahre des Bankenbooms, die brutalen und vulgären 80er und 90er Jahre, in denen viele Leute plötzlich mehr Geld hatten, als sie loswerden konnten. Exklusive Streichinstrumente gehörten bald wie Alte Meister oder Zeitgenössische Kunst zum Portfolio jeder gehobenen Bank oder Stiftung, Privatsammler entdeckten Instrumente für sich, immer die großen Namen, immer nur die großen Namen, die dadurch noch rarer und noch teurer wurden. Bald wurde es für Musiker, die eine Solo-Karriere anstrebten, notwendig, eine Stiftung oder einen Mäzen zu finden, um ein teures Instrument spielen zu können, im Idealfall eine Win-win-Situation, denn wenn ein junger Musiker oder eine Musikerin auf einer Stradivari spielt, muss sie gut sein, das weiß man.

DHM verstand es perfekt, auf dieser Welle zu surfen. Er war ein Mann von Welt, kannte alle, war überall, immer erster Klasse. Bald hatte er Niederlassungen in Zürich, Paris, Tokio und Wien. MR leitete seine Werkstatt in Bremen, restaurierte Instrumente, machte Reparaturen. Wie auch andere Angestellte wunderte er sich vielleicht, wie schnell sein Arbeitgeber zu einem *global player* geworden war, aber die Buchhaltung war in den Händen einer Sekretärin im Züricher Büro, und MR hatte in seiner Werkstatt genug zu tun.

Der fulminante Aufstieg des DHM setzte sich indessen fort. In New York hatte er eine Galerie am Broadway direkt gegenüber des Lincoln Center, in dem Geigen in eigenen, mit Samt ausgeschlagenen Schreinen ausgestellt wurden. Inzwischen hatte er einen Teil seiner Geschäfte auch nach Wien verlegt, wo er seine Niederlassung im noblen ersten Bezirk hatte, selbstverständlich. Er selbst lebte auf dem Land, in einem Schloss mit Park, dass er für sich und seine junge Frau gekauft hatte, und für seine Autosammlung, zu der allein 14 Bentley, zehn Rolls-Royce und zwei Maserati gehörten. Er lebte standesgemäß und erfand sich schon bald die Biographie dazu. Ein früher Vorfahre, verbreitete er, sei Guillaume de Machaut gewesen, ein Komponist aus dem 14. Jahrhundert.

DHM setzte seinen sozialen Aufstieg unbeirrt und unbeirrbar fort und hatte eigentlich sein Lebensziel längst erreicht. Er war weltweit die vielleicht erste Adresse für hervorragende Instrumente, an ihm führte kein Weg vorbei, Musiker, Händler, Sammler und Politiker sprachen bei ihm im Schloss vor und bestaunten seine Autosammlung. All dies hatte ihn viel Arbeit gekostet, viel Mut und einiges an Hinterlist. Sein Auftreten war so einnehmend, so seriös, so beeindruckend, dass nicht nur naive Zeitgenossen geneigt waren, ihm aufs Wort zu glauben.

Um seine größeren Geschäfte zu finanzieren, nahm er oft Kredite bei verschiedenen Banken auf, für die er italienische Meisterinstrumente als Sicherheit für Millionenkredite hinterließ. Die Banken waren zufrieden mit seinen eigenen Schätzungen über den Wert der deponierten Geigen, schließlich stand Stradivari drin, und der wichtigste Experte der Branche hatte in ihrem Büro gestanden und mit geübt theatralischer Geste vor ihren Augen einen kostbaren und mit Tigeraugen-Samt gefütterten Geigenkasten aufgemacht, damit sie den auf Hochglanz polierten Schatz bewundern konnten, der bald in ihrem Tresor verschwinden würde. Dass es sich bei vielen dieser Meisterwerke um billige sächsische Kopien aus dem 19. Jahrhundert handelte, die er auf dem Flohmarkt gefunden haben mochte, aber richtig zu inszenieren wusste – diese Wahrheit kam erst Jahre später ans Licht.

Anfang der 2010er Jahre hatten die Geschäfte des größten Geigenhändlers der Welt immer wieder für Konflikte und juristische Probleme gesorgt. Kunden beklagten sich, dass sie ihre Instrumente nicht wiederbekommen hätten, dass ihnen das Geld für den Verkauf nicht oder nur teilweise überwiesen worden wäre, dass man ihnen die falschen Instrumente zurückgegeben und dass er ihnen Violinen zu völlig überteuerten Preisen verkauft habe, indem er andere dafür bezahlte, falsche Expertisen oder Konkurrenzangebote abzugeben, dass dasselbe Instrument zweimal verkauft worden sei oder er Instrumente zum Kauf angeboten habe, die nie existiert hatten. Er log und leugnete und schaffte es immer wieder, Gläubiger für sich einzunehmen, aber langsam wurde die Luft dünn.

MR war zu dieser Zeit schon seit Jahren ausgestiegen, unter Protest und Existenzängsten, hatte sich selbstständig gemacht. Von seinem Haus in der Wiener Vorstadt aus beobachtete er jetzt den fürchterlichen Absturz seines ehemaligen Chefs, an dessen frühem Erfolg auch er früher beteiligt gewesen war: sein Auge, seine Expertise, seine ruhige Hand und seine ruhige Art. Seit er und andere Kollegen die Firma verlassen hatten, schienen sich die Ereignisse rund um die Firma und das herrschaftliche Schloss in Niederösterreich zu überschlagen.

Die Schuldforderungen und Klagen gegen DHM beliefen sich auf rund 100 Millionen Euro. Irgendwo in dieser Masse von verschwundenen, veruntreuten oder versteckten Instrumenten befand sich auch die Stradivari von der Bekannten aus den USA. Wie mehrere andere Instrumente tauchte sie nicht wieder auf. DHM indessen, der Mann mit der goldenen Zunge, schwieg. Er wurde zu einer Gefängnisstrafe verurteilt, seine alte Sekretärin in Zürich beging Selbstmord. In den Räumlichkeiten, die als seine Schweizer Niederlassung gegolten hatten, die aber eigentlich nur ihre Privatwohnung waren, schnitt sie sich mit einem Brotmesser die Pulsadern auf.

Nur selten ist die Geigenwelt so dramatisch und so mörderisch, auch wenn sie einen ganzen Olymp von begnadeten Virtuosen und Besessenen und sogar Verbrechern hat. Immer geht es um Ursprünge, um den Zauber des Authentischen, um einen fast religiösen Schauder, der sich nur allzu leicht manipulieren lässt.

Jede Welt bildet ihre Legenden, und einige von ihnen sind sogar wahr, wie die um die mythische 1713-Stradivari des großen Geigers Bronisław Huberman, die ihm 1936 aus der Garderobe der Carnegie Hall heraus gestohlen wurde, während er auf seinem anderen Instrument, einer Guarneri, ein Konzert gab. Die Geige blieb für Jahrzehnte verschwunden.

Erst 1985 meldete sich die Frau eines ansonsten unbekannten Orchestermusikers und erklärte sich bereit, das Instrument wieder zurückzugeben. Ihr Mann hatte ihr auf dem Sterbebett gestanden, dass er es gewesen war, der damals, als junger Mann, die Geige gestohlen hatte. Seine Mutter hatte den Diebstahl mit ihm geplant, denn es war immer ihr Traum gewesen, aus ihm einen großen Virtuosen zu machen. Sie hatte alles darangesetzt, ein erstklassiges Instrument für ihren Sohn zu bekommen, und nahm sich sogar für sich und ihre Kinder eine Wohnung direkt bei der Carnegie Hall, wo die meisten großen Solisten auftraten.

Der zukünftige Virtuose nahm unterdessen eine Stellung in der *Bear Bar* an, direkt neben dem Konzertsaal. Hier spielte er abends im Kosakenkostüm mit Fellmütze, weißer Bluse, Pluderhose und Stiefeln. In seinen Arbeitspausen freundete er sich mit den Portiers der Carnegie Hall an. Manchmal brachte er ihnen Zigarren, auch am fraglichen Abend. Der sympathische junge Mann, der noch in seinem Kostüm steckte und einen großen Mantel darüber trug, bot den Wachhabenden an, für fünf Minuten ihren Posten zu übernehmen, damit sie eine Zigarre rauchen konnten. Als der Wachmann zurückkam, war der junge Mann an seinem Platz, immer noch in seinem Mantel, blieb noch etwas, redete über dies und das. Ich versuchte mir seine Emotionen vorzustellen, als er dasaß, die Geige schon im Mantel versteckt, sich ruhig unterhaltend.

Sein ganzes professionelles Leben hatte der Dieb auf Hubermans Stradivari gespielt, allerdings nicht als gefeierter Solist wie gehofft, sondern zuerst beim National Symphony Orchestra in Washington und dann in einer Reihe von weniger glamourösen und soliden Jobs. Erst am Ende seines Lebens, dessen letzte Jahre er wegen eines sexuellen Übergriffs auf die kleine Enkelin seiner zweiten Frau hinter Gittern verbracht hatte, lüftete er sein

Geheimnis. Nach seinem Tod ließ sie die Geige authentifizieren und bot sie dann der Lloyds-Versicherung an, gegen einen Finderlohn von 263 000 Dollar.

Natürlich gibt es verschiedene Ausschmückungen zu dieser Geschichte, eine eigene Folklore, wie in der griechischen Mythologie. Nach einer Version, die nicht wahr ist, aber dafür lebendiger, heißt es, der Dieb habe sein Leben als abgerissener Jazzmusiker in irgendeiner Kaschemme nur einen Block von der Carnegie Hall entfernt verbracht und sein Instrument mit schwarzer Schuhcreme unkenntlich gemacht. Eine Meistergeige aus dem 18. Jahrhundert in New York, in *blackface;* eine offensichtlich unwiderstehliche Idee, Bilder, die sich in der Erinnerung überlagern. Tatsächlich scheint es dem Dieb trotz Stradivari nicht gut gegangen zu sein, denn in späteren Jahren kehrte er zu der Beschäftigung seiner Jugendjahre zurück und spielte in verschiedenen Restaurants für den gewerkschaftlichen Mindestlohn, bevor er sich an seiner Stiefenkelin vergriff.

Die Huberman-Stradivari wurde in London aufwändigst restauriert und später von einem der brillantesten Geiger seiner Generation gekauft, der mit ihr ein kleines Experiment machte. Er stellte sich in eine New Yorker Subway-Station und spielte Bach. Am Abend zuvor hatte er in der Carnegie Hall ein Konzert gegeben und war gefeiert worden. Jetzt aber hörte niemand zu, die Leute hatten es eilig, nur ab und zu blieb jemand kurz mal stehen.

XXIII

DIE MÖGLICHKEIT EINES GESICHTS

Es gibt mit an Sicherheit grenzender Wahrscheinlichkeit kein Bild von Hanns alias Zuanne, kein formelles Porträt in Öl, keine Zeichnung, nichts, was in einem Buch gedruckt worden wäre, keine flüchtige Skizze, nicht einmal eine verbale Beschreibung. Tatsächlich ist kein einziges Porträt eines Geigenbauers aus dem frühen 18. Jahrhundert erhalten; nicht von einem venezianischen Meister, nicht von den Amatis und Guarneris, nicht von Stradivari und nicht von Jacob Stainer oder von irgendeinem anderen.

Diese Abwesenheit zeugt vom eher niedrigen sozialen Status der Geigenbauer, aber auch von einer Haltung. Handwerker waren keine Leute, die sich porträtieren ließen, das war für andere, für Herrschaften, Adelige, Großbürger, Stars. Ihr Porträt fand sich nicht einmal auf dem Zettel im Inneren, wenn sie ihren Namen auch latinisierten. In diesem Detail fand ein bescheidener, aber lang gewachsener Stolz seinen Ausdruck.

Die Lautenbauer der Renaissance waren Geometer und Mathematiker gewesen und hatten sich mit den Komponisten und Gelehrten ihrer Zeit ausgetauscht und genauso deren Werke gelesen, wie der vollendete Humanist Laute spielte. Die Latinisierung der Namen der Geigenbauer auf den Zetteln zeigt einen Berufsstand, der sehr bewusst eine gewisse intellektuelle und wissenschaftliche Tradition herausstellte und pflegte. Stradivari wurde zu Stradivarius, Santo Serafin zu Sanctus Seraphinus – Goffriller hingegen war stur und blieb auch auf seinen Zetteln Matteo Goffriller. Vielleicht meinte er, eine Namensänderung sei genug. Vielleicht schien es ihm altmodisch, seinen Namen noch am Anfang des 18. Jahrhunderts zu latinisieren, er war ein moderner Mensch. Ein verlockender Gedanke.

Verlockende Gedanken sind immer mit Vorsicht zu genießen. Ein Instrument, das mit einem Akzent gebaut ist, regt dazu an, die Persönlichkeit seines Erbauers in seinen Formen und Eigenheiten zu suchen. Der aber war häufig nicht allein. In einer größeren Werkstatt konnte ein halbes Dutzend mehr oder weniger erfahrene Arbeiter große Teile der Produktion übernehmen und dem Meister dieselbe Rolle überlassen wie heute dem Chefkoch in einer großen Küche, der den Stil vorgibt, nicht die Kartoffeln schält.

Wenn das Instrument ein Porträt ist, dann vielleicht auch ein Gruppenbild, auf dem einzelne Gesichter und Charakterzüge sich stärker abzeichnen, in das jeder Autor bestimmte Details eingeschrieben hat, eine Handschrift, ein Gefühl für Proportion, einen tradierten Handgriff, einen individuellen Kniff, einen Gestus, ein Leuchten des Lacks, das nur einem so gelang, eine Wölbung, die nur ein anderer so und genau so fließen lassen konnte.

Der Porträtierte ist also ein Mann, der in der Fremde lebt, in einer kleinen Welt, einem kleinen Segment der Bevölkerung, das die eigene Sprache spricht, in derselben Kirche zur Messe geht, sich untereinander erkennt und hilft, ein unsichtbares Netz menschlicher Verbindungen mit einer Mitte – einer Idee von Heimat, die viele von ihnen noch nie oder nur als Kinder gesehen hatten, das ferne, gelobte Land und den Ursprung der Solidarität unter den Söhnen und Töchtern dieser Heimat; die typische Nostalgie der Emigranten.

Wenn die Erzeugnisse dieser Menschen und ihre Handschrift Ergebnis einer engen Zusammenarbeit sind, dann auch, weil die Hände, die daran beteiligt waren, nichts anderes kannten als eine solche Kooperation, ein Leben, das ihnen immer wieder bewusst machte, dass sie Teil einer Gruppe waren, nach innen stark, nach außen aber manchmal furchterregend schwach – siehe Abram Tieffenbrucker.

*

Wie er ausgesehen hat, der Mann, von dem es kein Bild gibt? Manchmal glaubte ich plötzlich, ihn um eine Straßenecke biegen zu sehen – da drüben, ein Augenblick – ein Eindruck – ein heller Fleck –, aber dann war er schon nicht mehr da; fast hätte ich ihm ins Gesicht gesehen, nur im falschen Jahrhundert und am falschen Ort. Hanns war ein Phantom, eine Metapher für einen Menschen, ein Geigenbauer mit vier oder sechs oder acht Händen, deren Arbeit 300 Jahre später noch ein Echo hat, wenn auch ihr Leben im Kleinen nur gelegentlich und aus zufälligen Quellen aufblitzt.

Aber es gibt auch weniger ephemere Möglichkeiten, sich einen Eindruck davon zu vermitteln, wie Zuanne ausgesehen haben könnte. Eine um 1750 entstandene Zeichnung des venezianischen Malers Pietro Longhi zeigt einen jungen Mann, der Geige spielt. Es könnte gut ein venezianisches Instrument sein, was er da hält, mit seiner stark betonten Form und der roten Färbung. Der junge Mann hält seine Violine fast senkrecht gedreht gegen seine Schulter wie ein Musiker, der einen Tanz begleitet und vielleicht die zweite Stimme spielt, die Haltung ist sehr fein beobachtet. Er ist vielleicht auf einem Fest, er trägt einen formellen Gehrock und ein Hemd mit Rüschen, die seine Handgelenke umgeben, sein Haar wird im Nacken von einer schwarzen

Schleife gehalten. Nicht nur der *ciarlatano* Michele Deconet war als Musiker tätig.

Viele Geigenbauer verdienten sich etwas dazu, indem sie bei Konzerten oder in Orchestern spielten, und es ist zumindest möglich, dass der junge Zuanne so etwas von dem überschwänglichen Musikleben seiner neuen Heimatstadt miterlebte. In einem Film würde er sich nach getaner Arbeit eine Maske aufsetzen und sich unter die Feiernden mischen, das Treiben am Spieltisch beobachten, sich vielleicht mit einer Dame unterhalten, sie vielleicht nach Hause begleiten, wie Casanova mit seinen Orchesterkumpanen feiern und durch die Hurenhäuser ziehen. Aber dies ist kein Film; nichts dergleichen ist dokumentiert, und es ist wahrscheinlicher, dass Zuanne als Mitglied einer engen Gemeinschaft, in der nichts lange ein Geheimnis bleiben konnte, ein eher zurückhaltendes und kontrolliertes Leben führte, auch wenn es schwer ist, in einer Stadt wie Venedig nicht ein solches Szenario zu entwerfen, die Momentaufnahme eines Unbekannten.

Eine zweite, ebenfalls um die Mitte des Jahrhunderts gezeichnete Momentaufnahme zeigt einen reifen Mann, offensichtlich ein Handwerker mit Schürze und Tonpfeife, in einen einfachen Rock gekleidet und mit einer Mütze auf dem Kopf. Das Blatt stammt von Giovanni Antonio Canal, besser bekannt als Canaletto, der sich seinen Ruhm als Ansichtskartenmaler reicher Reisender erarbeitete. Auch er war ein guter Beobachter. Der *Mann mit Pfeife* zeigt einen Arbeiter in einem Moment der Entspannung, einen soliden Mann mit Bauchansatz, die Kinnlinie ist schon nicht mehr ganz gerade und lässt darauf schließen, dass er im mittleren Alter angekommen ist. Dies könnte tatsächlich die Skizze eines Geigenbauers sein, eines Handwerkers, der es zu etwas gebracht hat, vielleicht nicht zu Geld, aber zu einer passablen Stellung in seiner Gemeinschaft und seiner Nachbarschaft, mit einer guten Reputation unter Kollegen und Klienten. Er wirkt zufrieden mit seinem Los.

Die Figur ist mit Tinte gezeichnet, aber darunter ist eine schon recht detaillierte Bleistiftskizze zu erkennen. Seltsamerweise hat der Mann in der Skizze Augen, die enger zusammenstehen und fast panisch in die Welt blicken. In der endgültigen Form sind sie gleichmütig, eher amüsiert als alles andere. Dieser Mann hat schon viel gesehen und sich damit abfinden müssen, er hat viel durchgemacht, aber jetzt sind seine größten Schwierigkeiten vorüber. Ob Hanns/Zuanne es jemals so weit gebracht hat? Ob er sich etablieren konnte oder weiterhin ein unstetes Leben führte?

Canalettos Stadtansichten sind nicht immer aus großem künstlerischen Ehrgeiz heraus entstanden, und sie waren genauso sehr Werkstattarbeiten wie die Geigen von Goffriller. Ein

Blick auf die *Piazza SS Giovanni e Paolo* zeigt schnell, wie es ihm gelang, leichthin eine ganze Gesellschaft auf den Platz zu projizieren. Eine Gondel legt gerade an, wohl um einer vornehmen Person den Besuch der Kirche zu ermöglichen, ein Herr mit einem roten Umhang steht vorne im Schiffskörper und macht sich bereit zum Aussteigen, im Hintergrund flanieren ähnlich gut gekleidete Leute auf die Pforte der Kirche zu.

Diese kleine Handlung ist es jedoch nicht, was das Bild so interessant macht. Die Piazza liegt kaum 500 Meter und drei Brückenübergänge von der Gegend entfernt, in der die deutschen Handwerker lebten. Menschen wie die auf dieser Leinwand bestimmten das Straßenbild, von den Händlern aus dem Balkan mit ihrem roten Fez bis hin zu den bunt gekleideten Gondoliere, dem jungen Mann in seinen einfachen, braunen Kleidern, der auf der Treppe sitzt, und dem Herrn mit grauem Umhang, der rechts im Bild kurz innezuhalten scheint, von der Frau mit Kind und Hund, die Besorgungen erledigt, bis zu dem seltsamen Paar auf der Brücke ganz links.

Ein auffallend vornehm gekleideter Herr mit einem hellblauen Gehrock und modischen, gelben Ärmelaufschlägen, gepuderten Haaren und einem prächtigen Dreispitz, den er unter

dem linken Arm trägt, scheint die Brücke zu überqueren. Neben oder vielmehr hinter ihm ist noch eine Figur zu sehen, sie geht etwas gebeugt, in einem beigen Rock und einer senffarbenen Weste, mit einem schwarzen Hut auf dem Kopf. Es ist ein einfacher Mann, das ist klar, keine wohlhabende Person von Stand, jemand, der mit seinen Händen arbeitet.

Vielleicht ist er ein Diener des Herrn vor ihm, vielleicht aber haben sie einfach nur denselben Weg. Vielleicht bietet diese Figur, deren Gesicht vom Hut beschattet ist und aus kaum mehr als einigen Farbtupfern besteht, noch einmal die Möglichkeit, Zuanne zu sehen, um eine Ecke biegend, über eine Brücke gehend, ein Augenblick des Erkennens, bevor er wieder verschwindet.

XXIV

ÜBER FETISCHISMUS

Es ist, als ob der Akt des wiederholten Berührens, besonders im Prozess der täglichen schöpferischen Arbeit, einem toten Objekt eine persönliche »Tugend« zukommen lässt, ihm im anthropologischen Sinne eine fetischistische Macht gibt, die seltsamerweise nicht vom Vergehen der Zeit berührt wird. Gautier schrieb in einer Geschichte, dass eines der mächtigsten Bilder vergangenen Lebens in ganz Pompeji die braunen, runden Abdrücke waren, die Gläser von Trinkern auf den marmornen Tresen einer Taverne aus dem zweiten Jahrhundert hinterlassen hatten.

Richard Holmes, Footsteps, S. 67

Die Finger der Vergangenheit griffen nach mir. Ich empfand es als kaum fassbar, dass meine Hände auf meinem Instrument die eines Zeitgenossen von Bach und Louis XIV. berühren sollten und dass seitdem eine lange Kette von Menschen es besessen hatte, jeder von ihnen so real wie ich selbst und doch alle vergessen und zerfallen, alle Informationen über sie verloren.

Trotz der Verluste war dieses Instrument Zeuge der Revolution und des Biedermeier, des Kaiserreiches und seines Zusammenbruches. Die Geige, die jetzt meine Geige war, hatte wahrscheinlich in einer Wiener Wohnung gelegen, als die Polizei und die Gestapo Menschen aus den Häusern trieben, mit einem kleinen Koffer, auf dem Weg in den Osten; sie hatte in verschieden geformten Händen gelegen, und über die Jahrhunderte sind immer neue und unerwartete Klänge auf ihr produziert worden.

Das Einzige, was ich über die Geschichte der Geige mit Sicherheit wusste, war, dass sie 1882, also in den Tagen von Brahms und Mahler, in Wien repariert und modernisiert worden war, und dass mein Freund MR sie von einer Wiener Familie gekauft hatte, in deren Besitz sie lange gewesen war, auch wenn ich nicht wusste, um welche Familie es sich handelte, denn bei aller Freundschaft blieb MR diskret. Zumindest scheint die Geige um 1882 so intensiv gespielt worden zu sein, dass jemand in eine umfangreiche Restaurierung des Instruments investierte, bei Voigt, damals eine der besten Adressen Wiens. Wenn es also ein professioneller Geiger war, der sie damals benutzte, dann könnte er bei den Uraufführungen der Symphonien und Kammermusikwerken von Komponisten mitgewirkt haben, die mir sehr viel bedeuteten. Vielleicht war sie sogar schon zu Zeiten von Mozart und Beethoven in Wien gewesen. Vielleicht hatte sogar der arme Antonio Vivaldi sie mit nach Wien gebracht, als er 1740 voller Hoffnungen in die Kaiserstadt reiste, nur um schon bald seines Gönners beraubt zu sein, allein, längst nicht mehr modern, am Ende seiner Karriere. Vivaldi, der früher von Goffriller Geigen für das *Ospedale della Pietà* gekauft hatte, war im Jahr darauf verarmt in Wien gestorben. So viele historische Resonanzen, die so ein Instrument in Schwingung versetzen konnte. Ein schöner Gedanke, aber eben nicht mehr als das. All das war in der Dunkelheit der Zeit verschwunden, und die Wirklichkeit ist auf ermüdende Weise gleichzeitig melodramatischer und trivialer als jede noch so blühende Fantasie.

Ich hatte einen beinahe animistischen, totemistischen Glauben an die Geschichte von Objekten, eine Art säkularer Ahnenkult, der eigentlich allem widersprach, was ich rational und analytisch für richtig hielt. Gegen besseres Wissen fühlte ich, dass all die Hände, die dieses Instrument unter so unterschiedlichen Umständen und zu unterschiedlichen Zeiten berührt hatten, die Musikstücke, die dieses Holz zum Vibrieren gebracht hatten, in irgendeiner Weise noch immer präsent waren in ihm, dass sie unsichtbare Spuren hinterlassen hatten.

Natürlich gab es auch die sichtbaren Spuren, die Kratzer und Reparaturen, den neuen Hals und die sorgfältig restaurierten Abnutzungen; aber die Hände waren mir instinktiv wichtiger, die vielen Hände und Töne und die vielen Biographien, mit denen dieses Objekt verknüpft gewesen war, ganz so, als wären die Fäden, die es mit längst ausgelöschten Leben verbanden, mit unsichtbarer Spinnenseide noch immer daran befestigt und als würden sie zu zahllosen, längst vergessenen Knotenpunkten im Dunkel führen.

Aus rationaler Perspektive war ich über mich selbst entsetzt, denn all dies klang verdächtig nach dem esoterischen Unsinn, den ich für ebenso falsch wie uninteressant hielt. Vielleicht war es auch nicht mehr als eine poetische Metapher für die Verbundenheit, die ich mit diesen Menschen fühlte, durch die zeitüberspannende gemeinsame Praxis des Übens und Lernens und Spielens, des Scheiterns und der Frustration und der tiefen Befriedigung, die wir alle gleichermaßen mit diesem Instrument erlebt hatten. Das war es überhaupt, was mich historischen Objekten ein besonderes Interesse entgegenbringen ließ, ganz einfach, dass sie schon durch so viele verschiedene Hände gegangen, durch so viele Biographien bereichert worden waren.

Ich hatte guten Grund, solchen Gefühlen gegenüber misstrauisch zu sein. Vor zwei Jahrzehnten hatte ich selbst ein Buch über die Sammelleidenschaft geschrieben, in dem ich die dunklen Antriebskräfte von Menschen untersuchte, die sich dem Bann von Objekten hingegeben hatten, und ich war immer stolz darauf gewesen, dass ich selbst kein Sammler war, dass ich solche existenziellen Krücken nicht brauchte, und gerade jetzt musste ich feststellen, wie falsch ich mich selbst damals eingeschätzt hatte.

Gerade die Liebe zu alten Instrumenten ist eklatant fetischistisch. Wieder und wieder zeigen Versuche mit berühmten Geigen und berühmten Musikern, die sie blind und vor Publikum spielen, dass sowohl Musiker als auch Publikum oft neue Instrumente vorziehen, wenn sie nicht wissen, was sie gerade gehört haben.

Solche Versuche sind nie eindeutig und schlagend, weil Klangideale sich ändern und weil es Instrumente gibt, die sich einfacher »erobern« lassen, und andere, die auch ein guter Musiker länger kennen und entdecken lernen muss, und weil nicht jede teure alte Geige einen Klang hat, der ihren Preis – ein Resultat aus Seltenheit, Namen, Provenienz, Zustand, Zertifizierung – auch musikalisch rechtfertigen würde.

Gleichzeitig aber kann kein Zweifel daran bestehen, dass heute Instrumente gebaut werden, die es (für einen Bruchteil des Preises) mit berühmten Meistern der Vergangenheit aufnehmen können, Instrumente, die eine Musikerin oder ein Musiker sich leisten kann, ohne dafür eine Hypothek aufzunehmen und ohne von der Gnade eines Mäzens oder einer Stiftung abzuhängen, die ein Instrument zur Verfügung stellt. Ich selbst habe mehrere Jahre auf einer modernen Geige gespielt, auf der, die ich in Neapel für wenig Geld gekauft hatte und deren Klang mich immer wieder erstaunte.

Auch da aber musste ich zugeben, dass die Finger der Vergangenheit, der Erinnerung, der starken Geschichte im Spiel waren. Natürlich hatten der charmante Hinterhof und die kleine Werkstatt mit ihren sympathischen, authentischen und, in meinen schwärmerischen Augen, in sich selbst ruhenden Menschen einen Anteil an dieser Erfahrung gehabt; und die Tatsache, dass es in Neapel eine lange und ungebrochene Geigenbautradition gab, deren Instrumente genauso ausgesehen hatten; und der Umstand, dass Neapel eben Neapel war, seine ganz eigene dunkel-energische und faulig duftende Energie mit sich brachte. Natürlich spielte all das eine Rolle, wenn ich ehrlich war. Wenn ich diese Geige spielte, erinnerte ich mich an meine wiedergefundene Stimme und an einen Hinterhof, in dem die Zeit für mindestens 300 Jahre nur träge oder gar nicht vergangen war.

Jetzt, mit meiner Geige, von der ich glaubte, dass sie im frühen 18. Jahrhundert in Venedig entstanden war, fühlte ich mich gleichzeitig beschenkt und in die Pflicht genommen von einer Abfolge unsichtbarer Hände, die mir das Instrument aus der Tiefe der Zeit angereicht und mich so zu einem weiteren Glied in einer Kette gemacht hatten, die hoffentlich noch lange, lange in die Zukunft reichen würde. Vielleicht würde irgendjemand in 300 Jahren seine oder ihre Hände da hinlegen, wo meine jetzt lagen – vielleicht, denn bis dahin werden die Leute vielleicht andere Sorgen haben als Musik, obwohl gerade die immer schon auch eine Art Zuflucht war in schwierigen Zeiten und existenziellen Krisen.

Ich beobachtete meine eigenen Emotionen mit einer gewissen Faszination, so wie ein Insektenforscher einen Käfer studiert, der eigentlich zu dieser Jahreszeit und in diesen Breitengraden nicht vorkommen sollte. Ich konnte aus meiner Geige mithilfe von Experten, Analysen und Vergleichen gewisse Dinge herauslesen – und gleichzeitig, völlig unwissenschaftlich, aber umso unwiderstehlicher, projizierte ich alle möglichen Dinge und Zusammenhänge, Ideen und Gefühle auf diesen kleinen Holzkasten. Dieser Reflex war im Wesentlichen religiös.

Mein instinktiver Fetischismus reihte mich ein in eine Folge von Händen, von Menschen, die durch ein gemeinsames Bemühen, eine gemeinsame Anstrengung und eine gemeinsame Sprache verbunden sind, auch wenn sie einander nie getroffen oder auch nur voneinander gehört haben. So etwas beruhigt, schafft ein Gefühl von Sinn, von Ziel und Struktur. Unter meinen Fingern trafen sich zwei Menschen, die vor 300 Jahren gelebt hatten, Johann Sebastian Bach und der wahrscheinlich fiktive Zuanne *il Todesco*. Unsere Hände, unsere Finger, unser Streben formten ein Dreieck durch drei Jahrhunderte. Keiner konnte ohne den anderen sein Ziel erreichen, andere durch der eigenen Hände Arbeit zu berühren.

Dieses Bedürfnis nach rationaler Kontrolle der eigenen, dunkel wabernden Gefühle war ein Reflex, der mich trotz aller starken und untergriffigen Emotionen davon abhielt, Formen und Inhalte zu verwechseln. Der Inhalt war das tiefe Verlangen nach Kontinuität, Sinn, Struktur, eine persönliche, wahrscheinlich eine biologische Konstante, eine Sehnsucht ohne reales Objekt. Dieses Verlangen nach Sinn haftete sich an verschiedene Formen, an alles eben, was verehrt, ritualisiert, überhöht werden kann. Wer Sinn und Struktur finden will, kann das als Briefmarkensammler tun oder als Dschihadist, als Musiker, als Leserin oder als Fußballfan.

»Das Sammeln ist das Füllen der Leere«, hatte ein alter Alkoholiker einmal zu mir gesagt, vor mehr als 20 Jahren, als ich an meinem Sammelbuch arbeitete. Dieser Satz beschrieb die ganze Angelegenheit mit der knappen Virtuosität einer Gedichtzeile.

Die Leere ist ein Lebensgefühl, das existenzielle Loch, das irgendwo klafft und das tief in die eigene Dunkelheit zurückführt. Diese Leere kann durch Objekte nicht gefüllt werden, aber gleichzeitig werden die Objekte in diese Leere hineingeworfen, immer in der Hoffnung, sie doch zu füllen. Aber das tun sie nicht und schaffen stattdessen ihren eigenen sinnerfüllten Raum – die Sammlung, die gemeinsame Erinnerung –, in dem Geschichten Anfang, Mitte und Ende haben, Objekte einen Wert, eine klare Hierarchie. Dies ist eine geordnete Welt, die zwar nicht fähig ist, die Leere verschwinden zu lassen, die sie aber zumindest für einige Momente vergessen lässt.

Mit dem eigenen Fetischismus, dem eigenen Bedürfnis, dem Begehren nach Geschichten und nach Sinn, zu spielen, ohne es zu unterdrücken oder zu verleugnen, ist schwierig, aber lebensnotwendig. Schon vor Sigmund Freud haben Menschen wie Diderot oder Montaigne begriffen und beschrieben, was passiert, wenn ein solches Begehren verleugnet wird und dann trotzdem weiterwächst. Jahrhunderttausende des Animismus und des Ahnenkultes lassen sich nicht innerhalb weniger Generationen völlig auswaschen. Auch wenn die alten Mythen unter der Last der Fakten zusammengebrochen sind, schaffen sich die Menschen mühelos neue, ihr Bedürfnis danach ist zu stark.

Auch ich konnte nicht umhin, zuzugeben: Ich war durch meine Recherchen vollauf damit beschäftigt, mir selbst einen Mythos auszubauen und auszuschmücken, ein privates Kabinett, ein Theater der Erinnerung, in dem historische Fakten bei dramatisch flackerndem Kerzenlicht und mit vollem Orchester und fliegenden Göttern große Arien und komische Rezitative improvisierten, ein privates Panorama.

Letztendlich kann das Publikum im Theater der Erinnerung – in Personalunion mit dem Autor, den Schauspielern, allen Requisiten und Kulissen und Geschichten – nur wahnsinnig werden, wenn es die Formen des eigenen Begehrens nicht immer wieder mit den harten Tatsachen konfrontiert. Meine jugendliche Entschlossenheit, Musiker zu werden, war gescheitert, mein Leben hatte einen anderen Weg genommen, und mein Blick auf die ganze, von außen so kleine, aber von innen heraus immense und alles umspannende Welt der Musik hatte sich gewandelt. Die Konfrontation mit meiner eigenen Begrenzung, meinen Mangel an rohem Talent, hatte mich dazu gebracht, auf diese Welt aus einer neuen Perspektive und mit einer anderen Art von Verständnis zu blicken – auch wenn es Jahre dauerte, bis dieses Verständnis die ursprüngliche Enttäuschung durch eine gewisse Gelassenheit ersetzte.

Diese Objektivierung des eigenen Begehrens war eine tägliche Herausforderung. Ich bin davon überzeugt, dass man an ihr letztendlich nur bewusst scheitern kann. Niemand kann die eigenen Beweggründe wirklich restlos erhellen, niemand kann wirklich aus seiner eigenen Haut steigen. Gleichzeitig aber hält der dauernde Versuch, doch etwas zu verstehen, das Denken wach für die Tiefen und Untiefen der Vergangenheit, für die zahllosen Verbindungen, Verkettungen und Verklettungen, die das Leben einspinnen in ihr Netz, das ungreifbar und gleichzeitig unentrinnbar ist. Dieser dauernde Versuch zu verstehen löst nicht alle Probleme, aber er macht das Leben reicher und Entscheidungen manchmal besser, er verbindet Menschen untereinander.

Ein Objekt ist wie ein Widerhaken, der das Leben und die Welt, aus denen es kommt, mit scharfen, kleinen Stacheln in die Gegenwart eingräbt. Die am Haken befestigte Schnur verliert sich im Dunkeln, tiefer als man tauchen kann. Trotzdem ist da diese Stimme, ein ganzer Chor von Stimmen, die durch dieses Ding hindurch ein letztes Mal rufen, *Remember me!*, mich hat es einmal gegeben, ich war so real wie du, meine Angst, meine Lust, meine Freude und meine Schmerzen waren so überwältigend, wie deine es sind, jeder von uns war das Zentrum einer Welt aus Begehren und Erinnerungen, und von alledem ist kaum ein Staub geblieben, als hätte es uns nie gegeben, nur das hier, dieses Ding, bürgt dafür, dass wir einmal geatmet haben. Fass es an. Fühle die Resonanz unserer Stimmen.

Neben diesem sozusagen lebendigen Nachhall der Erinnerung gibt es einen völlig uninteressanten offiziellen Fetischismus in der Welt der Musik, der über Namen funktioniert, die er ins Mythische aufbläst. Diese Logik ist unmittelbar verständlich und hat ihre eigene Struktur und Hierarchie, ihre Auktionsrekorde, ihre Geschichten, die Ehrfurcht, den Schauder der Authentizität durch die Vermittlung des benadelstreiften Hohepriesters.

Das ist alles dummes Zeug, die reine Marktlogik, heute dies und morgen das, nur von Seltenheit und Brimborium dominiert, völlig uninteressant, allzu oft getrieben von Behauptungen, die niemand beweisen kann. Ich hatte im Lauf meiner Recherchen zu meiner Verwunderung festgestellt, dass sogar die Wahrheit wissenschaftlicher Analysen in manchen Fällen reine Ansichtssache ist, eine Frage der Interpretation, der Auslegung, der Methode, des Datensatzes, der Geschichte, die man erzählen wollte.

Viel interessanter war der philosophische Tanz mit dem eigenen Fetischismus, das Spiel mit den Mythen und Emotionen, solange es als Spiel kenntlich blieb, solange es nicht anfing, sich anzufühlen wie die einzige Wirklichkeit; eine Projektion, bei der die Leinwand sichtbar blieb und die zügellose Fantasie einige Augenblicke lang die Überhand gewinnen durfte, sodass ich alles vergaß, die Leinwand, den Projektor, die Menschen um mich herum, und selbst Teil wurde von diesem Film – nur um wenig später wieder am Ufer des realen Lebens angespült zu werden, die Leinwand wieder deutlich zu sehen und mich geistig zu schütteln wie ein nasser Hund.

XXV

CALLE DEI STAGNERI

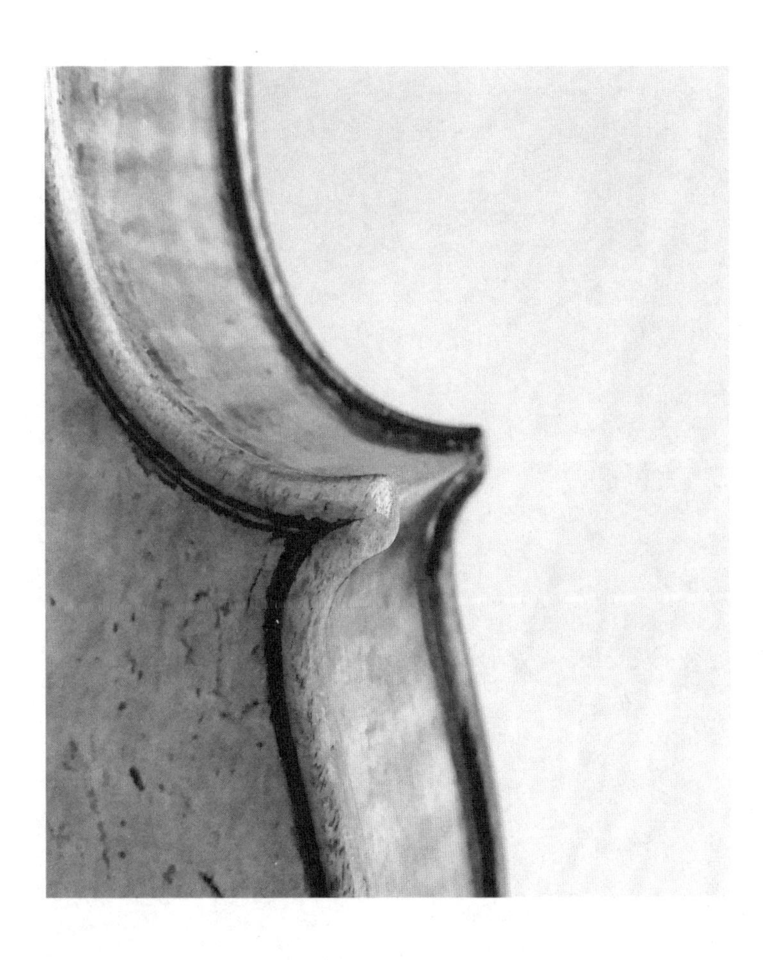

SP hatte sich mit uns, meiner Frau, einem italienischen, in Wien lebenden Freund und mir, auf dem Fischmarkt verabredet. Dieser *Mercato di pesce* in einer Säulenhalle ist ein idealer Treffpunkt, wenn gerade kein Markt stattfindet. Gerade jetzt aber waren hier Stände aufgebaut, und die wässrigen Augen der Fische starrten entsetzt in die Ferne. Einige Händler hatten ihre Ware zu Stillleben auf Eis arrangiert. Sie riefen durcheinander, schuppten und hackten und schnitten und redeten mit ihren Kunden.

Es dauerte einen Moment, bis wir SP ausmachten. Erst jetzt fiel mir auf, dass ich nur ein einziges Foto von ihm kannte, und das war offensichtlich nicht mehr aktuell. So zeigte sich anstatt des kräftig gesetzten, bärtigen Mannes, der auf dem Foto prüfend eine Geige betrachtete, ein schlanker Herr um die 60 mit schütterem, silbergrauem Haar und Brille. Er kam auf uns zu, begrüßte uns und entschuldigte sich dabei gleich. Eigentlich hatte er uns diesen Ort zeigen wollen, der architektonischen Schönheit wegen, aber er hatte sich im Tag vertan, und jetzt war Markt und er hätte einen ruhigeren Ort wählen sollen. Während wir zwischen Fischköpfen und Karkassen verschiedener Größe und einigen aggressiv wirkenden Möwen hindurchnavigierten, versicherten wir ihm, dass das alles kein Problem sei.

Es hatte Monate gedauert, diesen Termin zu fixieren. Jetzt stand ich neben dem Autor der Standardwerke über venezianischen Geigenbau auf einem Steg am Canal Grande und wartete auf die Fähre, die uns zum anderen Ufer bringen sollte. Der Geigenkasten war auf meinem Rücken.

Wir waren hierhergefahren, von Innsbruck über die Alpen, so wie es die Auswanderer damals getan hatten, über die Autobahn auf den Spuren einer Zeit, in der hier nicht einmal eine

Straße für Kutschen war und Reisende sich nur zu Fuß, zu Pferd, auf Maultieren oder per Sänfte oder Schlitten fortbewegen konnten. Eine Reise, die damals je nach Wetterlage zehn Tage dauern konnte, war in wenigen Stunden vorbei. Trotzdem hatten wir die Abfolge der Landschaften gesehen, im Zeitraffer sozusagen, von den weiten Tälern höher hinauf und hinein in den Pass, Weingärten, die in den Felsen gekratzt zu sein scheinen, Burgen und Festungen auf Anhöhen, dann wieder Felder und ausgedehnte Wälder bis zu den dramatisch aus der Erde schießenden Dolomiten, *nothing but craggy stones,* wie ein englischer Reisender geschrieben hatte, ein überwältigend archaischer Anblick, Bergwände, die sich wie Wächter eines Tempels oder eines Schreckensortes in den grauen Himmel reckten, und von dort der Abstieg in die italienische Ebene, blühende Bäume und großzügige Felder, Frühlingssonne. Fast wie eine Erlösung. Und dann die Stadt, die über der Lagune auftauchte, wie sie auch damals aufgetaucht ist und wie sie von so vielen Reisenden beschrieben wurde, wie sie auch Hanns gesehen haben muss, bevor er Zuanne wurde.

Jetzt also standen wir vor der letzten, kurzen Etappe über den Kanal und von dort zu einem Restaurant. Der Fährmann kam und setzte uns über, und kurz danach saßen wir um einen Tisch im Innenhof des Restaurants, einer Art Herberge, wie es sie schon seit ewigen Zeiten in Venedig und anderen italienischen Städten gibt. Dort aßen auch im 18. Jahrhundert viele Menschen, die auf engem Raum lebten, auf einem Zimmer, das sie mit anderen teilten vielleicht, in einem Winkel bei ihrem Arbeitgeber, und die selbst keine Küche hatten. Handwerksgesellen kamen hierher, wenn die Verpflegung am Tisch ihres Meisters nicht Teil ihres Lohns war, und noch heute wird in dieser *cantina* überwiegend Italienisch gesprochen. Neben unserem Tisch war eine lange Tafel mit aufgeregten Mädchen um die 13 oder 14, die einen Geburtstag feierten. *Tanti auguri,* sangen sie.

»Ich sehe mir Ihre Geige jetzt gerne an«, sagte SP, ganz unvermittelt, nachdem der Wein in einer großen Glaskaraffe serviert worden war.

»Hier?«, fragte ich, etwas ungläubig.

»Warum nicht? Das Licht hier ist ausgezeichnet. Kommen Sie mit mir. Wir setzen uns einen Moment dort drüben hin.«

Ich nahm meinen Geigenkasten, und wir gingen zu einem stilleren Teil des Hofes, einem Winkel, der von der Nachmittagssonne in einen hellen und einen schattigen Bereich unterteilt wurde. SP nahm das Instrument und begann es stumm und ausgiebig aus verschiedenen Perspektiven zu betrachten.

Ich saß daneben, beobachtete jede seiner Bewegungen, versuchte, sie in meinem Geist zu interpretieren. Mir wurde übel, schwindelig, leicht im Kopf, ich fühlte, wie mein Gesicht bleich und blutleer wurde, hielt mich diskret an der Rückenlehne meines Stuhls fest. Der Tag war heiß, und ich hätte etwas essen sollen.

»Das ist ein sehr schönes Instrument«, begann der Experte nach einer gefühlten Ewigkeit. Er sprach Englisch, nicht perfekt, aber sehr eloquent. »Dies ist das Werk eines Meisters, eines reifen Mannes, das ist kein erstes Instrument. Die Ecken sind etwas eigenwillig, aber klar gestochen, die Wölbung ist großartig, und der Lack ist von allererster Qualität. Sehen Sie, wie das Holz des Bodens geflammt ist? Eine schöne Flammung, hervorragendes Holz, sorgfältig ausgewählt.«

Ich warf ein, dass der englische Dendrochronologe PR vorgeschlagen hatte, diese Geige könnte aus Bauholz gemacht worden sein, aus einer Tischplatte oder einer Tür.

»Diese Geige? Niemals!«, sagte SP mit überraschendem Nachdruck. »Dies ist Holz erster Qualität, auch wenn die Flamme des Ahorns vielleicht nicht so dramatisch ist wie bei einigen venezianischen Kollegen wie Santo Serafin, nein, dies ist das Werk eines Meisters, der ganz genau wusste, was er tat, und der sich das beste Holz für seine Arbeit aussuchte. Die Grundierung des Lacks ist ausgezeichnet, eine sogenannte gelbe Grundierung, wie sie damals nur in Italien gebräuchlich war und die aus Cremona übernommen wurde, darüber die Farbschicht, die allerdings weit abgerieben worden ist. Sehen Sie hier, unter dem Griffbrett und unter den Saiten, in dem Winkel hier, wie dunkel der Lack ist? Das war die Originalfarbe, ein tieferes, rötliches Braun und darunter die Bernsteinfarbe, die jetzt seine Erscheinung dominiert.

Sehen Sie, wie die Flammung im Sonnenlicht changiert wie ein Tigerauge? Das zeigt die Qualität des Lacks, der größtenteils noch original zu sein scheint. Das zeigt uns auch, dass diese seltsame Schnecke dazugehört: dieselbe Färbung, derselbe Lack. Sie ist wirklich besonders filigran, sehr außergewöhnlich, gotisch fast, absolut eine Verbindung nach Süddeutschland, ins Allgäu oder nach Tirol, wie auch die Arbeit in den Ecken und die relativ weit eingekehlten Ränder. Aber die Wölbung – sehen Sie, sie beginnt eben nicht direkt am Rand, so wie Jacob Stainer das gemacht und verbreitet hat und wie man es in deutschen Ländern lernte. Diese Wölbung hier ist meisterhaft, subtil, voller Spannung, aber sie beginnt nicht direkt, und sie ist nicht so hoch. Das war nur in Italien üblich damals.

Sie möchten wissen, wo sie herkommt, natürlich. Deswegen sind Sie hier. Allerdings ist das nicht einfach zu sagen. Auf wann sagten Sie, hat PG das Deckenholz datiert?«

»1722.«

»Das hieße also, die Geige wäre um 1730 gebaut worden, nicht wesentlich früher. Und sehen Sie, das ist ein kleines Problem. Diese Geige erinnert tatsächlich stark an die besten Arbeiten aus der Werkstatt von Goffriller, aber um 1700. Aus dieser Zeit sind mir mehrere Instrumente bekannt, die viele Verbindungen zu diesem hier haben – das Modell stimmt, die Größe auch, die Proportionen, Stellung und Schnitt der f-Löcher sind identisch mit einigen Instrumenten, die ich kenne, dieselbe stilistische Sicherheit im Umgang mit deutschen und italienischen Elementen, dieselbe Konstruktionsmethode, bei der die Geige über dem Boden aufgebaut wird, und nicht um eine innere Form herum, dieselbe charakteristische Umkehrung des Deckenholzes.«

»Das verstehe ich nicht.«

»Nein, es ist auch nur ein Detail, aber ein signifikantes. Die Decke besteht aus zwei in der Mitte zusammengeleimten Fichtenscheiten, normalerweise vom selben Stamm. Meistens werden sie so verleimt, dass die inneren, weiter voneinander entfernten Baumringe nach außen zeigen, während das Holz mit den dichteren Baumringen, das außen am Baum wächst, in die Mitte zeigt, da, wo es durch den Steg am intensivsten vibriert. Goffriller war einer der wenigen, die das gerne umgedreht haben, und tatsächlich sind auch bei Ihrem Instrument die engsten Ringe am Rand. Das alles weist darauf hin, dass dieses Instrument sehr wohl in der Werkstatt von Goffriller entstanden sein könnte, von ihm beeinflusst, unter seiner Aufsicht oder von ihm inspiriert. Das aber schafft unser Problem.«

»Nämlich?«

»Das Datum. Diese Geige ist ganz einfach besser, als die meisten von Goffrillers späten Arbeiten es gewesen sind, obwohl auch aus diesen Jahren Instrumente mit erheblichen Ähnlichkeiten überliefert sind. Als er älter wurde, bekam er offensichtlich gesundheitliche Schwierigkeiten mit Augen und Händen, Gicht und Rheuma waren damals weit verbreitet, und außerdem hatte ein Konkurrent mehrere begabte junge Arbeiter nach Venedig geholt, die sich längst selbstständig gemacht hatten und die noch einen Schritt weiter gingen in der Qualität und ihrem oft extravaganten Geschmack für kühne Schwünge und dramatisch gemaserte Hölzer.

Wenn PG seiner Datierung nur ein ›B‹ gibt, heißt das, dass er sich nicht völlig sicher sein kann. Wir haben also ein Dilemma. Entweder ist das Datum richtig – dann ist die Geige wohl von jemandem gebaut worden, der vielleicht als junger Mann bei Goffriller gelernt und für ihn gearbeitet hat, der dann aber seine eigenen Wege gegangen ist und vielleicht längst nicht mehr in Venedig arbeitete und sich woanders etabliert hatte, oder der ewig auf Wanderschaft war. Oder die Datierung ist nicht korrekt, und dies ist tatsächlich eine Violine aus Goffrillers bester Zeit, vielleicht sogar ein Instrument von ihm selbst, aber bevor er die Werkstatt seines Schwiegervaters Martin Kaiser übernommen hat, vielleicht sogar bevor er Venedig erreichte, ein Werk, das einen jungen und bereits technisch vollendeten Meister mitten im stilistischen Umbruch zeigt. Es kann aber auch sein, dass es jemand in seiner Werkstatt gebaut hat. Martin Lazinger zum Beispiel, der erwiesenermaßen über lange Jahre dort arbeitete, von dem aber keine Instrumente bekannt sind. Auf jeden Fall wirkt es wie ein Instrument aus einer Hand, gebaut mit einem gestalterischen Willen, der diese Form geschaffen hat.

Leider ist es völlig unmöglich, diese Frage weiter einzugrenzen, solange wir kein Vergleichsinstrument haben, aber bei einem Instrument von dieser Qualität würde mich das an sich wundern, wenn es auch häufig Jahre oder Jahrzehnte dauert, bis eines auftaucht. Vielleicht gibt es noch irgendwo eine andere Geige, die Licht auf diese Sache werfen könnte. Bis dahin aber kann ich nur sagen, dass dieses Instrument ausgezeichneter Qualität ist und ganz klare Charakteristika mit denen aus der Werkstatt Goffrillers teilt, zu viele, um durch Zufall erklärt zu werden. Dieses Instrument stammt sehr wahrscheinlich entweder aus Venedig, oder es wurde von jemandem gebaut, der hier gelernt hat.«

SP reichte mir das Instrument zurück. Mit meiner freien Hand wischte ich mir den kalten Schweiß von der Stirn.

»Nach dem Essen werde ich Ihnen etwas zeigen, aber jetzt sollten Sie bestellen, Sie sehen ganz bleich aus, Sie brauchen etwas zu essen und zu trinken in dieser Hitze, wir alle brauchen das.«

*

Während des Essens erzählte SP eine Geschichte, die er bei seinen Forschungen in Gerichtsakten des 18. Jahrhunderts zutage gefördert hatte, die Geschichte des armen Herrn Medici.

»Nein«, sagte er, »nicht der reiche Medici, nicht die Familie de' Medici, sondern ein einfacher Mann, ein Geiger hier in der Stadt, der zufällig diesen Nachnamen hatte, aber sehr wenig Geld.«

Als dieser Mann einmal keine Anstellung an einem der venezianischen Theater finden konnte, erzählte SP, nahm er eine Stelle in Lucca an und ließ seine junge Frau allein zurück. Schon bald erregte sie die Aufmerksamkeit eines elegant gekleideten jungen Mannes, der ihr den Hof machte und der offensichtlich wohlhabend war. Die beiden begannen eine Affäre und der junge Mann überredete die frisch verheiratete Signora Medici, mit ihm in ein besseres Leben zu entkommen, gemeinsam.

Die junge Frau war so betört von der Aufmerksamkeit des vornehmen und virilen Galans, dass sie scheinbar zu allem bereit war, als er ihr eröffnete, dass er hohe Schulden habe, die er zahlen müsse, bevor sie ihre gemeinsame Zukunft beginnen konnten, und außerdem würden sie auf ihrer Flucht Geld brauchen und zweifellos auch da, wo sie hingingen, zur Überbrückung. Er kenne da einen Freund, hatte er gesagt, der sie sehr bewundere, und der bereit sei, ihr eine spektakuläre goldene Brosche zu geben, wenn sie eine Nacht mit ihm verbringen würde.

Der Liebhaber selbst versicherte, man müsse das pragmatisch sehen, dies sei die einzige Möglichkeit, sonst würden die Schuldeneintreiber ihn zusammenschlagen oder umbringen, und er wäre vogelfrei, wenn er die Republik als Schuldner verlassen würde. Also erklärte sie sich bereit, vielleicht war auch dieser zweite Mann attraktiv und sie fand Gefallen am Abenteuer, vielleicht war es ein kühler Handel. Bald fanden sich auch andere Freunde, die bereit waren, sie für ihre Gunst zu belohnen. Dann, endlich, beschloss der Liebhaber, dass sie jetzt genug beisammenhätten. Sie könnten sich jetzt einschiffen auf dem

Weg in ein Leben der Liebe und des Luxus. Nur den Hausrat sollten sie noch zu Geld machen, bevor sie die Stadt verließen.

Als Medici in Lucca endlich die Gerüchte über seine Frau hörte, machte er sich sofort auf den Weg zurück. Die Akte spricht nicht davon, ob er sein Instrument mitnahm, aber wenn er das tat, dann hatte er wohl auch einen Dolch im Geigenkasten, denn er kam in mörderischer Absicht. Wenn auch nur ein Funken Wahrheit an dem Gerücht sein sollte, dann würde er seine untreue Frau und ihren Liebhaber umbringen, im Bett ihrer Sünde, um seine Ehre reinzuwaschen, auch wenn das seinen eigenen Tod bedeuten würde.

Als der Geiger in seiner Wohnung ankam, fand er sie leergeräumt. Alle Möbel und der ganze Hausrat waren abgeholt worden, verkauft an die unterschiedlichsten Interessenten. Ein Händler wartete auf ihn und verlangte Geld für eine offene Rechnung. Von seiner Frau und ihrem Liebhaber fehlte jede Spur, und erst nach einigem Suchen fand er jemanden, der ihm sagte, er habe das Paar auf dem Weg zum Hafen gesehen, von wo aus sie sich nach Konstantinopel einschiffen wollten. Außer sich vor Eifersucht eilte Medici zum Hafen, gerade noch rechtzeitig, um das Schiff, auf dem seine Frau an Bord gegangen war, am Horizont verschwinden zu sehen.

Der betrogene Ehemann setzte alles daran zu erfahren, was vorgefallen war, und was er herausfand, war Folgendes: Der Liebhaber seiner Frau war ein professioneller *cicisbeo*, ein galanter Trickbetrüger, der sich darauf spezialisiert hatte, naive junge Frauen zuerst zu Prostituierten zu machen und dann an Harems im Osmanischen Reich zu verkaufen, wo Italienerinnen als interessante erotische Variation galten. Signora Medici hatte es vielleicht noch gar nicht begriffen, aber sie war auf dem Weg in das goldene Gefängnis eines Serails.

Bald erfuhr Medici, dass der Komplize seines verbrecherischen Rivalen, ebenjener Freund mit der goldenen Brosche, noch in der Stadt war, und der Musiker machte sich mit gezücktem Schwert auf die Suche nach ihm. Mit blanker Waffe lief er durch die Straßen, durchkämmte Tavernen, Kasinos, Restaurants und Bordelle und erregte endlich die Aufmerksamkeit der Magistratur, die ihn vielleicht für einen gefährlichen Wahnsinnigen hielt, vielleicht auch für einen bezahlten Mörder, jedenfalls wurde er festgenommen und in den berühmten Bleikammern eingekerkert, im Untergeschoss, wo die Gefangenen in den winzigen Zellen nicht einmal stehen konnten, sondern auf dem Boden liegend oder sitzend die mörderische Hitze und die stickige Luft ertragen mussten.

Als Medici endlich vor ein Gericht kam und seine Geschichte zu Protokoll gab – das Protokoll, das SP gefunden hatte –, begegneten die Richter seiner Geschichte mit erstaunlich wenig Sympathie, denn dem Gericht ging es offensichtlich um die öffentliche Ordnung und nicht um Affären des Herzens oder der Ehre. Auch der Komplize wurde verhört, aber aus Mangel an Beweisen wieder freigelassen. Der Angeklagte Medici wurde für schuldig befunden, die Ordnung der Stadt gefährdet zu haben, und aus der Republik verbannt. Innerhalb von 24 Stunden musste er verschwunden sein, sonst durfte jeder Mensch innerhalb der venezianischen Ländereien ihn töten und ihm sein Eigentum wegnehmen, wenn ihn nicht vorher die Gendarmen fassten, denn auf Rückkehr stand die Todesstrafe.

Der entlassene Häftling und betrogene Ehemann hatte aber keinerlei Absicht, die Stadt zu verlassen, bevor er nicht den Komplizen ausfindig gemacht hatte. Er traf eine heimliche Vereinbarung mit einem Theaterdirektor, den er kannte. Er durfte sich im Theater verstecken, im Gewirr der Räume hinter und unter der Bühne. Im Gegenzug würde er im Orchester spielen. Was er mit dem Rest seiner Zeit machte, war seine Sache.

So begann Medicis Suche als nächtlicher Racheengel und Bewohner der Dunkelheit. Diese Suche dauerte nur kurze Zeit. Er wurde erkannt und festgenommen und wieder in die Bleikammer geworfen.

»Danach verlieren sich alle Spuren von ihm«, schloss SP. »Es ist, als wäre er vom Erdboden verschluckt worden. Keine Entlassungsnotiz, nichts. Wahrscheinlich wurde er nicht vom Erdboden verschluckt, sondern von der Lagune. So machten es die Autoritäten manchmal mit schwierigen und lästigen Gefangenen. Sie wurden auf die Lagune hinaus gerudert, gefesselt, und man hängte ihnen ein Gewicht zwischen die Beine, eine Kanonenkugel vielleicht oder einen großen Stein. Dann wurden sie ertränkt. *Finita la storia.*«

*

Am nächsten Morgen machte ich mich mit meiner Geige über der Schulter auf den Weg zu den Orten, an die SP uns nach dem Essen geführt hatte, zuerst in eine enge und völlig unbemerkenswerte Straße, die Calle dei Stagneri, die Kesselflickergasse, in der viele der venezianischen Geigenbauer und besonders Auswanderer ihre Werkstätten gehabt hatten. Matteo Sellas hatte ein kleines Instrumentenimperium von seiner Wohnung aus geleitet, gleich am Anfang der Straße im ersten Stock, auch der rätselhafte Zuanne Curci hatte seine Werkstatt hier über lange Jahre gehabt. Hier hatten Pietro Guarneri und Santo Serafin für Sellas gearbeitet, hier waren zahllose Lehrlinge und Gesellen ein und aus gegangen, hier hatte sich eines der Zentren des europäischen Instrumentenhandels befunden. Die Gasse selbst ist kaum so breit, dass zwei Menschen aneinander vorbeigehen können, ohne einander zu berühren. Die Häuser sind schmucklos, von den Fenstern im ersten und zweiten Stock aus könnte man einander über die Straße hinweg die Hände reichen.

Ich ging weiter, nur einige hundert Meter, bis zu einer Brücke. Hier, hatte SP gesagt, hatte sich die Werkstatt von Goffriller befunden, in einem der beiden Häuser zum Kanal. Eines von ihnen war ein stattliches Haus, ein kleiner Palazzo, das andere wesentlich einfacher gebaut und kompakter. Der Palazzo schien ein unwahrscheinlicher Ort für eine Werkstatt. Zwar hätte sie gut Platz gehabt unter den Arkaden, aber Goffriller hatte (wie schon vorher sein Schwiegervater Martin Kaiser) über der Werkstatt gewohnt, und da war die repräsentative erste Etage des Palazzo, mit hohen Räumen, Marmorsäulen zwischen den großen Fenstern und einem Balkon. Nein. Geigenbauer waren kleine Leute. Da passte das Gegenüber besser. Ein Haus, das bei nur etwas mehr Höhe ein ganzes Stockwerk mehr hatte, niedrigere Räume, keine Ornamente.

Dies war das Haus, in dem ein Handwerker seine Werkstatt und seine Wohnung gehabt hatte, *bottega* und *casa* in einem. *Per S. Marco* steht auf der Mauer, mit einem langen Pfeil nach rechts. Das Lokal, das einmal Goffrillers Werkstatt beherbergt haben könnte, ist jetzt ein Geschäft für billiges Murano-Glas, alles weiß getüncht und hell ausgeleuchtet, Glas überall. Zum Kanal hin überdachen breite Arkaden mit Steinplatten und rohen Balken als Decke die Passage.

Es ist ein hemdsärmeliger Ort, bar jeder Dekoration. Die Tür, die einmal zur Wohnung der Familie geführt haben mag, ist nicht mehr original. Schmiedeeisen aus dem 19. Jahrhundert ist da, wo wohl einmal Fenster waren, inzwischen ist die Ausfüllung des Gitterwerks durch solide, grün gestrichene Bretter versperrt. Eine kreisrunde Aussparung scheint darauf hinzuweisen, dass hier einmal ein Air-Conditioning-Schlauch nach draußen geleitet wurde. Nichts hier lässt auf einen Geigenbauer schließen, auf eine Werkstatt, auf das Leben vor drei Jahrhunderten, nur der allgemeine Zustand des tausendmal reparierten und umgebauten und angepassten Gebäudes lässt ein vergangenes Leben erahnen. Direkt bei der Werkstatt, durch die Arkaden des Palazzo erreichbar, ist der *Campiello del Lion Bianco.* Hier war früher die Taverne gleichen Namens, in der Goffriller seine Geschäfte abwickelte. Auf mehreren Verträgen ist der Löwenwirt der gesetzliche Zeuge. Goffriller verhandelte gern in freundlicher Umgebung.

Area S. S. Apostolorum cum eorum Templo.

Nur einige Schritte über die hoch gewölbte Brücke ist der *Campo Santi Apostoli*. Als Canaletto diesen Platz um 1730 malte, muss er direkt mit dem Rücken zu Goffrillers Werkstatt gestanden haben, um seine Skizzen anzufertigen, denn der Winkel situiert ihn unter den Arkaden vor dem Geschäft.

Canaletto zeichnete seine Skizzen sehr gewissenhaft, und er benutzte wahrscheinlich eine Camera obscura, um auf einem gerasterten Sichtfeld die Proportionen genau übertragen zu können. Es hat sich wenig verändert hier in knapp 300 Jahren. Noch immer gibt es einen Stand auf der Brücke, nur dass er damals Körbe und Fässer und andere Behältnisse anbot und heute Souvenirs. Ihrer Kleidung nach zu urteilen sind die Figuren auf dem Platz einfache Leute, Handwerker. Nur zwei Männer tragen einen Dreispitz, das Zeichen einer Person von Stand. Auch die Kirche sah damals schon so aus wie heute, mit einem freistehenden Turm und einem kleinen Haus daneben, das inzwischen um ein Stockwerk gewachsen ist. Dies ist das alltägliche Venedig.

Die Kirche selbst, eine der ältesten von Venedig, wurde der Überlieferung nach schon im 8. Jahrhundert ausgerechnet von einem Sankt Magnus gegründet, wenn auch nicht dem Schutzpatron der Ungeziefer-Märtyrer aus dem Allgäu, sondern einem anderen frühen Missionar. Nach einem Traum widmete er die Kirche den heiligen Aposteln – allen! –, und über die Jahrhunderte wurde dies die Kirche der deutschen Gemeinschaft, die in den umliegenden Straßen lebte. Die Kinder von Goffriller waren hier getauft, die früh gestorbenen hier begraben worden. Hier hatten die Leute gestanden und die Predigt gehört, hier hatten sie ihre Feste gefeiert, hier hatte man einander getroffen, die Frauen besonders sorgfältig hergerichtet, die Männer in ihrem besten Gehrock, die Gesellen und Lehrlinge hinter ihnen, eine Gemeinde, die nach Hobelspänen roch, nach Terpentin und Harz.

Ich betrat den großen Innenraum der Kirche. Er war nüchtern und viereckig, ohne gewölbte Decke, dafür aber mit großen Bögen zu den Seitenkapellen und mit Säulen aus rotem Marmor, die selbstbewusste und geometrische Formensprache des 16. Jahrhunderts, als das Gebäude nach den ästhetischen Prinzipien der Renaissance neu erbaut worden war, mit mehreren Schichten barocker Verkrustungen darüber. Ich stand da, ließ meine Augen langsam über diese ganze Darbietung gleiten. Dann ging ich zum rückwärtigen Teil der Kirche, legte meinen Geigenkasten auf eine Bank, öffnete ihn, holte meine Geige heraus, meinen Bogen, setzte an, stimmte und pausierte einen Moment. Näher, als ich jetzt war, würde ich Hanns/Zuanne wohl nie kommen, im selben Raum stehend, mit demselben Instrument in Händen.

Bach erfüllte den hohen Raum, zwei Sätze aus der h-Moll-Partita, dann die Chaconne, ein Werk höher als die Alpen. Ich spielte nicht gut. Ich war so aufgeregt, als würde ich vor einem riesigen Konzertsaal spielen, vor 1000 kritischen Zuhörern, 1000 Professoren, die Finger liefen mir davon oder klebten auf dem Griffbrett, die rechte Hand zitterte anfangs – erst langsam fasste ich Fuß und spielte vor einem Publikum wechselnder

Touristen, die immer wieder hereinkamen, etwas ratlos eine Runde drehten, den Altar fotografierten und dann wieder hinausschlurften. Sie und die Tauben auf dem Dach waren die Einzigen, die mich hören konnten – abgesehen von den Geistern der Vergangenheit.

Eine halbe Stunde mochte ich so gespielt haben, und ich versuchte daran zu glauben, dass dies ein Nachhausekommen war für meine Geige, eine Rückkehr zu einem altbekannten Ort. Wenn es so war, behielt sie ihr Geheimnis für sich. Sie sang unter meinen Händen und produzierte die Akkorde und Läufe, die ein junger Mann im kleinen Städtchen Köthen im tiefsten Deutschland vor zehn Generationen zu Papier gebracht hatte, warf sie in den warmen Widerhall des Raumes, der den Klang so großzügig umfasste, dass alle Fehler und Unsicherheiten zu verschwinden schienen und nur die Musik selbst blieb, ein Ruf, eine Einladung, eine Hommage.

XXVI

BASSANO

SP hatte mir empfohlen, über die östliche Route zurückzufahren, über Cortina, eine Landschaft, aus der wohl auch das Holz für viele venezianische Instrumente gekommen war.

In Bassano, beinahe auf halbem Weg nach Innsbruck, machte ich eine Pause und fand ein kleines Restaurant, eigentlich mehr eine Bar mit einer großen offenen Front zur Straße hin. Ich wurde von einem Jungen bedient, nicht älter als 14, mit krausem, braunem Haar und dunklen Augen, schlaksigen Gliedmaßen und einer leichten Unsicherheit in seinen Bewegungen, wie es bei vielen Heranwachsenden der Fall ist, deren Körper plötzlich größer, unausgewogener, ungewohnter und unverlässlicher wird. Der Junge war offensichtlich der Neffe des Besitzers oder sonst wie verwandt mit ihm, der joviale Mann hinter der Bar rief ihm einen Scherz zu, und der Junge war sichtbar stolz darüber. Er servierte Kaffee und Wein und traute sich nicht, den Gästen dabei in die Augen zu sehen.

Es war, als würde ich jemand längst Totgeglaubten wiedersehen, einen Menschen, der mir nahestand, über Jahrhunderte hinweg.

XXVII

AS YOU LIKE IT

All the world's a stage,
And all the men and women merely players;
They have their exits and their entrances,
And one man in his time plays many parts.

William Shakespeare, As You Like It,
II. Akt, VII. Szene

Komm her!

Wer, ich?

Ja du. Ich muss dich etwas fragen.

Ich hab nicht bleiben können. Es gab nichts zu essen. Kennen wir uns?

Ich kenne dich.

Ich wüsste nicht, woher. Haben Sie mich gesehen? Auf irgendeiner Bühne vielleicht?

Nein. Du hast mich gemieden, dich vor diesem Gespräch gedrückt.

Wie kommen Sie darauf?

Ich muss dir eine Geschichte erzählen.

Ich kenne Sie gar nicht!

Du solltest mir trotzdem zuhören. Ein Freund von mir, dessen Vater als Kind aus Rumänien eingewandert war, erzählte mir Folgendes …

Also eine Geschichte aus zweiter Hand?

Ach, hör doch einfach zu! Er sagte mir das Folgende: »Vor seinem Tod wollte mein Vater noch einmal den Ort sehen, an dem er seine frühe Kindheit verbracht hatte, das Haus, in dem er aufgewachsen war. Er war so lange nicht mehr bei ihnen gewesen, bei seinen Leuten. Mein Vater war kein großer Reisender. Er kam kaum mehr raus aus seinem Dorf, Oberösterreich und das Innviertel waren das Einzige, was er wirklich kannte. Also sind wir losgefahren, mit dem Auto, nach Rumänien, in die Stadt, wo seine Familie damals gelebt hat, bevor sie fliehen mussten, als Angehörige der deutschen Minderheit.

Als wir angekommen waren, stellte sich heraus, dass mein Vater keinerlei Unterlagen oder Adressen mitgebracht hatte, dass er sich nicht mehr an den Namen seiner Straße erinnerte und auch keine Verwandten gefragt hatte. Wir gingen also zu einer Tankstelle und erklärten mit Händen und Füßen, was wir suchten, denn mein Vater konnte auch kaum noch Rumänisch, er hatte mit seiner Familie schon immer Deutsch gesprochen.«

Eine ironische Geschichte.

Sie ist noch nicht zu Ende!

Also gut. Jetzt haben Sie mich neugierig gemacht.

Gut, dann hör mir endlich zu: »An der Tankstelle«, fuhr mein Freund fort, »sagte man uns, dass es jemanden gäbe, der uns helfen könne, Herrn Eduard, und Herr Eduard würde sofort kommen. Sie riefen ihn an, aber es dauerte zwei Stunden, bis Herr Eduard endlich angeknattert kam auf einem altersschwachen Moped. Herr Eduard sprach sogar etwas Deutsch, und er erklärte uns, er wisse, wer sich an so etwas erinnern könne, eine alte Witwe, die in der Nähe lebte, und, um es kurz zu machen, die alte Witwe konnte tatsächlich helfen, sie ließ sich von meinem Vater alles beschreiben, und er erinnerte sich plötzlich doch noch an den Namen der Nachbarn, und die Alte wusste sofort, wo das war, und gab uns die Adresse. Wir bedankten uns bei ihr und bei Herrn Eduard und schenkten ihm eine Schachtel Zigaretten zum Abschied, von denen er sich sofort eine ansteckte, bevor er sich wieder auf sein Moped schwang und langsam und sorgsam die Schlaglöcher umfahrend verschwand.

Wir aber haben uns sofort ins Auto gesetzt, und schon als ich in die Straße einbog, sah ich, wie nervös mein Vater wurde. Die Menschen, die heute in dem Haus lebten, waren zu Hause. Es waren jüngere Leute, und sie baten uns herein und boten uns Kaffee an, in gutem Englisch. Sie waren fasziniert von der Geschichte meines Vaters, und er beschrieb ihnen genau, wie alles damals ausgesehen hatte, wo der Esstisch gewesen war, wo sein Kinderzimmer und wo im Garten die Schaukel gestanden hatte. Jetzt, wo er dort war, in den alten Räumen, war seine Erinnerung klar und detailliert.

Ich hatte meinen Vater noch nie so agitiert gesehen wie an

diesem Tag, und auf der ganzen Rückfahrt war er wie *high*. Er redete wenig (er hat noch nie viel geredet), aber er sah mit einer gelösten und fast glücklichen Miene zum Fenster hinaus, ganz abwesend, als wäre er geistig noch immer zu Hause. Zurück im Dorf, hat er dann allen davon erzählt. Er hat von nichts anderem gesprochen, auch einer alten Tante gegenüber, der jüngsten Schwester seiner Mutter, die damals mitgekommen war. Mein Vater berichtete ihr von dem Haus und dem Garten, und ich sah, wie auch ihre Augen zu leuchten begannen, und er nahm sie noch einmal mit auf das ganze Abenteuer, die Tankstelle und Herrn Eduard und die Witwe, die den Straßennamen wusste, und jetzt erinnerte er sich …

›Wie, sagtest du, hieß die Straße?‹, unterbrach sie ihren Neffen. Der wiederholte es.

›Dann müsst ihr in der falschen Straße gewesen sein. Wir haben damals alle in einer Parallelstraße gelebt, drei Blocks weiter, die hieß nach einem anderen Helden der Revolution, einem armen Kerl, den sie schon mit 18 hingerichtet hatten. Nein‹, urteilte sie langsam, ›ihr wart in der falschen Straße.‹«

Und warum höre ich mir das alles an?

Meinst du nicht, dass es da gewisse Parallelen …

Natürlich kann ich sehen, was Sie meinen, ich bin nicht auf den Kopf gefallen, aber Ihr Vergleich hinkt. Ich habe klare Forschungsergebnisse, wissenschaftliche Resultate und Analysen. Bei dem fraglichen Instrument handelt es sich um eine Geige aus Venedig, circa 1730 von einem Handwerker gebaut, der als Kind aus dem Allgäu ausgewandert war, vertrieben von der Armut. Für einige Zeit, vielleicht sogar sein ganzes Leben lang, arbeitete er in der Stadt, in der Werkstatt eines anderen Einwanderers, eines der brillantesten Geigenbauer seiner Zeit. Er war ein Meister seines Fachs, blieb aber immer in der zweiten Reihe, und so bleibt kaum etwas vom Leben eines kleinen Mannes, der längst vergessen ist, ein plastisches und erfahrbares Leben, zu dem kein Faden der Erinnerung mehr führt und das trotzdem fleischlich-knöchern-blutrot gewesen war: Ich habe in der Straße gestanden, in der er gearbeitet hat.

Das sagst du so einfach. Vielleicht ist es auch eine Geige von circa 1700, vielleicht sogar ein Werk des jungen Goffriller selbst von vor 1690, vielleicht die Arbeit eines Wanderarbeiters, der einige Monate in Venedig verbracht hat und weitergezogen ist, irgendwo anders sein Handwerk ausübte, in Rom oder Bologna oder Mailand. Oder aber sie stammt von jemandem, der nie in Venedig gewesen und nie über die Alpen gereist ist, der aus Tirol kam oder von woanders her, ein Italiener oder ein Kroate, ein Franzose oder ein Scharlatan, ein Fälscher. Und überhaupt, was macht es für einen Unterschied? Sie klingt, wie sie klingt.

Es geht nicht um den Klang, es geht um die Wahrheit. Die historische Wahrheit.

Und?

Ich bin ihr nicht so nahe gekommen, wie ich es gehofft und, um ehrlich zu sein, erwartet hatte. Jede Meinung kam flankiert von Argumenten, jede Gegenmeinung von Gegenargumenten. Ich habe Geschichte gesucht und Geschichten gefunden, und inzwischen weiß ich, dass auch offizielle Echtheitszertifikate und die Gutachten großer Koryphäen meine eigenen Zweifel nicht ausräumen können, den letzten, hartnäckigen, nicht eliminierbaren Rest einer Möglichkeit, es könnte alles auch ganz anders gewesen sein.

Ein Glaubensverlust?

Wenn Sie so wollen ...

Und alles wegen dieser Kiste.

Das können Sie nicht verstehen ...

Du hast recht. Ich bin nicht sentimental. Die Wahrheit sagt mir relativ wenig. Aber trotzdem, unter all den schönen Worten und Vermutungen liegt eine einzige, unverrückbare Tatsache: Irgendwann war da ein Mann, so real wie du, ein Paar höchstwahrscheinlich schwieliger Hände mit Sägestaub unter den Fingernägeln.

Das ist es ja! Ich fühle mich diesem Zuanne tatsächlich verbunden, einem Mann, den ich erfunden habe und der doch gelebt hat, dessen Namen und Lebensdaten ich wahrscheinlich nie herausfinden werde, mit dessen Gesten und Sinn für Proportion und für die ideale Wölbung meine tastenden Finger aber intim vertraut sind, und dessen Arbeit sich immer wieder in Klang verwandelt – ich kenne seine Handschrift, wenn ich auch seine Hand nicht kenne. Daraus entsteht eine seltsam intuitive Nähe, so, wie wenn man jemanden, ohne ihn zu sehen, am Schritt oder am Lachen erkennt, oder die Bewegung, wenn jemand im Dunkeln am offenen Fenster vorbeigeht, unsichtbar, aber unverwechselbar.

Ich wusste es doch.

Was wussten Sie?

Du bist ein Schwärmer.

Wer hat Ihnen eigentlich erlaubt, mich zu duzen?

Keine Formalitäten.

Ach nein?

Ich kenne dich schon länger. Wir haben uns schon mehrmals getroffen.

Ist das ein Geigenkasten, den Sie da tragen?

Es ist kein Maschinengewehr. Aber ja, ich bin ständig damit unterwegs.

Ein Solist?

So etwas Ähnliches – eher eine Art DJ, wie man heute sagt. Früher hätte man es Tanzmeister genannt.

Und Historiker sind Sie auch?

Nicht wirklich, eher ein Amateur. Aber ich weiß dies und das, und um auf Zuanne zurückzukommen … Du wirst ihn nie finden.

Und warum nicht?

Das Vergessen. Es ist zu stark. Ein schwarzes Loch in der Vergangenheit. Du kannst es nicht mit ein paar Dokumenten füllen, mit Tinte. Es ist gelebte Erfahrung, die da vergangen ist, einmalige emotionale und intellektuelle Horizonte – alles in Atome aufgelöst.

Das sagen Sie, aber es zeigt nur, wie begrenzt Sie denken. Tatsächlich liegen die Antworten in den Details, die wir noch nicht richtig lesen können. An den Details seines Instruments erkenne ich in Zuanne auch Hanns, den Auswanderer, der immer mit Akzent gelebt und gearbeitet hat. Was auch immer die Details seiner Geschichte waren – es hat ihn gegeben, er war ein Auswanderer, und er hat dieses Instrument gebaut. Und auch wenn er es nicht allein getan hat: Alle Hände, die an der Konstruktion beteiligt waren, haben unter ähnlichen Umständen gearbeitet, und die Umrisse ihrer Welt waren die gleichen.

Mag sein. Wir haben trotzdem noch ein wichtiges Kapitel ausgelassen.

Und das wäre?

Es ist an der Zeit, Zuanne zu begraben. Ruck her, ruck her, sprach er, sag ja sag nein, getanzt muss sein.

Und wo schenken Sie ihm diesen letzten Tanz?

Das ist unmöglich zu sagen, denn er ist längst verschwunden. Die Insel San Michele, auf der sich heute ein großer Friedhof befindet, war damals nur ein Friedhof für Protestanten, darunter viele Deutsche. Es ist aber schwer denkbar, dass ein Füssener Handwerker, der sein Leben in Italien verbracht hat, kein Katholik war.

Also doch ein Professor! Ging er in dasselbe Grab wie die anderen Katholiken?

Sogar buchstäblich!

Wie meinen Sie das?

Des verstorbenen Zuanne, oder wie auch immer er geheißen haben mag, wurde, wenn er wirklich in Venedig geblieben war, in der Kirche Santi Apostoli, in der er ein Leben lang den Gottesdienst besucht haben dürfte, in einer Messe gedacht.

Na und? Das klingt ganz anständig.

Natürlich, aber hier beginnt die Ökonomie des Sterbens zu

greifen. Auch der letzte Tanz ist teuer, zumindest für diejenigen, die übrig bleiben. Je nachdem, ob seine Hinterbliebenen sich das leisten konnten oder wollten, war das eine Seelenmesse für ihn allein oder eine Erwähnung in einer Reihe von Armen aus der Gemeinde, die in der letzten Zeit gestorben waren. Sein Leichnam wurde wohl in einem der überquellenden katholischen Friedhöfe beigesetzt. Die wiederum waren so voll, dass es für die Familie eines Handwerkers fast unerschwinglich war, ein Grab zu mieten, und zumindest von Goffriller und Curci ist bekannt, dass es ihnen im Alter schlecht ging und dass sie über Jahre viel Geld für wahrscheinlich wertlose ärztliche Behandlungen aufwenden mussten. Viele Venezianerinnen und Venezianer aus dem Volk landeten deswegen in kollektiven Armengräbern, ihre Körper in Säcken und mit Löschkalk bestreut. Permanente Gräber waren die Palazzi des Todes.

Ich verstehe.

Da bin ich mir nicht ganz sicher. Er geht ja weiter, dieser Tanz. Einen ganzen Totentanz hat dieses Instrument an dich weitergereicht, an dich als den vorerst letzten Zeugen eines längst ausgelöschten Lebens, ein einmaliger Staffellauf, du weißt noch nicht, wem du den Stab aushändigen wirst, aber das wird sich finden, vielleicht wirst du es auch nie erfahren. Hanns/Zuanne hat sich längst aufgelöst, und doch bleibt das Resultat seines Schaffens in den Händen von Menschen, deren Leben er sich in seinen wildesten Träumen nicht hätte vorstellen können.

Trotzdem. Ich kenne ihn, ich kann ihm die Hand reichen.

Du erstaunst mich!

Eine gemeinsame Leidenschaft bewegt unsere Hände, eine gemeinsame Anstrengung, ein rollender Generalbass in der Passacaglia dieser Geschichte, eine Variation nach der anderen, tanzend über die immer gleiche verborgene Melodie. Die Passacaglia ist ein hervorragendes Lebensmodell – ja, ein Lebensmodell. In der klassischen Musik, ähnlich wie im Drama, spielt sich alles in vier Schritten ab: These – Antithese – Krise – Synthese. In der Musik gerinnt das zur Sonatenform: erstes Thema (männlich) – zweites Thema (weiblich) – Durchführung – Reprise. Die Gussform eines Heldenlebens, *per aspera ad astra*, die Überwindung der Schwierigkeiten, die Transzendierung aller Unterschiede.

Das klingt sehr erhebend.

Einsatz schmetternde Blechbläser, strahlender Dur-Akkord, Beethovenstatue im Abendlicht. Nur dass kein Leben je so abläuft, inklusive seinem. Dieses Heldenleben ist eine Projektion gesellschaftlicher und persönlicher Ideale und Ansprüche, unerreichbar, es spricht den Schwierigkeiten und Anfechtungen Hohn, die jedes menschliche Leben formen und bestimmen. Niemand kann alle Probleme überwinden, alle Dämonen austreiben, die dauerhafte und ideale Synthese erreichen.

Die *armen* Menschen sind verdammt, zu scheitern.

Ironisieren Sie nur! Das Leben ist eine Serie von Improvisationen über gegebene Umstände, über einen sich wiederholenden Generalbass der Erfahrung und der Veranlagung, die ein Individuum definieren. Dieses Leben als Passacaglia ist weniger tyrannisch als das aufklärerische Modell der Überwindung aller Widrigkeiten auf dem Weg zum Licht. Es geht davon aus, dass es möglich ist, mehr oder minder kunstvoll und kommunikativ in unterschiedlichen Konstellationen und Stimmungen über diesen Generalbass zu improvisieren und den eigenen Gang durch die Gassen damit zu begleiten, bis es einfach irgendwann vorbei ist; jede Variation könnte die letzte sein, auch wenn eine innere Architektur, ein schöpferischer Wille größere Bögen schaffen will. Nichts wird am Ende überwunden oder transzendiert, aber entlang des Weges entsteht ein Reichtum, so etwas wie Freiheit, eine Art Schönheit.

Hast du das auswendig gelernt?

Sie können alles ins Lächerliche ziehen, Herr Violinist! Seien Sie ruhig weiterhin sarkastisch und überlegen, mir sind solche Gefühle längst vergangen. Sie haben mich gefragt, ich habe ehrlich geantwortet. Da liegt sie, meine wunderschöne Geige. Sie hat ihr Geheimnis nicht preisgegeben, gewährt immer wieder verheißungsvolle Einblicke, weckt Hoffnungen, weigert sich aber, auf meine Fragen eine letzte, klare Antwort zu geben, behält sich jederzeit das Recht vor, nicht das zu sein, wofür ich sie halte. Sie balanciert eine Vielzahl von Geschichten über sich und ihre Vergangenheit, über ihre Ursprünge. Ihr Alter ist ungewiss, der Ort ihrer Herkunft und der Name ihrer Familie ein Geheimnis, das sich nur anhand von kleinen Manierismen und Details zumindest teilweise lüften lässt.

Kraut und Rüben!

Im Gegenteil! Ich erkenne die Ironie in dieser längsten Liebesgeschichte meines Lebens, die unüberbrückbare Distanz und die gleichzeitig starke Verbundenheit mit Menschen, die ich nicht zurückholen konnte, niemals gekannt habe. Nur beim Spielen fühle ich diese Entfernung nicht. Wir sind gut zusammen. Ich wachse immer noch an ihr und entdeckte neue Möglichkeiten, denn sie ist besser als ich, mir nicht nur in Alter und Erfahrung um einiges voraus. Manchmal muss man auch lernen, Geheimnisse zu respektieren.

Und ich hatte gedacht, dass es dir um Klärung geht, um Aufklärung, um Geschichte!

Eigentlich geht es immer nur um die Leidenschaft. Ein Objekt wie meine Geige verbindet mich nicht nur mit einer persönlichen Leidenschaft, sondern auch mit dem Leben völlig unbekannter Menschen, die in einer mir nur in groben Umrissen bekannten Welt gelebt haben. Und doch trennen mich nicht mehr als zehn Paar Hände von ihnen, zehn Generationen. Ist das nicht eine unheimliche Idee?

Ein Totentanz ...

Eine Passacaglia durch die Jahrhunderte. Um die zu verstehen, braucht man dann Methode, aber der Puls setzt nicht einen Schlag lang aus. Und weiter geht der Bass, die Musiker bauen augenzwinkernd Schlager in die feierlichen Klänge ein, gerade im erhebendsten Moment schlägt die Trivialität gnadenlos zu, der trotzige Wille zur Wahrheit läuft ins Leere, wenn die Verbindungen gekappt sind, und nur ein Zufallsfund, ein wahnsinniger Glücksfall könnte etwas daran ändern. Bis dahin bleiben die Geschichten, Versionen, Argumente und Kontroversen – und der Klang, ganz einfach der Klang, die Herausforderung, die tägliche Disziplin, eine heimliche Befreiung. – Und jetzt entschuldigen Sie mich bitte.

Warum?

Ich muss mich auf den Weg machen. Ich muss noch üben, Bach wartet.

Danksagung

Der Autor dankt von ganzem Herzen und in alphabetischer Ordnung folgenden Freunden und freundlichen Menschen, ohne die dieses Buch nicht hätte entstehen können: Charles Beare, Freddie Beare, Richard Bletschacher, Carlo Chiesa, Christophe Coin, Barbara und Thomas Gaehtgens, Patrick Gassmann, Paul Hayday, Tim Ingles, Philip Kass, Franz Koessler, Florian Leonhard, Lüder Machold, Peter Matzka, Elisabeth und Matthias Naske, Robert Neumüller, Cornelius Obonya, Julia Pasch, Carolin Pienkos, Stefano Pio, Janna Polyzoides, Peter Ratcliff, Marcel Richters, Thomas Riedmiller, Alexa Sekyra, Tanja Star-Busmann, Nikolaus und Stefanie Szapary.

Mein besonderer Dank gilt auch meinem Agenten Sebastian Ritscher, meinen hervorragenden Lektoren Tobias Heyl und Annika Domainko, Jo Lendle und Martha Bunk. Wie immer bin ich Veronica zu besonderem Dank verpflichtet, die dieses Projekt und meinen leicht obsessiven Enthusiasmus dafür mit unendlicher Geduld begleitet hat. Und Johann Sebastian Bach, natürlich.

Bibliographie

Addison, Joseph. Remarks on Several Parts of Italy, &c. in the Years 1701, 1702, 1703. London: Printed for J. and R. Tonson, 1767.
Apel, Willi. Italian Violin Music of the Seventeenth Century. Bloomington: Indiana University Press, 1990.
Azzolina, Umberto. Liuteria italiana dell'ottocento e del novecento – Italian violin making in the eighteen- and nineteen hundreds. Cremona: Turris, 1989.
Black, Christopher F. Early Modern Italy: A Social History. London: Routledge, 2001.
Italian Confraternities in the Sixteenth Century. Cambridge University Press, 2003.
Bletschacher, P. A. Die frühe Geschichte der Stadt Füssen. Friedberg/Bayern: Edition Atlantis, 2017.
Bletschacher, Richard. Die Lauten- und Geigenmacher des Füssener Landes. Hofheim am Taunus: F. Hofmeister, 1978.
Blunt, Wilfrid. Sebastiano. The Adventures of an Italian Priest Sebastiano Locatelli During his Journey from Bologna to Paris and Back, 1664–1665. London: James Barrie, 1956.
Braudel, Fernand. Sozialgeschichte des 15.–18. Jahrhunderts.
Bd. 1: Der Alltag. München: Kindler, 1985.
Bd. 2: Der Handel. München: Kindler, 1986.
Bd. 3: Aufbruch zur Weltwirtschaft, München: Kindler, 1986.
Brion, Marcel. VENICE: The Masque of Italy. London: Crown Publishers, 1962.
Burke, Peter. Venedig und Amsterdam im 17. Jahrhundert. Göttingen: Steidl, 1993.
Burney, Charles, und C. D. Eberling. Carl Burney's der Musik Doctors Tagebuch einer Musikalischen Reise. [Bd. I]: durch Frankreich und Italien. Hamburg: Bode, 1772.
Casanova, Giacomo. Aus den Memoiren des Venetianers Jacob Casanova de Seingalt, oder Sein Leben, wie er es zu Dux in Böhmen niederschrieb, ins Deutsche übersetzt von Wilhelm von Schütz, 12 Bände, Leipzig: Brockhaus, 1822–1828.
Chiesa, Carlo, und Duane Rosengard. The Stradivari Legacy. London: P. Biddulph, 1998.
Cipolla, Carlo M. Faith, Reason, and the Plague in Seventeenth-century Tuscany. New York: Norton, 1981.
Claveson, Florisel de. Voyage d'Italie (1608–1609). Moncalieri (Italie): Centre interuniversitaire de recherche sur le voyage en Italie, 2001.
Crossick, Geoffrey. The Artisan and the European Town, 1500–1900. London: Routledge, 2016.
Crowley, Roger. Venedig erobert die Welt. Stuttgart: Theiss, 2011.

Davis, Robert C. Shipbuilders of the Venetian Arsenal: Workers and Workplace in the Preindustrial City. Baltimore; London: Johns Hopkins University Press, 2009.

The War of the Fists: Popular Culture and Public Violence in Late Renaissance Venice. Oxford University Press, 1994.

Renaissance People: Lives That Shaped the Modern World. London: Thames & Hudson, 2011.

Doren, Alfred. Deutsche Handwerker und Handwerkerbruderschaften im mittelalterlichen Italien. Berlin: R L Prager, 1903.

Doring, Ernest N. Matteo Gofriller of Venice. Chicago: W. Lewis, 1959.

Evelyn, John, und William Bray. The Diary of John Evelyn; New York; London: M. W. Dunne, [ca. 1901].

Fenlon, Iain. The Ceremonial City: History, Memory and Myth in Renaissance Venice. New Haven: Yale University Press, 1687.

Ferraro, Joanne M. »Youth in Peril in Early Modern Venice«. Journal of Social History 49, Nr. 4 (2016): 761–83.

Ferraro, Joanne M. Venice: History of the Floating City. Reprint edition. Cambridge University Press, 2016.

Focht, Josef, Klaus Martius, und Thomas Riedmiller. Füssener Lauten- und Geigenbau: europaweit. Leipzig: Friedrich Hofmeister Musikverlag, 2017.

Glixon, Jonathan. Honoring God and the City: Music at the Venetian Confraternities, 1260–1806. Oxford University Press, 2008.

Goulet, Anne-Madeleine, und Gesa Zur Nieden, Hrsg. Europäische Musiker in Venedig, Rom und Neapel (1650–1750) – Les musiciens européens à Venise, Rome et Naples (1650–1750) – Musicisti europei a Venezia, Roma e Napoli (1650–1750). Analecta musicologica, Band 52. Kassel: Bärenreiter, 2015.

Greither, Aloys. Geigen und andere Streichinstrumente des 18. Jahrhunderts aus Venedig. Hanau: Dausien, 1987.

Guenzi, Alberto. Guilds, Markets and Work Regulations in Italy, 16th–19th Centuries. London: Routledge, 2016.

Harris, P. M. G. The History of Human Populations: Migration, Urbanization, and Structural Change. Westport: Greenwood Publishing Group, 2003.

Holmes, Richard. Footsteps: Adventures of a Romantic Biographer. New York: Vintage Books, 1996.

Hopfner, Rudolf, Wilfried Seipel, Jakob Stainer, und Kunsthistorisches Museum Wien, Hrsg. Jacob Stainer: »... kayserlicher diener und geigenmacher zu Absom«; eine Ausstellung des Kunsthistorischen Museums Wien, Schloß Ambras, 4. Juni bis 31. Oktober 2003. Milano: Skira, 2003.

Hormayr, Joseph von. Die goldene Chronik von Hohenschwangau, der Burg der Welfen, der Hohenstauffen und der Scheyren. Franz, 1842.

Howell, James. Emergent Occasions. Printed, and are to be sold by the Booksellers of London and Westminster, 1713

Katz, Mark. The Violin: A Research and Information Guide. New York; London: Taylor & Francis, 2006.

Kaufhold, Karl Heinrich, und Wilfried Reininghaus. Stadt und Handwerk in Mittelalter und früher Neuzeit. Köln; Weimar: Böhlau Verlag, 2000.

Lassels, Richard, und S. W. (Simon Wilson). The Voyage of Italy, or, A Compleat Journey Through Italy: In Two Parts: With the Characters of the People, and the Description of the Chief Towns, Churches, Monasteries, Tombs, Libraries,

Pallaces, Villa's, Gardens, Pictures, Statues, and Antiquities: As Also of the Interest, Government, Riches, Force, & c. of All the Princes: With Instructions Concerning Travel. Printed at Paris; And are to be sold at London: by John Starkey ..., 1670.

Libby, Alexandra, und Stanton Thomas. Venice in the Age of Canaletto. Memphis; New York: Prestel, 2009.

Lütgendorff, Willibald Leo. Die Geigen und Lautenmacher vom Mittelalter bis zur Gegenwart. Frankfurt am Main: Frankfurter Verlags-Anstalt a. g., 1922.

MacKenney, Richard. Tradesmen and Traders: The World of the Guilds in Venice and Europe. 1st edition. Totowa, N. J: Barnes & Noble Books, 1987.

Martin, John Jeffries. Venice's Hidden Enemies: Italian Heretics in a Renaissance City. Baltimore; London: Johns Hopkins University Press, 2003.

Martin, John Jeffries, und Dennis Romano. Venice Reconsidered: The History and Civilization of an Italian City-State, 1297–1797. Baltimore; London: Johns Hopkins University Press, 2002.

Matthews Grieco, Sara F., Hrsg. Erotic Cultures of Renaissance Italy. Visual Culture in Early Modernity. Farnham, Surrey, England; Burlington, VT: Ashgate, 2010.

Miller, Peter N. Politics, Philosophy and the Arts in Venice 1600–1650. New Haven: Yale University Press, 2016.

Mirabal, N. Voyage d'Italie et de Grèce: avec une dissertation sur la bizzarerie des opinions des hommes. chez Jean Guignard, 1698.

Misson, Maximilien. A New Voyage to Italy. With curious observations on several other countries; as, Germany; Switzerland; Savoy; Geneva; Flanders; and Holland. ... In four volumes. The fourth edition, with large additions throughout ... London: printed for R. Bonwicke, Ja. Tonson, W. Freeman, Tim. Goodwin, J. Walthoe, 1714.

Moch, Leslie Page. Moving Europeans: Migration in Western Europe Since 1650. Bloomington: Indiana University Press, 2003.

Norwich, John Julius. A History of Venice. Reissued. London: Penguin Books, 2003.

Pio, Stefano. Liuteri & sonadori: Venezia 1750–1870. Venice Research, 2002.

Viol and Lute Makers of Venice. Venedig: Venice Research, 2011.

Violin and Lute Makers of Venice – Liuteria veneziana: Venezia 1640–1760. 1. ed. Venezia: Venice Research, 2004.

Pullan, Brian S. Crisis and Change in the Venetian Economy in the Sixteenth and Seventeenth Centuries. London: Methuen, 1968.

Rapp, Richard T. Industry and Economic Decline in Seventeenth-century Venice. Cambridge, Mass.: Harvard University Press, 1976.

Ravid, Benjamin. »Venice and Its Minorities«. A Companion to Venetian History, 1400–1797, 2013, 449–85.

Rosand, Ellen. Opera in Seventeenth-Century Venice: The Creation of a Genre. Oakland: University of California Press, 2007.

Safley, Thomas Max, und Leonard N. Rosenband. The Workplace Before the Factory: Artisans and Proletarians, 1500–1800. Ithaca; London: Cornell University Press, 1993.

Salzberg, Rosa. »In the mouths of charlatans. Street performers and the dissemination of pamphlets in Renaissance Italy«. Renaissance Studies 24, Nr. 5 (2010): 638–53.

»Selling Stories and Many Other Things in and through the City«: Peddling Print in Renaissance Florence and Venice«, o. J., 23.

Schmid, Alois. Von Bayern nach Italien: transalpiner Transfer in der Frühen Neuzeit. München: C. H. Beck, 2010.

Schulz-Forberg, Hagen. Unravelling Civilisation: European Travel and Travel Writing. Brüssel [u. a.]: Peter Lang, 2005.

Selfridge-Field, Eleanor. Venetian Instrumental Music from Gabrieli to Vivaldi. Revised. New York: Dover Publications Inc., 1994.

Sennett, Richard. Handwerk. Berlin: Berlin-Verlag, 2008.

Simonsfeld, Henry, und Bayerische Akademie der Wissenschaften. Historische Kommission. Der Fondaco dei Tedeschi in Venedig und die Deutsch-Venetianischen Handelsbeziehungen. Stuttgart: Cotta, 1887.

Terpstra, Nicholas, Hrsg. The Politics of Ritual Kinship: Confraternities and Social Order in Early Modern Italy. Cambridge studies in Italian history and culture. Cambridge University Press, 2000.

Vaussard, Maurice. Daily Life in Eighteenth Century Italy. New York: Macmillan, 1963.

Abbildungen

Abbildungen der Geige S. 8, 12, 15, 25, 43, 51, 59, 75, 87, 97, 107, 119, 127, 135, 149, 163, 169, 181, 199, 211, 219, 223, 245, 253, 263, 273, 283, 299 und 303: Foto © Autor
S. 26: Älteste Ansicht Füssens auf einem Flugblatt von Steffan Hamer, Nürnberg, anlässlich der Einnahme Füssens durch Schmalkaldische Truppen 1546. Holzschnitt (BD 01241_Hamer1546.jpg). © Museum der Stadt Füssen/Fotograf: Paul Jacob
S. 31: Pietro Longhi (1702–1785), *Lautenspieler*, 1752. Kreide und Holzkohle auf Papier. Venedig, Museo Correr / © 2018. Cameraphoto/Scala, Florence
S. 76: *Füssener Totentanz*, Wirtshausszene. © Museum der Stadt Füssen/Fotograf: Paul Jacob
S. 78: *Füssener Totentanz*, Gesamtübersicht. © Museum der Stadt Füssen/Fotograf: Paul Jacob
S. 80: Hans Sebald Beham (1500–1550), *September und Oktober*, 1546/47. Holzschnitt
S. 83: Hans Sebald Beham (1500–1550), *Der Tod und das stehende nackte Weib*. Holzschnitt
S. 185: Jacopo Barbari (um 1560/70–vor Juli 1516), Ansicht von Venedig, 1500. Holzschnitt
S. 205: Marco Ricci (1676–1730), *Farinelli auf der Bühne*/Farinelli in an oriental robe (pen & ink on paper) / Royal Collection Trust © Her Majesty Queen Elizabeth II, 2018 / Bridgeman Images
S. 207: Marco Ricci (1676–1730), *Opernsänger Herkules mit der Keule*/A male singer in the role of Hercules (pen & ink on paper) / Royal Collection Trust © Her Majesty Queen Elizabeth II, 2018 / Bridgeman Images
S. 229: Geigenbauerwerkstatt. Lutherie – Seconde suite, aus: Encyclopédie ou Dictionnaire raisonné des sciences, des arts et des métiers, Illustrationen: vol. 5, Platte 18. Paris, 1767.
S. 267: Pietro Longhi (1702–1785), *Geige spielender Mann*. Foto © Art Resource, New York / The Morgan Library & Museum, New York, Image: 142056v_0001
S. 269: Canaletto (1697–1768), *Mann mit Pfeife*. Zeichnung. Metropolitan Museum of Art. Nachlass Joseph Pulitzer, erworben 1939. https://www.metmuseum.org/art/collection/search/338362 (letzter Aufruf 4. 9. 2018)
S. 270: Canaletto (1697–1768), *Campo Santi Giovanni e Paolo*, 1738. Öl auf Leinwand / Royal Collection Trust © Her majesty Queen Elizabeth II, 2018 / Bridgeman Images
S. 271: Detailbild aus Canaletto, *Campo Santi Giovanni e Paolo*
S. 296: Nach Antonio Canal, genannt Canaletto (1697–1768), *Campo SS. Apostoli*, Original ca. 1730, Gravur ca. 1744. Privatsammlung